모당일기

慕堂日記

일러두기

1. 단행본과 학술지, 잡지 등은 『 』로, 논문과 단편, 시조, 그림은 「 」로 표기했다.

국학자료 심층연구 총서 20

모당일기

慕堂日記

임진왜란 이후 대구 지역 사림의

형성과 삶의 모습

한국국학진흥원 연구사업팀 기획

김형수 김정운 이미진 박종천 김미영 지음

은행나무

2020년 한국국학진흥원에서는 두 가지 자료를 가지고 심층연구를 진행했다. 하나는 17세기 대구에 살았던 모당慕堂 손처눌孫處訥 (1553~1634)이 쓴 『모당일기慕堂日記』고 다른 하나는 안동의 전주 류씨 함벽당 류경시柳敬時(1666~1737) 집안에 전해 내려오는 간찰 자료다. 이 책은 그 가운데 『모당일기』의 연구 성과를 묶은 것이다. 『모당일기』는 손처눌이 48세가 되던 경자년(1600) 1월 8일부터 78세가 되던 경오년 (1630) 1월까지 작성한 6권 2책의 필사본이다. 다만 마지막 경오년 부분이 훼손이 심하여 바로 전해인 기사년(1629) 부분과의 구분이 모호한 까닭에 기사년까지의 기록으로 보는 경우도 있다.

한국국학진흥원은 본 연구를 위해서 각각 한문학, 역사학, 철학, 민속학 등 관련 분야 전문가로 연구팀을 구성하여 1년 동안 포럼을 세 차례 개최하여 발표하고 토론하는 과정을 거쳤다. 이러한 학제간적 연구 과정을 통해서 각각의 연구 내용이 상호 보완되고 『모당일기』에 나타난 조선 후기의 생활상 이해'라는 하나의 목표를 향해 나아갈 수 있었다.

손처눌은 17세기 대구 지역을 대표하는 유학자로 한강 정구의 문인으로 분류된다. 일반적으로 대구는 지정학적으로 영남의 중심부에 위치한 관계로 비교적 이른 시기에 중심 지역으로 자리 잡았지만 유학적으로는 크게 성장하지 못한 지역으로 평가된다. 그 이유는 무엇보다 대구가 비중 있는 유학자를 배출하지 못했기 때문이다. 따라서 관련 자료도 부족하고 연구에서도 소외되어 온 측면이 있다. 대구 지역 유학계는 임진왜란 이후 전후 수습 과정에서 한강 정구의 학맥을 중심으로 그 존재를 드러내는 양상을 보였으며 그 중심에 손처눌이 있었다. 이렇게 보면 손처눌 연구는 우선 대구 지역 유학 연구의 지평을 넓혀줄 수 있는 하나의 방법론이라 할 수 있다. 다음으로 연구 수단으로 일기를 선택한 데서 또 다른 차원의 의의를 찾을 수 있다. 일기는 그야말로 유학자의 내면과 실생활을 구체적으로 보여주는 사료이기 때문에 일기 연구를 통해서 통사나 일반사가 보여주지 않는 역사의 생생한 실상을 파악할 수 있었다. 또한 일기는 자료의 성격상 어떤 특정한 분야에 국한되지 않고 여러 학문 분야에서 동시에 접근할 수 있는 장점이 있다.

이번 연구에서 김형수 박사는 임진왜란 이후 한강학파를 중심으로 하여 전후 재건 과정에서 대구 지역 사림 세력이 그 모습을 갖추어가는 양상을 거시적으로 분석했다. 김정운 박사는 마찬가지로 전후 수습 과정에서 사림이 등장하는 과정을 국가와 지방민의 관계, 지역사회에서 사대부의 활동, 가족관계의 재정리라고 하는 측면에서 고찰했다. 이미진 박사는 일기에 등장하는 한시 짓기와 한시를 통한 교유 장면을 분석함으로써 영남의 사림에게 있어서 한시가 갖는 일상적 의미를 분석하고자 했다. 박종천 박사는 사림 세력 형성에 있어서 가장 근본이 되는 학문적 토대를 구축하는 과정과 특징을 밝히기 위해 손처눌이 중심이 되어 이루어진 대구 지역의 강학 활동과 강회 상황을 『모당일기』를 통해 분석하고자 했다. 마지막으로 김미영 박사는 성리학적 질서가 대구 지역에 정착되어가는 구체적 사례로서 당시 『주자가례』에 근거한 의례 실천 상황을 『모당일기』를 통해 고찰했다. 이처럼 다양한 측면에서의 접근은 궁극적으로 유학의 불모지로 인식되었던 대구 지역 유학의 실상을 밝히고 나아가 17세기 조선 유학의 전모를 완성하는 데 기여할 것으로 본다.

『모당일기』는 일직 손씨 대구 종중 소유본으로 현재 한국국학진흥원에 기탁되어 있다. 민간 소장 자료에 대한 연구는 관찬사료를 통해 파악할 수 없는 많은 사실을 알 수 있게 해준다. 코로나19로 인하여 모든 것이 불편한 상황임에도 2020년도 심층연구에 참여해준 연구진 여러분께 심심한 사의를 표한다. 지금까지 10년이 넘는 기간 동안 연인원 100명이 넘는 국내 학자들이 이 연구에 참여했고 적지 않은 성과를 배출했다. 한국국학진흥원에는 60만 점에 가까운 고서, 고문서, 목판 등 민간 소장 기록유산이 연구를 기다리고 있다. 앞으로도 기탁된 국학자료에 대한 학제간적 심층연구를 계속해나갈 계획이다. 뜻있는 전문가 및 연구자의 적극적인 참여를 기다린다.

2021년 11월
한국국학진흥원 연구사업팀

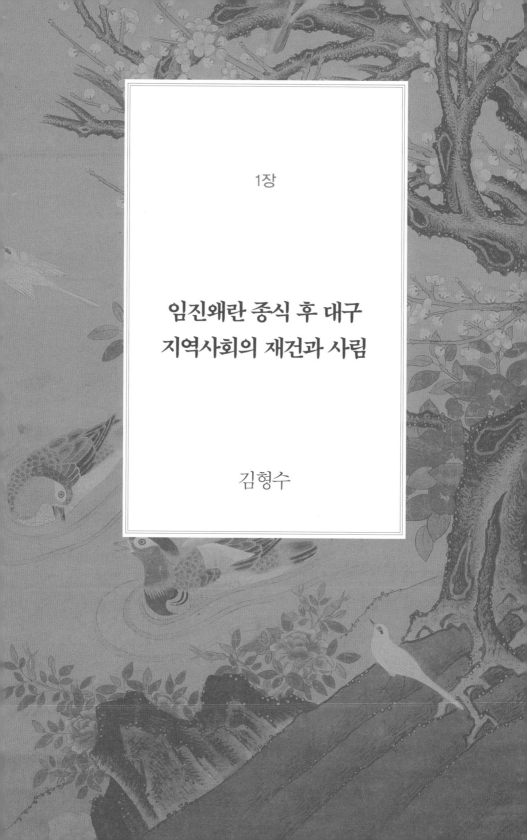

1장

임진왜란 종식 후 대구
지역사회의 재건과 사림

김형수

임진왜란의 경험과 사림들의 지역사회 재건 방향

전쟁은 인간의 삶의 방향을 완전히 바꿔놓는다. 부분적인 전투는 그 전투에 참여했거나 전투가 벌어졌던 지역 사람들만의 경험이지만 임진왜란과 같은 대규모의 전쟁은 그 전쟁을 겪었던 모든 사람의 삶과 생각을 바꿔놓을 수 있는 큰 사건이다. 그러므로 전쟁은 물적 피해뿐만 아니라 정신적 상흔까지 남기게 된다. 이를 극복하는 과정에서 사람들은 그 경험에 대하여 여러 각도로 생각해보게 된다.

조선은 임진왜란을 겪고 많은 방향에서 이전과는 다른 삶을 살아야 했다. 물론 사람에 따라 전쟁 이전의 삶을 그대로 가지고 가는 경우도 있었지만, 전쟁 이전과는 다른 삶을 추구하는 경우도 있었다. 그러므로 당시 사림들은 조선이 당한 현실에 대하여 많은 부분에서 고민과 재탐색을 할 수밖에 없었다.

임진왜란 이전 16세기 조선은 훈구 세력에 의해 야기된 권력집중과

11

함께 경제적 집중, 민의 유망 등 여러 문제점을 안고 있었다. 16세기 초부터 일어났던 사화들은 이러한 문제를 해결하기 위한 신진 세력, 즉 훈구 세력이 탄압하는 과정에서 사림들의 문제제기가 일어났던 것이었고, 선조대에 이르러 최종적으로 사림 세력이 승리하면서 새로운 정치·사회적 과제를 맞닥뜨리게 되었다. 이를 해결하는 데 있어서 주목된 것이 향촌에서 사족이 추구하던 각종 사업이었다. 실제로 사화에서 패퇴한 사림은 중앙정치에서의 실패를 거울삼아 향약의 시행, 유향소 복립운동, 서원건립운동 등을 통하여 향촌에서의 주도권을 장악하고, 16세기 후반 선조대에 이르면 중앙정계에서 주도권을 장악하게 된다. 그러나 지방에서는 안동 등 일부 지역을 제외하고는 사림의 지방 지배력은 그다지 강고하지 않았다. 사림들은 중종·명종대를 거치면서 향약의 시행, 사마소의 설립 등 그들이 지향하는 지방 질서를 다각도로 모색하고 있었으나, 실제로 시도가 성공한 곳은 거의 없었다. 비록 김안국 등에 의해 관 주도의 향약 시행이 모색된 이래, 지속적으로 예안향약·해주향약·서원향약 등이 시도되었으나 그다지 성공적이지 못했다.[1]

본고에서 살펴보고자 하는 대구 지역은 16세기 사림 세력이 거의 형성되지 못한 지역이었다. 대구는 세조 12년(1466) 도호부都護府로 승격되어 경상도 중앙부의 중요한 요지로 등장하였지만, 학문적인 성장은 그다지 크지 않았다. 오히려 경상도의 물산이 모이는 지역이라는 점에서 도시로서의 성장은 비약적이었지만, 대학자를 배출하지 못한 지역이어서 경상좌도의 퇴계학파와 경상우도의 남명학파 사이의 중간적인 입지에 놓여 있었다. 사림 세력이 대구 지역에 본격적으로 등장할 수 있었던 배경은 임진왜란이 큰 역할을 하였다. 임진왜란 당시 대구

12

사림에 의해 의병이 조직되고 이들의 의병 활동에 의하여 임진왜란 이후 이들의 활동은 영향력을 가지게 되었던 것이다. 그러므로 대구 지역에서의 사림의 성립은 비록 김굉필 등의 선구적인 인물이 있기는 하였으나 임진왜란 이후라고 할 수 있다.[2]

임진왜란 이후 대구 지역 사림의 고민은 전쟁으로 인한 피해를 어떻게 극복할 것인가의 문제와 그 구심점이 누가 되어야 할 것인가의 문제였다. 더구나 대구는 일본군의 진격로이자 병참기지로 전쟁 내내 일본군과 접촉할 수밖에 없었던 지역이었다. 그러므로 일본군에 부역했던 인물도 실제로 있었고, 또 일본군과 직접 맞서 싸운 사람도 있었던 지역이다. 그렇기 때문에 전쟁에 직접 참여하였던 인물은 전쟁으로 인해 생겨난 문제를 어떻게 해결할 것인가가 현실적인 문제였다.

대구 사림은 임진왜란 직후 주도권을 한강학맥이 장악하면서 이들을 중심으로 재지 질서의 재편을 도모하였다. 이들은 임진왜란이 종식된 이후 향교의 재건과 선사암·연경서원에서의 강학 활동을 통하여 사림 중심의 대구사회 재건을 도모하였다.[3] 이들은 주로 남명학맥의 영향을 강하게 받으면서 퇴계학맥을 수용하고 있었다. 그러나 이들은 박이립朴而立의 무고사건과 내암來庵 정인홍鄭仁弘의 회퇴변척晦退辨斥을 계기로 반내암反來庵적 입장을 표방하였던 손처눌孫處訥 등의 입장과 미온적이었던 곽재겸郭再謙·서사원徐思遠 등의 입장으로 분화되었다. 인조반정 이후 대구 지역은 손처눌 등 남인 입장을 표방하였던 세력이 주류를 형성하는 가운데 집권 서인 세력과 연결하려는 새로운 움직임이 등장하였던 것이다.

본고에서는 임진왜란을 거치면서 대구 사림들이 어떻게 사림으로 형성되고, 전쟁의 피해를 극복했는지를 살펴보고자 한다. 임진왜란 이후 대표적인 대구 사림 중 한 명이었던 손처눌은『모당일기慕堂日記』,『모당집慕堂集』등의 저술을 남겼다. 대구 사림은 임진왜란 당시 의병 대장을 지낸 서사원과 손처눌을 중심으로 향교와 연경서원을 중건하고 향약을 실시하여 전란으로 무너진 사회를 재건하고자 하였다.[4]『모당일기』는 임진왜란 직후인 선조 33년(1600)에서 인조 7년(1629)까지 손처눌이 쓴 일기로 30년간 대구 지역 사림의 동향을 이해하는 데 중요한 자료다.[5] 따라서『모당일기』를 중요 자료로 하여 17세기 초 대구 지역 및 성주권 사림의 지역사회 재건 과정과 이를 둘러싼 갈등을 살펴보고자 한다. 이러한 검토는 임진왜란 직후 전란의 중심지였던 경상도 지역에서 전쟁의 결과 형성된 사회·정치적 동향과 그 이후 형성된 지역사회의 정치적 결집을 이해하는 데도 도움이 될 것이다.

임진왜란과 대구의병의 활동

임진왜란의 발발과 대구의 동향

1592년 4월 발발한 임진왜란은 7년 동안 동북아시아를 전쟁의 소용돌이 속으로 몰아넣었다. 전쟁의 기미는 이미 1587년(선조 20)경부터 있었다. 도요토미 히데요시豊臣秀吉는 1587년 국내 통일의 마지막 단계에 이르러 규슈정벌九州征伐을 마치고 대마도주對馬島主 소 요시노리宗義調 부자에게 조선 침공의 뜻을 표명하였다. 그러나 조선 사정에 밝은 대마도주는 이 계획의 무모성을 인식하고 조선이 통신사를 파견하도록 교섭할 것을 건의하였다. 이에 따라 대마도주는 1587년에 다치바나 요시히로橘康廣를 일본국왕사日本國王使로 파견하여 일본 국내 사정을 설명하고 통신사의 파견을 요청하였다. 이로 인해 조선은 일본 국내 정세를 비로소 알게 되었으나 그 대책에는 의견이 구구하여 결론을 짓지 못하였다. 결국 조선은 통신의 가부를 논의 끝에 황윤길黃允吉·김성일金誠一·허성許筬을 통신사로 일본에 파견하였다. 통신사 일행은 1591년(선조24) 3월 서울로 귀환하였으나, 논의가 일치되지 못하여 의론議論이 분분하였다. 그러나 시간이 갈수록 심상치 않은 보고가 들어옴에 따라 조정에서는 김수金晬를 경상감사慶尙監司에, 이광李洸을 전라감사全羅監司에, 윤국형尹國馨을 충청감사忠淸監司에 임명하여 무기를 정비하고 성지城池를 수축修築하기 시작했으며 요충지인 경상도에는 부산·동래·밀양·김해·다대포 등의 제성諸城을 증축하고 종래 성벽이 없던 대구를 비롯하여 청도·성주·영천·경산·안동·상주 등의 읍성을 신축하였다.[6] 대구의 읍성은 이때 처음 축조되었던 것으로 당시 대구부사로 있던 윤현尹晛이 부근의 선산·군위·인동의 민民을 징발하여 축성하였지만 임진왜란으로 파괴되었다.[7] 대구는 고래로 조일사절朝日使節이 왕래하는 요로에 위치하여 왜정倭情이 심상치 않을 때에는 경상도 연해에 대한 방비도 중요하지만 부산에서부터의 상경로上京路상의 요지인 대구에 대하여 특별한 관심을 갖게 된 것이 대구읍성의 축조였던 것이다.

하지만 고니시 유키나가小西行長가 이끄는 일본군 1대는 4월 14일 부산포에 상륙하여 16일에는 기장機張과 좌수영을 점령하고, 17일에는 양산, 18일에는 밀양, 21일에는 대구성을 점령하였다. 왜군이 북상하자 경상감사 김수는 20일 금호琴湖에 병력을 집결시켜 결전을 시도했으나, 피난민을 왜군으로 오인하고 병사들이 도주함에 따라 전투를 포기하고 조선군은 칠곡 석전으로 퇴각하였다.[8]

일본군의 대구 점령으로 대구부사 윤현은 관내군민管內軍民 2,000여명을 거느리고 공산성公山城으로 물러났다. 대구읍성이 함락될 때 대부분의 군민은 부사의 인솔 아래 공산성으로 퇴수退守하였고, 주민들은 산곡山谷에 숨었으며, 미처 피신하지 못한 민인民人 가운데는 피살된 자가 많았다. 대구를 점령한 1번대는 인동仁同·선산도善山道를 돌파하여 상주를 치고, 가토 기요마사加藤清正가 이끄는 2번대는 언양彦陽·경주를 거쳐 영천·신령新寧·군위軍威·비안比安·용궁龍宮·풍진도豊津道를 지나 문경에서 1번대의 뒤를 따라 충주에 들어갔다가 다시 좌우종대로 나뉘어 1번대는 여주·양근도楊根道를 따라 한성 동쪽으로 나오고, 2번대는 죽산·용인을 거쳐 한강 남쪽으로 나왔다. 한편 구로다나가마사黑田長政가 이끄는 3번대는 김해·창녕도昌寧道를 따라 좌우로 분진分進하였는데, 우종대右縱隊는 무계茂溪·성주도星州道를, 좌종대左縱隊는 초계草溪·거창·지례도知禮道를 따라 북상하여 김산金山에서 만나고 영동·회덕懷德·청주도淸州道를 따라 한성으로 돌진하였다.[9] 대구는 일본군의 북상로 가운데 중로中路의 요지였으므로 일본 대군이 속속 대구를 거쳐 북상하였고, 읍성은 평지인데다가 견고하지 못하여 대구부사 윤현은 왜군을 맞아 싸우지 못하고 공산성에 물러나 지키고 있었다.[10] 그러므로 대구읍성은 적의 손에 들어가 있었고 그들 후속부대의 통과로 또는 후방 경비부대의 주둔지 역할을 하였다.

더구나 대구는 일본군의 후방기지였으므로 일본군은 대구 지역을 돌면서 약탈하였고, 포획된 농민을 구사하여 농사를 짓기도 하였다.[11] 그러한 상황에서 일본군에 부역하여 일본 옷을 입고 약탈에 참여하는 경우도 있었다.[12] 이러한 상황은 일반적인 것이어서 인근 인동의 경우도 상당수가 일본군에 투항하여 협조하는 상황이었다.[13]

대구의병의 조직

대구의 의병은 재지사족을 중심으로 조직되었다.[14] 이들 재지사족은 혼인관계가 상호 중첩되어 있었으며 동시에 퇴계와 남명을 연원으로 한 학문적인 관계를 맺고 있어서 상호간의 결집과 동질성을 강하게 유지하고 있었다. 향안의 조직이 군현 내부 사족 상호간 또는 사족의 하층민에 대한 지배를 확보하는 것이라면, 통혼권과 학문적인 사우 연원師友淵源 관계는 군현의 범위를 벗어나 인근 지역 사족과의 연결을 자연스럽게 매개하는 것이었다.

대구는 일본군의 주둔지가 되면서 타 지역에 비해 창의倡義가 늦었다. 대구 지방 최초의 의병장이라 할 수 있는 서사원[15]은 임진년(1592) 7월 의병장이 되어 「초집향병문招集鄕兵文」을 발표하였다.[16] 당시 대구 의병은 서사원을 중심으로 한 대구 출신의 사족으로 공산성에 피난 중인 자 또는 인근 군현의 사림으로 그곳에 모인 자가 중심이 되었다.[17] 서사원 부대는 정사철·손처눌·채선행蔡先行 등이 중심이 되어 팔조령八助嶺에 매복하여 일본군을 공격하는 등 활발한 활동을 했으나, 의병장이 자주 갈리는 등 문제점을 노출하기도 하였다.[18] 대구 지역의 의병 창의 과정과 그 배경은 서사원의 「초집향병문」과 서사원·손처눌의 연보를 통하여 살펴볼 수 있다. 대구의병의 조직표는 〈표 1〉과 같다.

〈표1〉 대구의병의 조직[19]

지역		將	有司
大將		(鄭師哲), 徐思遠	
公事員		李翰	
有司		李慶元, 蔡先行	
邑內	龍德里將	河自灝	朱審言
	北山里將	金遇硎	徐思進
	無怠里將	呂賓周	柳瑚
	達只里將	徐得謙	朴有文
	初同里將	徐思述	徐士俊
	二同里將	裵益秀, 蔡應鴻	徐行遠
	新西村將	薛藩	白時豪
守城	兼大將縣內將	孫處訥	孫_卓
	東面將	郭大秀	郭濂
	南面將	裵起門	柳昌
	西面將	曹瓊	全佶
	北面將	蔡夢硯	朴得仁
解顔	五面都大將	郭再謙	
	上香里將	郭再鳴	全尙賢
解顔	東村里將	禹舜弼	崔仁愷
	西部里將	崔誼	李士慶
	北村將	柳堯臣	洪瀷
	西村將	閔忠輔	裵贊孝
河濱	兼大將西面將	李宗文	鄭鑰
	南面將	鄭光天	郭大德
	東面將	洪漢	鄭鏞
	北面將	朴忠胤	李惟達

대구의병의 봉기 배경은 첫째 선조의 「죄기교서罪己敎書」가 독서지 士讀書之士로 하여금 충의를 분발하게 하였고, 둘째 같은 경상도면서 우도右道는 곽재우·정인홍 등의 의병 활동이 현저하여 이 소식을 듣고 분발한 것이며, 셋째 고령의 김면 부대의 통문이 도착하고,[20] 대구 이 북의 안동·예안 등에서 사족이 기병하자 더욱 자극을 받은 것이다.[21] 넷째 임진년 7·8월경 조정에서 파견한 관리가 직무를 수행하는가 하 면 중앙정부와의 연락이 소통되고 대구부사 윤현은 관군을 인솔하고 인접 수령 등과 합세하여 유격전을 벌이고 있었던 것이다. 이에 자극 받은 대구 사림은 정사철을 의병장으로 추대하고 서사원이 「향병입약 鄕兵立約」을 제시하여 각 면리面里별로 의병을 차출하고, 향교와 서원 의 하인까지 향병으로 차출하였다.[22]

특히 초유사 김성일은 점령지의 군민이 일본군에 붙어 향도하거나 약탈을 자행하는 것을 인지하고 적극적으로 의병을 조직할 것을 각 군 현에 요청하였다. 김성일은 "각 면에 유사를 두어 선악적을 두고 의병 으로 나아가 적을 공격한 사람들은 선적에 기록하고, 찬복竄伏하여 나 오지 않는 사람은 악적에 기록한다. 적에게 붙어 향도한 자들은 하나 하나 따로 기록하라. 힘으로 초멸剿滅하거나 체포할 수 있으면 품신하 지 말고 형벌을 행할 것이며 한 건은 도에 상부로 보내고 한 건은 향중 에 남겨 후일 상벌에 증빙케 하라. 또한 찬복하여 나오지 않는 사람은 일이 평정되고 난 뒤 극형에 처하고 차례대로 그 가구를 추쇄하라"[23] 라는 명령을 내리면서 적극적으로 의병을 조직하여 활동할 것이며 만 약 숨어서 의병에 참여하지 않은 인사들의 경우 전쟁이 끝난 후 극형 에 처할 것이라고 구언하기도 하였다. 김성일은 처음 치계馳啓를 대구

가장大丘假將으로 의망하고 서사원과 정사철을 소모관으로 보좌하도록 하였으나,[24] 대구에서는 정사철을 처음 의병장으로 추대하였다.

그러나 얼마 안 있어 정사철이 병으로 의병장에서 물러나고, 서사원이 대신하였으나 서사원도 승중상承重喪을 당하여 군무에서 이탈하자 손처눌이 의병장겸소모사義兵將兼召募使로 대구의병을 이끌게 되었다. 서사원 부대는 좌감사인 김성일의 휘하에서 주로 활동하였던 것으로 보인다. 그러나 관군과의 협조가 제대로 이루어지지 않아 병사 박진朴晉은 오히려 의병 활동을 억제하려 하였으며, 서사원 부대는 이에 좌감사로 와 있던 김성일의 휘하에서 관민연합작전을 구상하였다.

대구의병은 서사원, 이주李輈, 손처눌, 곽재겸 등 한강 정구의 문인이 지휘부를 형성하였으며, 인근의 우배선禹拜善 부대, 정인홍 부대와는 독립적으로 행동하였다. 이들의 의병 활동은 연합전투를 벌이는 데까지는 이르지 못하였다. 경산, 신령의 의병과 연합작전을 계획하기는 하였으나 실행에 올리지 못하였다.[25] 더구나 의병을 먹일 군량이 제대로 보급되지 않은데다가[26] 손처눌까지 상을 당함에 따라[27] 대구의병은 해산되었던 것 같다.

한편 대구 인근의 화원에서는 우배선 부대가 독자적으로 활동하였다.[28] 우배선은 화원현 출신으로 한미한 가계로 인하여 임진왜란 이전에는 대구 사림과 그다지 연결되지 못하였다. 그러나 전후의 국가적인 논공행상에서는 곽재우·김면·정인홍 등과 함께 선무원종공신 1등에 책록되었는가 하면, 선조는 그를 '용감선전勇敢善戰'하였다[29]고 하고 정경운鄭慶雲의『고대일록孤臺日錄』에서도 그의 의병 활동을 높이 평가하였다.[30] 이를 바탕으로 임진왜란이 종식된 이후 우배선은 대구 사림과 교유하고,[31] 그의 아들인 우달하禹達河를 손처눌의 문인으로,[32] 우달해禹達海를 서사원의 문인으로[33] 출입시키면서 대구 지역 사림과의 연결을 강화할 수 있었다.

대구의 의병 활동은 위에서 언급한 바와 같이 서사원·손처눌·우배선 등 사족을 중심으로 한 것이었다. 그러나 대구는 임진왜란 초기부터 일본군의 북진 요충지였기 때문에 의병 창의 시기도 늦었고, 그 활동도 공산과 대구 주변의 팔조령 등지에서 간헐적인 유격전으로 적을 교란시키는 정도였다. 특히 식량 부족으로 의병의 계속 유지가 곤란해지자 그 존재는 미약해졌다. 그러나 임진왜란 이후 대구사회를 재건하는 과정에서 이들 의병 창의 인물들은 지역의 여론을 향도하는 위치에 있었고, 이들은 이를 바탕으로 대구 지역의 대표적인 사족으로 부상하게 되었다.

임진왜란 이후 대구의 흥학운동과 한강학파

1598년 임진왜란이 종전된 후 대구 지역 사림은 지역사회의 재건을 위해 다각도로 노력하였다. 특히 대구 지역은 임진왜란 당시 일본군의 주요 통과점이었기 때문에 피해가 더욱 컸다.

당시 사림이 주목한 지역사회의 재건 방향은 향교의 재건 등 교육의 진흥이었다. 그들이 생각하기에 임진왜란 후의 혼란상을 극복하려면 예교禮敎의 진흥이 더욱 중요한 과제였다. 당시 예론禮論이 주목되고 많은 예서禮書가 나온 것도 이와 관련이 있다.

당시 대구향교 재건에 있어서 주도적인 입장에 있었던 인물은 임진왜란 당시 의병으로 활동하였던 손처눌·서사원 등이었다. 이들은 선조 31년(1598) 10월부터 전란으로 붕괴한 대구향교를 재건하기 위하여 논의한 끝에 당시 경상도관찰사였던 한준겸韓浚謙과 대구부사 김구정金九鼎의 도움으로 대구향교를 달성 내에 임시로 옮기고[34] 이듬해 서사원·곽재겸·손처눌·이주·류요신柳堯臣 등이 중심이 되어 처음으로 학교규범을 강학하였다.[35] 당시 대구향교의 재건에 참여한 인물은 대구의 대표적인 재지사족으로 류요신[36]을 제외하면 모두 한강寒岡 정구鄭逑의 문인이었다.[37] 그러나 이제 겨우 향교의 외형이 완성되었을 뿐 제기 등 기물들은 아직 준비되지 못한 상황이었다. 때문에 향교의 재건은 1608년까지 계속되어 1608년 2월에야 신묘新廟를 완공하고 이안제移安祭를 지낼 수 있었다.[38]

한강 정구는 임진왜란 이전 손처눌과 서사원을 문인으로 받아들여 강학을 하였으나, 본격적으로 대구와 인연을 맺고 활동한 것은 1605년경이다. 정구는 1605년 3월 8일 서사원의 미락재를 방문하였으며, 이때 장현광도 대구로 찾아와서 박정번, 서사원, 손처눌 등과 같이 모임에 참가하였다. 정구의 대구 방문은 대구 사림의 큰 관심을 끌었으며, 곽재겸·류요신 부자를 비롯하여 약 40명의 대구 사림이 동석하였다.[39] 정구는 이때 성주에서 대구나 칠곡으로 옮길 생각이 있었던 것으로 보이며, 21일까지 대구의 사림과 어울려 모임을 진행하였다.[40]

정구의 대구 방문에 고무된 대구 사림은 임진왜란 직후 열었던 강학 모임을[41] 다시 추진하였으며, 1604년에는 서사원이 거처하던 선사재를 중심으로 재규齋規와 입재록入齋錄을 작성하는 등[42] 강학을 적극적으로 진행하였다.[43] 당시 강회는 시험을 쳐서 매를 때리기도 하고,[44] 독법과 청강에 규칙을 세워 진행하는 등[45] 엄격한 강학 절차를 마련하였다. 이 강회는 정구의 모범을 따른 것으로 보이는데 정구는 1583년 회연에 백매원百梅園을 짓고 향우鄕友와 문인으로 이루어진 계를 조직하여 그 운영에 관한 세칙과 절차를 만들었는데, 이는 여씨향약을 본받아 강회를 조직한 것이었다.[46] 당시 백매원의 강학은 월삭강회月朔講會로 약정, 부정, 직월을 두었으나 군현 단위의 향약은 아니었고, 주자의 『백록동규』와 『동몽수지』 등의 책을 강론하는 것이었다.[47] 실제로 향약은 군현의 사족을 대상으로 손도 등 처벌규정을 두는 것이 일반적이었으나, 정구가 조직한 이 계회는 여씨향약을 본받아 설립한 것이기는 하지만 처벌규정은 없고, 강학이 주요한 과제로 설정되었다.[48]

대구 지역 한강학맥을 주도한 인물은 서사원과 손처눌이었다. 대구 지역 한강문인 중 연배가 많이 올라가는 곽재겸이나 서사원·손처눌은 전경창全慶昌이나 김우옹金宇顒·정사철 등에게 수학하다 정구의 문하에 배움을 청한 경우다. 특히 서사원의 경우 한강에 비해서 7년 연하임에도 불구하고 제자의 열에 서기를 자처한 경우며, 손처눌의 경우도 10년 연하에 불과했다. 이들은 한강 정구가 정인홍과의 갈등으로 말미암아 주 거주지였던 성주를 떠나 노곡蘆谷에 정착하였을 때[49] 대구 지역 사림을 규합하여 대구 지역 한강학파를 형성하였다. 정구의 노곡 이거移居는 서사원의 노력이 주효한 것이었다. 서사원은 이미 1609년 (광해군 1) 정구를 연경서원으로 초빙하고자 시도하였다. 손처눌도 서사원의 입장에 적극 동조하였다.[50] 그 결과 대구 지역에는 서사원, 손처눌을 중심으로 한강학맥이 견고히 형성되었다. 〈표 2〉는 대구 지역

〈표 2〉 대구 지역 한강학단[51]

	성명	자	호	본관	거주지	관직	생년	몰년	비고
1	郭再謙	益甫	槐軒	玄風	대구		1547	1615	享 柳湖祠
2	徐思遠	行甫	樂齋	達城	대구	縣監	1550	1615	享 伊江祠
3	孫處訥	幾道	慕堂	一直	대구	司馬	1553	1634	享 靑湖祠/扶正斥邪文/日記
4	鄭光天	子晦	洛涯	東萊	대구		1553	1594	林下 鄭師哲 子
5	孫處約	希魯	五梅亭	一直	경산	司馬/參奉	1556		孫處訥 弟
6	蔡夢硯	靜應	投巖	仁川	대구	贈史議	1561	1638	
7	孫遴	季進	聞灘	一直		司馬/文/判官	1566	1628	
8	蔡先修	敬仲	達西齋	仁川			1568	1634	
9	蔡先吉	仲吉	琴灘	仁川	대구	佐郎	1569	1646	松潭 子
10	柳時藩	衛仲	沙月堂	文化	대구		1569	1616	蓮亭 子/享靑湖祠/문집
11	都聖兪	廷彦	養眞堂	八莒			1571	1649	享龍湖祠
12	都應兪	諧甫	翠厓	八莒	대구	司馬	1574	1639	享屛巖祠
13	都女兪	諧仲	鋤齋	八莒	대구		1574	1640	享龍湖祠
14	蔡先見	明甫	雨傳軒	仁川		薦/參奉	1574	1644	松潭 子/請斬李爾瞻疏
15	鄭錡	靖甫	琴齋	東萊	대구		1574	1642	洛厓 子
16	蔡先謹	擇仲	大谷	仁川			1576	1615	松潭 蔡應麟 子
17	都彦兪	康甫	逸庵	八莒	대구		1579	1623	
18	徐思選	精甫	東皐	達城	경산	司馬/薦/遺逸/參奉	1579	1651	南澗 徐湜 長子 樂齋 從弟/李适亂 倡義/享玉川祠
19	崔東嵂	鎭伯	茶川	慶州	대구	司馬	1585	1622	
20	崔東㠌	鎭仲	臺巖	慶州	대구	司馬/大君師傅	1586	1660	
21	朴宗祐	君錫	釣巖/陶谷	順天	대구		1587		翠琴軒 后
22	蔡楙	子後	栢浦	仁川	대구/인동	文/佐郎/贈史參	1588		投巖 子

	성명	자	호	본관	거주지	관직	생년	몰년	비고
23	都慶兪	來甫	洛陰	八莒	대구	蔭/庶尹/贈左承旨	1596	1637	翠厓 季弟/享屏巖祠
24	都愼修	永叔	小㙜	八莒	대구	文/府使	1598		享㵢湖祠
25	都愼徵	美五	西湖	八莒	대구	宣敎郎	1598	1648	翠厓 子/請斬李爾瞻疏

한강학단의 명단이다.

이들 중 서사원, 손처눌, 채몽연蔡夢硯 등은 임진왜란 당시 의병 활동을 적극적으로 벌인 인물이며, 이후 대구 지역의 각종 현안을 주도적으로 추진한 장로로 큰 역할을 한 인물이었다. 특히 이들은 정구가 박이립과의 갈등으로 인하여 공격받을 때 정구를 변호하는 데 적극적인 태도를 취하였다.

당시 박이립은 정구가 '차마 할 수 없는 말[不道之言]'을 했다고 공격하였다.[52] 대구 지역의 한강문인은 이 소식을 들은 즉시 성주로 가서 그 내용을 살펴보고 그에 대한 반박상소를 올리고자 하였다. 이 소식을 5월 11일에 접한 손처눌은 상황을 알아보려고 직접 성주로 찾아갔다. 이미 10일 의금부도사가 성주에 왔으나, 상세한 사정을 알지 못하는 상황이었다. 소식을 접한 서사원·도경유都慶兪는 성주로 먼저 갔고 손처눌·손처약孫處約·손린孫遴이 뒤를 이어 성주로 향했다.[53] 이 때 박이립을 중심으로 한 성주의 사자士子 5, 6인이 주동이 되어 정구에 대한 비판에 열을 올리고 있었고, 정구는 성저城底에서 대죄待罪하고 있었다.[54] 이로 인하여 정구는 궁지에 몰렸고, 대구 지역의 한강학파는 이 문제를 해결하기 위하여 관찰사가 머무르고 있는 용궁에 손처약을 보내어 정서呈書하게 하였다.[55] 정구를 신원하기 위한 소회는 상주에서 열렸으며, 100여 명이 참여하였다.[56] 이 소회에서 김익정의 소가 채택되었다.[57] 이 소회는 9월 4일 배소拜疏하였고, 대구부의 인원으로 9명이 참여하였다. 이름이 확인되는 경우는 손처약과 채몽연, 도응유 3인이다. 소두는 선산 출신의 김녕金寧이 맡았고, 장의掌議로는 정삼계鄭三戒·권응생權應生이, 유사로는 도경유都應兪·이시청李時淸이 차정되었다. 이렇게 보았을 때 대구 지역에서는 손처눌 형제와 채몽연 일가, 도응유 일가가 정구의 편에 섰던 것이 확인된다. 한편 칠곡의 송원기도 상소를 올려 정구를 신원하기 위해 노력하였다.[58]

당시 경상좌우도慶尙左右道의 사림은 분열되어 서로 다른 입장을 표방하고 있었다. 우도가 정인홍 지지라면 좌도는 정구 지지의 입장을 표방하였다.[59] 이는 남명학파의 분열을 선명하게 하였다.

결국 박이립의 고변사건이 마무리되면서 정구는 성주를 떠나게 되었다. 정구의 대구 이거는 정인홍과의 갈등관계로 인해 성주를 떠나게 된 것으로[60] 당시 성주도 대북大北의 영향력이 매우 강했음을 알 수 있다. 서사원을 비롯한 대구 사림은 당시 대구를 제2의 한강학파의 구심점으로 삼고자 성주를 떠나게 된 정구를 대구로 모셔오기 위해 대구로의 이거를 적극적으로 권유하였다.

한편 대구 사림은 전란으로 소실된 연경서원을 중수하여 흥학講學의 장소를 마련하게 되었다.[61] 대구 사림은 임진왜란 직후 손처눌·서사원을 중심으로 선사재仙查齋에서 흥학을 결의하고 강회를 여는[62] 등 활발한 활동을 펼쳤으나, 연경서원은 광해군 즉위년까지 아직 원규院規를 마련하지 못하였으므로 아직 서원을 완전히 재건하지 못한 상황이었다. 때문에 서사원은 손처눌·손처약 형제와 상의하여 원규를 마련하고 연경서원을 대구 사림의 강학의 장소로 삼았다.[63] 당시 연경서원이 중건되자 정구는 연경서원에 이황을 봉안하는 봉안문을 짓고[64] 연경서원의 중수가 완료되었음을 알리는 고유문을 저술하였다.[65] 이는 당시 대구 지역의 학교재건 등 흥학운동에 정구가 직간접적으로 영향을 미치고 있었음을 보여주는 것이라고 할 수 있다. 선사재에서의 강학[66]과 연경서원의 중건으로 인해 정구는 자주 대구를 왕래하면서 대구 사림과 긴밀한 교유를 하게 되었다.

대구 사림의 결속 시도와 향약의 실시, 향안의 재작성

향약은 기묘사림이 적극적으로 추진하였던 향촌정책이었으나, 대구에 본격적으로 도입된 것은 임진왜란 이후였다. 대구 지역에서 최초로 시행된 향약은 지금까지 확인되는 바로는 임진왜란 직후 서사원과 하동의 도씨都氏들이 주도하여 실시한 「하동이사계약河東里社契約」이다.[67] 그러나 이 향약은 서사원이 작성한 서문만 남아 있고, 그 구체적인 규약은 확인되지 않는다. 당시 대구 지역은 한강계 사림 내에서 향안의 작성과 향약의 시행을 둘러싸고 상당한 갈등을 벌이고 있었다. 도응유는 향안의 편찬에 엄격한 기준을 요구하였고, 서사선은 폭을 넓혀 수록하자는 입장을 보였다. 서사선은 도응유가 반복·종횡한다고 주장하면서 도응유의 행동을 제어해줄 것을 손처눌에 부탁하기도 하였다.[68] 도응유는 바로 하동東의 성주 도씨였고, 서사선은 대구 지역에서 남명계 한강학단의 대표적 인물이었던 서사원의 아우였다. 즉, 한강학단에 같이 속한 사림이기는 했지만 인조반정 후 향안의 작성 등 향촌 질서의 재편 노력에 대하여 다른 입장이 있었던 것이다. 아마 도응유를 중심으로 하는 성주 도씨와 서사선을 중심으로 한 달성 서씨들이 대립하면서 이 하동향약은 실효성을 잃어버린 것이 아닐까 한다.

그렇지만 『모당일기』에는 당시 시행되었던 향약의 일단을 엿볼 수 있다. 대구 지역의 향약은 향안의 개수와 밀접한 관련이 있었다. 손처눌은 1608년 향임鄕任에 차정差定된[69] 이후 가장 먼저 향안을 개수하는 작업에 착수하였다.[70] 구안을 고쳐 새로 작성하고 잡안雜案으로 지칭된 구안을 불사르고 향안을 새로 재작성하는 작업을 추진하였다.[71]

당시 향안 재작성을 추진하는 세력들은 손처눌, 서사원을 중심으로 한 사림들이었고,[72] 향소鄕所는 재작성에 반대하여 직임을 사임하고자 하는 움직임까지 있었다.[73] 이러한 저항은 향교의 중수 과정에서도 재연되어 향교의 중수 과정에 잘못이 있다고 공격하였기 때문에 서사원, 손처눌, 곽재겸 등은 저항하는 인사에 대해 반격하기 위하여 관에 징벌을 요청하기까지 하였으며[74] 이는 대구에서 지속적으로 갈등의 원인이 되었다. 당시 대구 지역에서 향안을 둘러싼 갈등은 구체적인 원인은 드러나지 않으나 임진왜란 직후 향촌사회의 재조직 방향과 관련이 있는 것으로 보인다.

인근의 성주에서도 향안의 재작성과 향약은 정구의 주도로 시행되었다. 정구는 임진왜란이 종식된 이후 성주 지역의 재건을 위하여 향안을 중수하고, 향약을 시행하는 등 전쟁으로 황폐화된 지역사회를 회복하기 위한 노력을 기울였다.[75] 정구는 1606년 임진왜란 이전의 회연 백매원 강회를 복구하고 통독지규通讀之規를 제정하여 월삭강회를 재개하였다.[76] 이 강회는 다른 것은 거의 같으나 선악적善惡籍을 작성하여 풍속을 바로잡는 기능을 추가하였다.[77] 이는 전쟁으로 인하여 패상敗喪된 예교禮敎를 바로잡으려는 것으로, 이와 함께 정구는 예설에 집중하여 『오선생예설』과 『오복연혁도』를 작성하는 데 힘을 기울였다. 이는 당시의 사회에 있어서 중요한 사회적 실천을 예의 복구라는 측면에서 바라본 것으로 이서에게 보낸 편지에서 임진왜란 이후 가장 시급한 문제로 예교의 복원을 설정하였던 것이다.[78] 그러므로 1606년 월삭강회에서는 성주 지역의 사족에게 참여를 권하여 박이립의 아들 박희량朴希亮을 포함시키는 등 성주 전 지역의 향약으로 발전시키기를 도모하였다.[79] 그러므로 정구는 통독通讀의 자리에 참여하지 않는 인물에 대하여 벌을 줄 것을 제자들과 상의하기도 하였다.[80]

한편 정구는 기초단위의 향촌사회에서 향약을 시행할 것을 도모하여 자신이 살던 사촌沙村 지역에 동계洞禊를 실시하기도 하였다. 성주 전 지역의 향약으로 발전시키고자 했던 월삭강회에서는 약정約正, 직월直月 등의 명칭을 써서 군현 단위임을 나타내었고, 동계에서는 유사有司의 명칭을 써서 구별하였다. 또한 사족만을 대상으로 했던 강회와는 달리 동계에서는 신분의 고하를 가리지 않고 모두 계원으로 포섭하여 상하가 같이 참여하는 동계로 발전시키고자 하였다.[81]

손처눌과 서사원이 주도한 강회에서 통독과 강학을 강조하였던 것은 스승인 정구가 추진한 성주 지역의 사례를 모범으로 하여 따른 것으로 보이며, 이는 전쟁 이후 전지의 침탈,[82] 노비의 탈점[83] 및 도망[84] 등 사족의 경제 기반이 침탈당하는 것을 해소하고자 하는 동시에 사족

간의 갈등을 해소하기 위한 노력의 일환으로 행해졌던 것으로 보인다. 그러나 사족 사이에서 토지 문제뿐만 아니라 향촌 운영을 둘러싸고[85] 많은 갈등이 노정되었기 때문에 향약은 지속되지 못하게 된 것이 아닌가 한다. 그러나 상사喪事 등의 일이 있었을 때는 향약에서 일군을 내어 부조하는 등 1610년까지는 향약이 유지된 것을 확인할 수 있다.[86]

결국 이러한 갈등은 임진왜란 이후 향권을 새로이 장악한 사림이 향임을 어떻게 제어할 것인가의 문제와 관련된 것으로 향임과 사림 사이의 지속적인 갈등의 원인이 되었다.[87] 문제가 더욱 심한 것은 대구 지역의 경우 향임이 사림과 다른 존재가 아니고 동일한 지위를 가진 인사로 향임으로 체차되었을 때와 사림으로서의 입장이 부딪치는 경우가 많았기 때문이기도 하였다.[88]

또한 향안의 수정은 임진왜란 직후 재작성된 것을 다시 수정하기에 이르렀다.[89] 이러한 향안의 개수는 대구에서만 벌어진 것이 아니었다. 성주에서도 이부춘이 주도한 개수향안은 소각되고 1607년 다시 향안이 작성되었고,[90] 선산에서도 1603년 향안을 개수하는 작업을 진행하였으며,[91] 상주 지역도 1595년 개수된 향안이 1617년 이준의 주도로 다시 개정되는 작업을 거쳤다.[92]

이렇듯 경상도 지역에서 향안의 개수 작업이 여러 지역에서 전개된 것은 임진왜란 이후 사족의 지역사회 재편 노력과 관련이 있었던 것으로 보인다. 선산 지역의 경우 노경임, 최현 등 임진왜란 의병으로 활동하였던 인물이 주도하였으며, 이는 성주 지역도 마찬가지였다. 당시 일본군의 점령지가 되었던 지역의 경우 의병 참여자를 중심으로 지역사회를 재편하고자 하는 시도가 있었으며 대구의 경우도 마찬가지였다고 짐작된다. 대구 지역의 경우 사족이 일본군에 부역한 사례는 기록에 거의 나타나지 않으나, 기존의 대구 지역의 인물 중 일본군에 부역하여 의병에 의해 살해되는 경우도 보이는[93] 등 선산·상주·성주 지역과 동일한 고민을 안고 있었던 것이다. 그러므로 대구 지역의 향안 개수는 기존의 향안에서 몇몇 인물을 삭제하여 새로운 사족 질서를 추구한 것으로 짐작된다.[94]

이와 관련하여 향약을 시행하기 위한 작업을 동시에 진행하였는데, 모범이 된 것이 퇴계향약과 남전향약이다.[95] 1618년 향약모임에 손처눌이 참여한 것을 마지막으로 향약과 관련된 기록은 보이지 않으나[96] 1615년 향교의 일로 영손永損하는 벌을 시행한 것으로[97] 보아 향약은 임진왜란 직후 향촌사회를 재건하기 위한 방안의 하나로 추진되었음을 알 수 있다.

「부정척사문」과 대구 지역의 정치적 갈등

정인홍은 광해군 3년 이언적·이황의 문묘종사를 놓고 격렬한 비판을 가하였다.[98] 정인홍은 남명 조식의 문인으로 임진왜란 당시 의병장으로 활약하였기 때문에 상당한 명망이 있었다. 정인홍은 대북정권의 산림山林으로 광해군정권을 지탱하는 중요한 기둥이기도 하였다. 그렇지만 정인홍의 문제제기와 처사에 대하여 조식의 문하에서 같이 수학하였던 정구는 불만을 표시하였으며, 더욱이 임해군·영창대군의 옥사에 대하여 전은설을 주장하면서 정인홍과 대립하였다.[99] 당시 정인홍의 이언적·이황에 대한 비판은 대북정권의 사회적 기반을 약화시키는 계기가 되었다. 관학 및 전국의 유생이 그를 공격하고 경상우도의 유생까지도 그를 공격함으로써 경상우도의 지기 기반이 급격하게 와해되고 있었다.[100]

이러한 상황에서 대구 지역 한강학파의 중심인물인 손처눌이 정인홍을 한탁주韓侂胄·왕안석王安石에 비유하면서 격렬히 비판하자, 광해군 대 대북정권하에서 정구와 손처눌은 궁지에 몰리게 되었다. 특히 대북파는 손처눌의 「부정척사문」을 정구의 사주로 비롯된 것으로 간주하면서 정구를 비윤리적인 인물로 공박하고, 후에 손처눌을 중학中學에서 제명하였다.[101] 손처눌은 광해군 3년(1611) 4월 13일자 일기에서 정인홍을 합천내소陜川來小라고 표현하면서[102] 극심한 비판을 가하고 있는데 정인홍의 죄로 ① 안율按律을 주장하여 임해군 처형을 동조했고, ② 선정을 모독하는 말을 했으며, ③ 타협이 없이 심사心事에 혈기만 가득 차서 책정공策定功을 자부하였으며, ④ 박이립을 시켜 정구를 모해했으며, ⑤ 오현五賢만 들어가고 남명南冥이 빠진 것에 대하여 불만을 토로했다는 등 많은 문제를 지목하였다. 그런 한편 정구와 정인홍이 사이가 벌어지게 된 원인에 대해서도 정구가 김우옹金宇顒을 추모하는 만사輓詞에서 김우옹을 퇴계의 정맥正脈이라고 추켜세운 것에서 비롯한 불만이 임해군 옥사를 둘러싸고 정구가 전은설全恩說을 주장한 것에서 크게 벌어졌다고 인식하였다.[103] 따라서 정인홍의 회퇴변척을 "정인正人을 지목하여 사인邪人이라고" 하는 것이라고 하면서 "80년 동안 독서한 소견이 한탁주에 그쳤다"[104]고 정인홍을 극렬히 비난하는 「부정척사문」을 써서 다음 날 인근 읍에 돌려보게 하였던

것이다.[105]

이와 관련하여 손처눌은 안동에서 정인홍을 공격하기 위한 소회가 열리자 직접 참여를 결심하고 안동으로 가기 위해 대구에서 동지를 규합하였다. 이때 최계崔誡는 병으로 인해 참여하기가 곤란하다고 하면서 아들 최동율崔東嵂을 대신 참석시키기로 하였다. 이들이 칠곡으로 가서 안동 소회에 대한 동의를 구하자 채정蔡楨·최동립崔東岦·배진국裵鎭國 등이 참여하기로 하였다.[106] 당시 정인홍 비판 안동유소에 참여한 대구 사림은 총 10인이었다.[107] 5월 14일 열린 안동의 소회에서 성균관의 관유館儒들이 올린 상소가 비답을 받지 못하였던 사실을 확인하고, 손처눌은 임금이 들을 생각이 없으니 간언諫言하는 것이 어렵다고 탄식하였다.[108] 그러나 남명 또는 정인홍을 옹호하는 세력도 대구·성주 지역에서 상당한 세력을 가지고 있었다. 16일 택소擇疏하고[109] 17일 개제改製하였으나 성산星山의 김지원金智源과 이천봉李天封 등이 와서 남명까지 공격한다는 말을 들었으니 이는 채택할 수 없다고 주장하였다.[110] 대구 지역의 사림도 남명에 대한 비판까지 확산되는 것은 부정적이었다. 18일 다시 상소를 고쳤음에도 불구하고 19일에도 이사강李士剛이 소의 내용에 대하여 논란을 하고, 최동율崔東嵂은 소의 내용에 불만을 품고 소회에서 물러나고자 하였다.[111] 당시 손처눌은 참여한 대구·성주권 사림 중 연장자였으므로 허물이 자신에게 돌아올 것이라고 탄식하였다.[112] 당시 대구 지역의 사림은 정인홍 비판에는 동조하였으나 조식까지 비판하는 것은 과하다는 입장에 있었음을 알 수 있다.

어쨌든 소는 20일 이루어져 소유疏儒의 명단을 정서하고 장의를 정해서 배소拜疏하고 상소할 준비를 마쳤다.[113] 이때 대구 사림으로는 손처약과 민충국閔忠國 등 대구 지역 사림도 동참하였다.[114] 소유들이 한양으로 출발하는 것을 보고 손처눌은 대구로 내려왔다.[115] 그러나 대구에 내려온 손처눌은 영남 유생들의 상소도 광해군에 의해 거절될 것이라는 소문을 듣고 크게 실망하였다.[116] 6월 27일 소행에 참여하였던 아우 손처약이 내려와 결국 소가 각하되었다는 것을 전하자 손처눌은 주상(광해군)은 정인홍이 죄를 얻을까 걱정하기만 한다고 하고 하늘을 움직일 뜻이 없으니 인재가 없는 것이 이에 이르렀다고 하였다.[117] 정인홍의 회퇴변척 이후 전국에서 반박하는 상소가 올라갔으나 정인홍의 정치적 위상을 흔들지는 못하였다. 그러나 정인홍의 회퇴변척소는 그때까지 강직한 성품으로 조야의 중망을 받던 그의 입지를 흔든 것이었다. 정인홍은 이황을 공격함으로써 같은 동인계열 내의 퇴계 문하를 적으로 돌리는 실책을 범하였던 것이다. 손처눌도 정인홍에 대한 인식은 이전에는 그렇게 나쁜 편은 아니었다. 스승인 정구의 동문이라는 것과 함께 정인홍이 선조대 이후 쌓은 명망으로 인해 오히려 존경하는 입장이었다. 그러나 회퇴변척 이후 손처눌은 정인홍을 한탁주·왕안석에 비기는 등 소인小人으로 지목하였던 것이다.

몇 달 후 손처눌은 이 문제로 서사원·곽재겸과 충돌한다. 서사원은 손처눌에게 "찬성贊成(정인홍)은 현인賢人이므로 현인(이언적 이황)을 논하는 것은 가可하지만 지금의 한 선비로서 현인이 되지 못하면서 현인을 논하는 것은 잘못"이라고 넌지시 손처눌을 비판하였다.[118] 곽재겸도 서사원과 동일한 입장을 표방하였다.[119] 그러나 손처눌은 지금 정인홍은 옛날 정인홍이 아니라고 격렬히 비판하였다.[120] 서사원과 곽재겸은 정구와 정인홍이 같은 남명문인南冥門人으로 동문이라는 점을 강조한 것이므로 자신들의 학맥을 남명학맥으로 인식하고 있었다고 할 수 있다. 반면 손처눌은 그 자신이 초년에 계동 전경창全慶昌의 문하에서 학문을 시작하였으므로 퇴계학파의 입장에 서 있었음을 은연중 내비추었던 것이다.

손처눌 등이 인조반정 후 정치적으로 대부분 남인의 색목을 표방한 것은 내암來庵과 한강寒岡의 대립이 중요한 계기였다. 대구 지역의 사림은 남명학맥의 영향을 매우 크게 받았으므로 정인홍에 대하여 매우 호의적인 입장을 취하고 있었다. 그러나 정인홍이 회퇴변척소를 발표하자, 정구는 정인홍의 이황·이언적 비판에 매우 반발하였고, 대구 지역에서 한강학맥의 중심인물 중 하나인 손처눌은 정인홍을 비판하는 「부정척사문」을 발표하면서 대구 지역의 정치적 입장은 당시 집권층이었던 대북세력에 대하여 부정적으로 돌아서게 되었다. 물론 비판의 강도에 있어서 서사원과 곽재겸 등은 상대적으로 온건하여 손처눌의 격렬한 정인홍 비판을 우려하였지만, 인조반정 이후 대북정권이 몰락하자 손처눌의 행동은 정당성을 확인받게 되었다.

마무리

대구 지역은 임진왜란 이전 인근의 김굉필 등 초기 사림이 활동한 지역이기는 하였으나, 사족세가 강한 지역은 아니었다. 임지왜란 이전 성주의 한강 정구의 문하로 활동하였던 서사원·손처눌 등은 임진왜란 당시 항병을 조직하여 활동한 것을 계기로 임진왜란 이후 대구 지역의 주도권을 장악할 수 있었다.

이들은 임진왜란으로 황폐화된 대구 지역을 재건하기 위하여 다방면의 노력을 기울였다. 대구는 임진왜란 당시 일본군의 보급기지로 장기간 일본군이 주둔하였던 지역으로 일본군의 침탈과 주민의 유산流散으로 인하여 상당한 어려움에 처하였다.

전쟁이 종식되자 의병으로 활동한 사림들은 먼저 흥학운동을 통하여 향교와 연경서원을 재건하고, 인근의 정구를 초치招致하여 학문을 장려하는 데 노력을 기울였다. 정구는 1605년 서사원의 초청으로 공식적으로 대구를 방문하고 강학을 하여 한강학맥을 대구에 정착시키게 되었다. 당시 정구는 성주에서 강학을 주도하였으나, 박이립 사건으로 인하여 성주를 떠나게 되자 칠곡 노곡으로 이주하면서 대구 사림과 긴밀한 연대를 맺고, 한강학파의 제2의 근거지로 삼게 되었다. 대구 사림은 정구의 학문적 입장을 받아들이면서 정구의 향촌 개편책을 적극적으로 인용하여 임진왜란으로 인한 피해를 복구하고자 하였다.

또한 대구 지역은 임진왜란 직후부터 향약을 시행하고, 향안을 개수하여 임진왜란 이전의 질서를 적극적으로 개편하고자 하였다. 정구는 임진왜란 직후 성주에서 월삭강회를 복구하여 강학을 이어가면서 성주 전 사림이 참여하는 향약으로 발전시키고자 하였다. 대구 지역의 향약도 이러한 정구의 입장을 계승하는 것이었고, 그 중심인물은 서사원과 손처눌이었다.

그러나 광해군 대에 정구와 정인홍 사이의 갈등이 점증하면서 한강학파와 내암학파의 갈등은 성주에서 박이립 사건으로 인하여 폭발하게 되었다. 이때 대구 사림은 정구를 대구로 초치하면서 흥학을 도모하는 동시에 사족이 중심이 되는 향안의 개수를 추진하였고, 이는 대구 지역에서 향약의 실시와 같은 궤도에서 추진된 것이었다.

그러나 정인홍과 정구의 갈등 연장선상에서 1611년 손처눌이 발표한 「부정척사문」은 대구 지역의 사림을 갈등으로 몰아넣게 되었다. 손처눌은 어릴 적 전경창의 문하에서 수학하였기 때문에 퇴계학에 기반하여 학문을 하고 있었고, 손처눌의 동지였던 서사원·곽재겸은 정구·김우옹의 문하에서 수학한 인물이었기 때문에 정인홍과는 동류의식을 가지고 있었던 것으로 보인다. 그 결과 서사원 사후 손처눌과 서사원의 문인 사이에 갈등이 지속되고 있었으나 인조반정으로 인하여 손처눌의 정치적 입장이 정당성을 확보하게 되자 대구 지역은 이황-정구로 계승되는 퇴계학이 주도권을 잡게 되었다.

참고문헌

『宣祖實錄』

『光海君日記』

『仁祖實錄』

『新增東國輿地勝覽』

『大邱邑誌』

『漆谷志』

鄭逑,『寒岡全書』

孫處訥,『慕堂集』

孫處訥,『慕堂日記』

徐思遠,『樂齋先生文集』

서사원 지음, 박영호 옮김,『國譯樂齋日記』

趙靖,『黔澗壬亂日記』

『永慕堂通講諸子錄』

張顯光,『龍蛇日記』

김현영 편,『대구월촌단양우씨문서』, 한국고문서학회, 1994.

김형수, 「17세기 초 대구사림의 형성과 분화-손처눌의『모당일기』를 중심으로-」,『역
    사교육논집』36, 역사교육학회, 2006.

_____, 「17세기 초 西厓學團과 상주지역 사회의 재건」,『민족문화연구』69, 2015.

_____, 「임란 전후 寒岡學團의 활동과 성주지역 사족사회의 동향」,『민족문화연구』77,

2017.

_____, 「임란 직후 선산지역 여헌학단의 활동」, 『남도문화연구』 38, 2019.

설석규, 『남명학파 정치철학연구』, 남명학연구원, 2001.

송희준, 「모당 손처눌의 강학활동에 대한 연구」, 『모당 손처눌 선생의 생애와 학문』, 모당 손처눌 선생 탄생 450주년 기념논문집, 2003.

영남대학교 민족문화연구소, 『壬辰嶺南義兵史』, 임란호국영남충의단보존회, 2001.

吳世昌·鄭震英·權大雄·趙康熙, 『영남향약자료집성』, 영남대학교 출판부, 1986.

이병휴, 「조선전기 사림파의 추이 속에서 본 김굉필의 역사적 좌표」, 『역사교육논집』 34, 2005.

이수건, 「월곡 우배선의 임진왜란 의병활동-그의 『창의유록』을 중심으로-」, 『민족문화논총』 13, 1992.

이 욱, 「임진왜란 초기 대구지역의 의병활동」, 『대구지역 임진란사』, 임진란정신문화선양회 편, 2019.

장동익, 「월곡 우배선의 임진의병활동」, 『역사교육논집』 18, 1993.

장윤수·임종진, 「한강 정구와 조선중기 대구권 성리학의 연계성에 관한 연구」, 『동양사회사상』 8, 2003.

최영희, 「왜란전의 정세」, 『한국사』 29(조선중기 외침과 그 대응), 국사편찬위원회, 1995.

한우근, 「임진란 원인에 관한 검토-豊臣秀吉의 전쟁도발 원인에 대하여-」, 『역사학보』 1, 1952.

주

1 16세기 후반 향약은 설립·운영의 주체를 보면 관(수령) 주도의 향약과 재지사림 주도의 향약 두 형태로 나눌 수 있다. 율곡 이이가 실시했던 서원향약과 같이 이전의 사림파가 지방관으로 파견되어 해당 지역에서 시행하였던 향약의 흐름을 잇는 것이 있고, 퇴계 이황이 실행하고자 했던 예안향약은 재지사족이 설립과 운영의 주체가 되었다. 수령 주도의 향약은 향약 실시에 적극성을 보이던 수령이 이임하게 되면 동력이 약화되어 유명무실화되는 사례가 나타난다. 예안향약의 경우 재지사족 중 이황과 같이 선구적 인물들이 실시를 강력히 주장하였으나 다른 재지사족의 냉담한 반응으로 인하여 실효를 거두지 못한 경우다. 임진왜란 직후 경상도에서는 상당한 지역에서 향약을 적극적으로 시행하고자 하는 움직임이 나타나고 있는데, 김기향약의 경우 퇴계의 예안향약을 바탕으로 상하합계를 시도함으로써 하층민까지 포섭하여 지역 전체의 주민을 포함하고자 하였다. 이는 영남 사림이 전쟁 이후 복구 과정에서 향약을 복구의 중요한 수단으로 인식하였음을 보여주는 것이라고 할 수 있다.

2 임진왜란 이전의 대구 지역사회의 움직임은 자료 부족으로 그 실체를 규명하기가 어렵다. 자료는 대부분 임진왜란 당시 활동했던 의병장 및 그 주변 인물과 관련된 자료로 대구 지역의 사족이 어떠한 입장에서 지역사회를 운영하였는지는 임진왜란 이후 구체적으로 드러난다.

3 대구 지역만 그러한 것은 아니었다. 당시 전쟁을 겪은 대부분의 영남 지역은 의병에 참여하여 활동한 사림에 의해 지역재건이 이루어졌다. 이들이 공통적으로 추진한 것이 지역 사림이 주도하는 흥학興學운동과 예치禮治였다. 임진왜란 당시 그들이 겪은 현실은 수령으로 대표되는 국가권력이 지역을 보호하지 못하고 무너진 상황에서 그들 스스로 전쟁을 수행해나가고, 사림을 포함한 지역민의 삶을 유지하는 것이었다. 그렇기 때문에 의병 활동이 왕성한 경상우도 지역의 경우 중앙에서 파견된 수령보다 의병장의 영향력이 훨씬 강했다. 실제로 전쟁 중 지역 사림이 가수假守, 가장假將의 형태로 임명되어 지역행정을 유지하는 경우도 있었다. 그러므로 전쟁 후 이들이 추구하였던 것은 우선 지역민을 중심으로 무너진 사회를 재건하는 것이었다.

4 『모당일기』를 남긴 손처눌孫處訥(명종 8~인조 12)은 정구의 문인으로 임진왜란 당시 의병을 일으켜 왜군과 싸웠고, 임진왜란이 끝난 뒤 대구향교의 재건을 주도하였으며, 후진양성에 힘썼다. 임진왜란 당시 영남 의병을 주도했던 정인홍의 회퇴변척에 대하여 「부정척사문扶正斥邪文」을 써서 반反대북의 입장을 대구에서 처음으로 표방한 인물이다. 장현광, 서사원 등과 친밀하게 교유하였으며, 대구 청호서원靑湖書院에 제향되었다.

5 손처눌의 『모당일기』를 이용한 연구로는 김형수, 「17세기 초 대구 사림의 형성과 분화-손처눌의 『모당일기』를 중심으로-」, 『역사교육논집』 36, 역사교육학회, 2006이 있다. 이 논문에서는 본인의 기존 2006년의 논지를 바탕으로 임진왜란 직후 대구 지역의 동향을 대구 사림의 지역 재건책을 통해 살펴보고자 한다.

6 최영희, 「왜란전의 정세」, 『한국사』 29(조선 중기 외침과 그 대응), 국사편찬위원회, 1995, 25쪽.

7 『대구읍지』, 邑先生 尹晛.

8 『黔澗壬亂日記』, 선조 25년(1592) 4월 20일, 23일.

9 이수건, 「월곡 우배선의 임진왜란 의병활동-그의 『창의유록』을 중심으로-」, 『민족문화논총』13, 1992, 71쪽.

10 『國譯樂齋日記』, 임진년(1592) 6월 15일.

11 『國譯樂齋日記』, 임진년(1592) 6월 9일. "聞倭賊列竹閭閭 造獄于鄉校 酋長或稱大丘倅 或稱慶尙道主 巡行四面 攎掠不已 或得女人 則囚之于竹箱之內 畫出而耘畓云 盡斬栗林 爲欄墻云."

12 『國譯樂齋日記』, 임진년(1592) 4월 24일. "避登北峯 夕乃還下 徐古同·蔡俊男等 逢土賊三名 于洞口 皆被倭服 彎弓欲射 皆墜落自控 洞內一行 避賊之人 同聚而衆誅之 李士彬奴孫卜亦參之 蔡誠仲來射殺之 前三人則皆龍德里裵監官奴子云."

13 장현광, 『용사일기』권1, 1592년 7월 15일. "仁同人降賊尤甚 余乃縣人殊可愧焉."

14 『國譯樂齋日記』, 임진년(1592) 7월 2일, 처음 의병의 조직이 논의된 것은 서사원, 이주 등 팔공산에 피신한 대구 사림 중 일부에 의해 발론되었다.

15 서사원에 앞서 정사철이 의병대장이 되었으나 연로하여 서사원으로 대신하였다. 『國譯樂齋日記』, 임진년(1592) 7월 18일. "以有往桐華寺 面將有司十餘員來集 衆以無將爲悶 以鄙拙帖出鄭上舍之代 謝辭不得已當之 暮迫乃散 守城里將有司孫幾道·全正甫輩答書 甚滿衆望 極慰極慰."

16 『樂齋先生文集』권6, 「招集鄉兵文」.

17 『國譯樂齋日記』, 임진년(1592) 7월 13일. "期會李景任于夫仁寺後嶺 裵贊之從之 俄而全士希來集 蔡靜應來集 余與李景任議論不一 士希之論附于景任 余孤立攻之 俄而靜應來援 復合于正 分帖于各里 午後各還庵."

18 『모당집慕堂集』권6, 부록, 「연보」, 선조 25년(1592) 임진壬辰, 정유丁酉.

19 『낙재일기』권2, 임진년 7월 6일 「鄉兵將有司分定記」에 의한다.

20 『國譯樂齋日記』, 임진년(1592) 6월 21일.

21 『낙재선생문집樂齋先生文集』권6, 「招集鄉兵文」.

22 『낙재선생문집』권6, 「鄉兵立約」.

23 『국역낙재일기』권2, 1592년 7월 19일.

24 『국역낙재일기』권2, 1592년 7월 19일.

25 『국역낙재일기』권2, 1592년 6월 17일, 18일, 8월 2일, 8월 9일.

26 『모당집』권6, 부록 「연보」, 선조 25년 임진.

27 『모당집』권6, 부록 「연보」, 선조 25년 계사.

28 우배선의 의병 활동에 대해서는 다음의 글을 참조한다. 이수건, 「월곡 우배선의 임진왜란 의병활동-그의 『창의유록』을 중심으로-」, 『민족문화논총』13, 1992; 장동익, 「월곡 우배선의 임진의병활동」, 『역사교육논집』18, 1993; 김현영 편, 『대구월촌단양우씨문서』(연구·정서·해제 편), 한국고문서학회, 1994.

29 『선조실록』권55, 선조 27년 9월 기해己亥.

30 김현영, 앞의 책, 22쪽.

31 『낙재집』, 부록 「연보」, 선조 36년.

32 『영모당통강제자록』, 우달하禹達河.

33 『낙재집』, 부록 「연보」, 광해군 원년 11월.

34 『모당선생문집』권6, 부록 「연보」, 선조 32년 기해 10월.

35 『모당집』권6, 부록「연보」, 만력 28년 2월. 당시 사용하였던「학교규범」은 서사원의『낙재집』권6에 실려 있다. 그러나 이는 서사원이 새로 만든 것은 아니고 이이李珥가 1582년 왕명으로 지은 것을 이용한 것이었다(송희준,「모당 손처눌의 강학활동에 대한 연구」,『모당 손처눌 선생의 생애와 학문』, 모당 손처눌 선생 탄생 450주년 기념논문집, 청호서원, 2003, 94쪽). 이는 당시까지 대구 지역 사림의 정치적 성향이 분명히 분화되지 않았음을 보여주는 것임과 동시에 학교규범을 이이의 것이 아닌 이황의 것으로 서사원이 인식하고 있었으며, 이는 아직 대구 사람이 학문적으로 완전히 성숙된 것이 아니었음을 보여주는 것이다.

36 류요신柳堯臣은 손처눌의 문인門人 류시번柳時藩의 부父다.

37 이들은 대부분 임진왜란 당시 의병에 참여하였던 인물이었다(영남대학교 민족문화연구소,『壬辰嶺南義兵史』, 임란호국영남충의단보존회, 2001).

38 『모당일기』, 무신년(1608) 2월 8일.

39 『모당일기』, 을사년(1605) 3월 9일.

40 『모당일기』, 을사년(1605) 6월 21일.

41 『모당일기』, 신축년(1601) 5월 7일.

42 『모당일기』, 갑진년(1604) 윤9월 23일.

43 『모당일기』, 병오년(1606) 5월 25일, 9월 1일.

44 『모당일기』, 병오년(1606) 7월 25일.

45 『모당일기』, 정미년(1607) 윤6월 16일.

46 『한강선생연보』권1, 만력 11년. "與門下諸生爲月朔講會稧."

47 李厚慶,『畏齋集』권3,「행장」,「有明朝鮮國嘉善大夫司憲府大司憲兼世子輔養官寒岡鄭先生言行錄」. "癸未 移居檜淵 構草堂 階下種梅百株 號百梅園 約諸友率門徒 爲月朔講會 會日凤興 約正 , 副正 , 直月 皆深衣來會 以長少拜于東序 設先聖先師之像于北壁下 皆再拜 約正陞堂上香 降自阼階 與在位者皆再拜 藏先聖先師之像 拜揖就坐 直月讀約章一過 副正推說其意 許其質問 約中規目 一從呂氏之舊 讀法訖 參講朱子白鹿洞規童蒙須知等篇."

48 『寒岡集』권9,「契會立議」. "一. 約中規目 一從呂氏之舊 不可謂以古今異宜 一 如有願入約者 告于直月 直月告于在坐 必衆許然後 書于籍而入之 一 道里在三十里內者 每月朔來會 三十里外者 唯赴孟朔 其間或能逐朔來預則尤善 一 會日相聚 須及早朝 若後生少年 則宜先來詣 毋後尊長 一 或非衆所共知切迫不得已之故 而假托不參者 論如犯約之過 書于籍 一 讀法訖 參講朱子白鹿洞規 一 會日 須相考一朔所習之業 學者一日有一日工夫 一月有一月工夫 ○呂氏學規 肄業當有常日記所習于簿 多寡隨意 如遇有幹輟業 亦書于簿 一歲無過百日 過百日者 同志共擯 ○三十歲以前背誦 以後臨文講說 一 會日或値天雨 則當權停待晴 直月告于約正 更期日而會之 一 期大功未葬者 許不赴會 一 四孟朔日 既赴約會 則難兼修禮見 當權宜停之 一 凡吉凶相助之事 本家告于直月 或其近居者 告于直月 或直月自知之 不必待告 一 直月稟乎約正 而定數 力有大小 分有厚薄 亦宜量量 亦須斟酌本家之勢 一 凡回文 次次相傳 各書時刻於其下 無或小滯 滯有犯約之過 終到之人 持以納于契會之日 仍權遞傳敏慢 一 雖已入約 而泛然隨參 無意振發 悠悠時日 無所進益者 聽其出約 或不能文 而有好善修行之實者 可以許入 一 入約之人 各自敦飭 讀書修行 雖學有淺深 方有高下 而要其志趣 必學古人 必正其義而不謀其利 必明其道而不計其功 勿汲汲於富貴 勿戚戚於貧賤 庶幾有儒者氣味節拍處 苟不能如此 已非吾輩中人 雖無約中之罰 亦何以冒昧隨參 以爲吾約羞哉 凡約中諸君 尙胥警焉 正誼明道者儒 計較利害者非儒 一 進德謹行之目 已盡於德業相勸之條 只要熟玩勉行而已 然吾同約之人 尤須激昻於子路義勇氣像. (…)"

49 『寒岡年譜』권1, 광해군 4년 정월.

50 『모당일기』, 기유년(광해군 1, 1609) 2월 21일.

51 『한강전서』소재「회연급문록」에 의한다. 대구 인물 중 생몰연대를 확인하지 못한 배경가裴褧可, 최흥국崔興國, 서시립徐時立 3인은 제외하였다. 이들 3인을 포함하면 28인이 된다.

52 『광해군일기』권31, 광해군 2년 7월 신미.

53 『모당일기』경술년(광해군 2, 1610) 5월 11일. "希魯自査齋 冒曉馳來 鄭先生被人舌變 昨日 有禁都來臨之奇 卽與希魯及從叔正字 馳向星州 行甫曉發云 都翼卿三父子從此 (…) 仍來人 問其奇 亦未詳實."

54 『모당일기』, 경술년(광해군 2, 1610) 5월 11일. "亦其黨士子五六人會 處極爲唱說 先生亦待 命于城底云."

55 『모당일기』, 경술년(광해군 2, 1610) 6월 24일. "希魯來 傳以先生事向龍宮 時巡使留龍宮 星 州人移推云 故府儒呈書巡使之計."

56 『모당일기』, 경술년 8월 26일, 29일, 30일.

57 『모당일기』, 경술년 9월 2일.

58 『광해군일기』권33, 광해군 2년 9월 경신.

59 『모당일기』, 경술년 8월 3일.

60 『한강연보』권1, 광해군 4년 정월.

61 『모당집』권6, 부록「연보」, 선조 35년 7월.

62 『낙재집』권6,「仙査精舍學規」,「精舍約束」.

63 『낙재집』, 부록「연보」, 광해군 원년(1609).

64 『한강집』권11,「硏經書院奉安退溪李先生文」.

65 『한강집』권11,「硏經書院告由文」.

66 『모당집』, 부록「연보」, 선조 38년 3월. "陪鄭先生 講學于仙査 因船遊於洛江 時會員七十餘 人."

67 『낙재선생문집』권7,「河東里社契約」.

68 『모당일기』, 갑자년(인조 2, 1624) 11월 24일.

69 『모당일기』, 무신년(1608) 2월 13일, 14일.

70 『모당일기』, 무신년(1608) 12월 16일.

71 『모당일기』, 무신년(1608) 12월 21일.

72 『모당일기』, 경술년(1611) 1월 21일.

73 『모당일기』, 무신년(1608) 12월 16일.

74 『모당일기』, 경술년(1610) 2월 1일.

75 김형수,「임란 전후 寒岡學團의 활동과 성주지역 사족사회의 동향」,『민족문화연구』77, 2017, 273~274쪽.

76 『한강선생연보』권1, 선조 39년(1606). "五月 定朔望通讀之規 先生憂鄕中子弟 因亂失學 設 爲科條 以勸課之會儀 講法具文集."

77 정구,『한강집』권9,「月朝約會儀」"(…) ○於是 約中有善者 衆推之 有過者 直月糾之 約正詢 其實狀于中 無異辭 乃命直月書之 直月遂讀記善籍一過 命執事以記過籍 遍呈在坐 各默觀一 過 旣畢乃食 食畢少休 復會于堂上 或說書或習射 講論從容. (…)"

78 김형수, 2017,「임란전후 寒岡學團의 활동과 성주지역 사족사회의 동향」,『민족문화연구』 77, 273~274쪽

79 『광해군일기』권33, 광해군 2년 9월 18일 경신. 慶尙道 星州生員宋遠器等上疏 "且於丙午年間 鄭逑倣呂氏之約 設通讀 以敎一鄕士子 于時其子希亮 亦入讀中 而行止違慢懶惰不讀 屢被同儕之檢 而鄭逑則實多及其造謗傾陷 罔有紀極 鄕愚後生 憤其媢嫉之甚 殊厥井疆 則鄭逑屢爲書而止之 此乃鄭逑待而立之終始大略也."

80 『한강집』권4,「與德補 · 德久 · 以直 · 叔發」, "仍念士之受讀聖賢之書 無故不就詣於執事之末者 實非所宜 吾通讀中 其有不參者 僉須抄記 以憑爲會日重責之地 何如."

81 『한강집』권10,「沙村洞契序」, "寓形宇字內 獲同一世 固非偶然 而又同一國 又同一道 同一鄕 而同一洞 則其不爲偶然者 又復何如哉 然而苟無禮義以將焉 則背公逐利 各私其身 其不爲偶然者 反成楚越之不若 寧不爲同洞之深羞乎 此吾洞契之所以作也 列書同員 下及賤隷 禮俗之交 吉凶之問 旣略倣古儀 而相勸相規 亦不敢忽焉 且不敢曰someone約正副約正 而名之以有司 尤謹於患難之救 此吾契之所以 酌古參今 而爲不負同洞之義也 凡我契員 深察此理 庶幾相與勉焉 而終始無懈 則眞不爲偶然者 其不在玆矣乎."

82 『모당일기』, 신해년(1611) 3월 18일, 3월 25일.

83 『모당일기』, 임인년(1602) 9월 22일.

84 『모당일기』, 임인년(1602) 9월 22일.

85 『모당일기』, 신해년(1611) 7월 6일.

86 『모당일기』, 경술년(1610) 12월 21일, 12월 24일.

87 『모당일기』, 임자년(1612) 12월 18일.

88 『모당일기』, 계축년(1613) 5월 8일, 5월 21일, 6월 6일.

89 『모당일기』, 계축년(1613) 8월 6일, 갑인년(1614) 7월 22일, 갑인년(1614) 7월 25일, 갑자년(1624) 11월 16일, 병인년(1626) 6월 1일.

90 김형수, 앞의 논문, 2017, 275쪽.

91 김형수, 「임란 직후 선산지역 여헌학단의 활동」, 『남도문화연구』38, 2019, 165쪽.

92 김형수, 「17세기 초 西厓學團과 상주지역 사회의 재건」, 『민족문화연구』69, 2015, 364~370쪽.

93 『國譯樂齋日記』임진년(1592) 6월 15일.

94 『모당일기』, 병인년(1626) 6월 1일.

95 『모당일기』, 병진년(1616) 8월 25일.

96 『모당일기』, 무오년(1618) 4월 26일.

97 『모당일기』, 을묘년(1615) 8월 13일.

98 『광해군일기』권39, 광해군 3년 3월 병인丙寅.

99 『광해군일기』권148, 광해군 12년 정월 갑신甲申 鄭逑卒記;『인조실록』권2, 인조 원년 5월 乙未.

100 설석규,『남명학과 정치철학연구』, 남명학연구원, 2001, 204~205쪽.

101 『모당집』권7, 부록「行狀」(李義發 撰).

102 『모당일기』, 신해년(1611) 4월 14일. "聞陜川來小(名仁弘 號來嵓…)毒正之說云云."

103 『모당일기』, 신해년(광해군 3년, 1611) 4월 13일.

104 『모당집』권3, 雜著「扶正斥邪文」.

105 『모당일기』, 신해년(1611) 4월 14일.

106 『모당일기』, 신해년(1611) 5월 11일.

107 『모당집』권3, 詩「辛亥五月向花山疏會朝憩屛巖下川邊有斷山層巖斗起爲吟一律:時 以晦退辨誣疏事 將赴安東會所 蔡楨,崔東㞳,李景培,都聖兪,閔蓍國,李之華,崔東㦿,徐思選,孫處約 從」

108 『모당일기』, 신해년(1611) 5월 14일.
109 『모당일기』, 신해년(1611) 5월 16일.
110 『모당일기』, 신해년(1611) 5월 17일.
111 『모당일기』, 신해년(1611) 5월 19일.
112 『모당일기』, 신해년(1611) 5월 19일.
113 『모당일기』, 신해년(1611) 5월 20일.
114 『모당일기』, 신해년(1611) 5월 21일.
115 『모당일기』, 신해년(1611) 5월 21일.
116 『모당일기』, 신해년(1611) 5월 25일.
117 『모당일기』, 신해년(1611) 6월 27일.
118 『모당일기』, 신해년(1611) 9월 6일.
119 『모당집』 권7, 부록 「연보」, 광해군 3년 9월.
120 『모당일기』, 신해년(1611) 9월 6일.

2장

17세기 초반 대구와 사대부 손처눌의 다면적 위상

김정운

17세기 초반의 대구와 대구 사람들

손처눌孫處訥(1553~1634)이 살던 시대는 조선에서 변화가 가장 큰 시기다. 선조宣祖(재위 1552~1608) 시대에 본격적으로 활동하였던 사림은 기존의 국가 운영과 사회 질서에 다양한 방식으로 문제를 제기하였다. 특히 국가 운영 방식에 대한 논의가 활발하였다. 이른바 목릉성세穆陵盛世라고 하는 이 시기에 학문과 국가 운영 전반에 도약이 있었다. 이황李滉(1501~1570)과 이이李珥(1536~1584)가 이를 주도하였다.

반대로 위험도 컸다. 외적이 침략하였고, 사람들의 사고와 일생생활에 커다란 충격과 변화가 일어나게 되었다. 전쟁은 충격적인 경험이었다. 많은 것이 훼손되었고, 또 새롭게 만들어졌다. 특히 가족과 지역사회 공동체는 위기에 처하였다. 전쟁이 끝난 후, 훼손된 삶의 기반을 재건해야 했다. 여기서 입장이 나누어졌다. 기존의 사회질서를 회복하고자 하는 입장이 있었고, 기존이 반식이 갖는 문제를 획기적으로 개혁

「달성도」

정황鄭榥(1735~1800)이 그렸다. 정황은 겸재 정선鄭敾(1676~1759)의 손자로 정선의 진경산수화풍을 계승하였다. 편찬 경위는 자세히 알 수 없으며, 1760년(영조 36)에 감사 민응수閔應洙의 장계로 쌓은 대구읍성이 그려진 것으로 보아 최소한 1760년 이후에 제작된 것으로 추정된다. 크기는 세로 49㎝, 가로 69㎝다. 영남대학교박물관에 소장되어 있다. 대구라는 공간적 범역의 이해를 제공한다는 점에서 지도로 해석될 수 있다. 대구읍성을 중심으로 그렸고, 주변 지역은 산으로 배치시켜놓았다. 읍성을 돌아나가는 금호강이 낙동강과 합류하는 모습이 잘 나타나 있으며, 산에는 수목을 사실적으로 그려넣었다. 남쪽 산의 기암절벽 위에는 동자를 대동한 선비들의 모습도 그려넣었는데, 산천의 풍경을 감상하고 있는 듯하다. 북쪽의 팔공산 연맥들은 원근감과 산줄기의 이어지는 모습을 잘 표현하고 있다. 성 주변에는 민가를 빽빽하게 그려서 당시 대구의 도회적 면모도 느껴진다.

하고자 하는 또 다른 욕구가 교차하였다. 어떻게 할 것인가. 국가는 운영체제를 새롭게 정비해야 했고, 사대부 역시 훼손된 삶의 기반을 회복해야만 하였다. 이전 시기에 논의해왔던 가치를 실현하기 위해 방법을 모색해야 했다. 위기였지만 기회이기도 하였다.

이 시기 경상도 사대부의 일상생활에서 이후 사회를 이해할 수 있는 단초를 찾을 수 있다. 이 시기에 주목하는 이유는 다음과 같다. 첫째, 상황의 문제다. 전쟁은 위기 상황이었다. 살아남기 위해 모든 것을 걸었다. 이제 전쟁이 끝났다. 살아남은 자들에게 또 다른 과제가 주어졌다. 어디에서 다시 살아갈 기반을 마련할 것인가. 재화는 제한되어 있고, 해야 할 일은 산적해 있다. 무엇부터 시작할 것인가. 그들의 가치를 볼 수 있는 중요한 상황이었다. 둘째, 시기의 문제다. 이 시기는 조선시대에 큰 영향을 미친 시기다. 기존 질서에 변화가 필요하다는 것을 자각하던 시기에 닥친 위기였다. 무엇보다 삶의 기반이 되는 가족 질서에서 큰 변화가 나타난 시점이라는 점에서 이 시기의 가족과 사대부의 일상을 검토해야 한다.

왜 손처눌인가? 그는 대구를 대표하는 사대부다. 그는 다면적인 위상을 가진 사람이었다. 우선 국가의 백성이었고, 지역의 여론을 갈음할 수 있는 명망 있는 지역 사대부였다.[1] 손처눌은 다양한 역할을 담당하였으며, 같은 시대 그와 같은 처지에 있던 많은 사람 가운데 한 사람이었다. 이런 이유에서 손처눌을 통해 1620년경 조선에서 국가와 지방민, 지역 지식인 공동체, 가족의 실제를 확인할 수 있다.

『모당일기』는 손처눌이 일상을 기록한 것으로, 기록의 제목은 그의 기록으로부터 시간을 두고 만들어졌다. 『모당일기』의 행간에는 그이 일상이 남아 있다.[2] 개인의 시각을 통해서 그가 살던 시대와 지역의 여러 모습의 한 측면을 보고자 한다.

본고에서는 세 방향으로 검토한다. 첫째, 국가와 지방민의 관계다. 둘째, 지역사회에서 사대부의 활동이다. 이 시기 대구 지역 지식인의 구심점이 되는 공간과 그 안에 담긴 지성의 실제를 확인한다. 셋째, 가족 관계의 실상을 검토한다. 이것으로 17세기 초반 손처눌의 일상을 통해서 전란 이후에 새롭게 구축된 국가와 사회, 가족 질서의 실상을 확인한다.

국가체제와 지방민 손처눌

국역과 사대부

전쟁으로 훼손된 국가체제를 새롭게 다듬는 것은 다양한 측면에서 이루어졌다. 지방민은 이것을 어떻게 체감하였는가. 국가로부터 부여받은 다양한 의무에 대해서 지방민은 어떻게 이해했는가. 이 시기에 지역민이 부담하는 세금의 실상을 볼 수 있는 대목이다. 우선 정기적인 국역國役이 있었는데, 손처눌이 체감한 부담은 잔인하였다.

> 1611년 1월 16일 아침밥을 먹고 세미稅米를 계산하여 관아에 납부하였다. 10복卜에 4되가 나라의 법전에 기재되어 있는 것이다. 지난해에 1되를 더하였는데, 올해 또 1되를 더하고 또 5홉을 더하였으니, 이욕의 마음이 세월과 더불어 불어나 내년에는 몇 되를 더할지 모르겠다.

1611년 2월 18일 서리가 또 이미 납부한 볏짚을 독촉하였다. 태산泰山 아래에서 곡하던 아낙네가 남긴 곡성이 아직도 들려오니, 어찌 성심만 상하게 하리오.

1611년 정월 초, 손처눌은 아침에 세미를 계산하여 납부하였다. 그는 법전에 기재된 세미의 분량을 잘 기억하고 있었다. 문제는 지난해에도 정해진 액수보다 한 되를 더 납부하였는데, 올해는 다시 한 되를 더 내어야 했다. 사정이 이렇다 보니 내년에는 얼마나 내라고 할지 벌써 걱정이었다. 그리고 한 달여가 지난 후에 다시 서리가 찾아왔다. 손처눌은 이미 볏짚을 납부하였는데, 이날 서리는 다시 볏짚을 내라고 하는 것이었다. 손처눌과 같은 이들에게도 억울하기 짝이 없는 사정이었다. 대체 어디에 하소연할 수도 없었다. 이렇게 닦달을 하니 백성들이 자취를 감출 수밖에 없었다. 다음은 이런 사정에서 손처눌의 마음을 보여주는 대목이다.

1612년 1월 2일 저녁에 곽성원郭聲遠의 아내가 종의 아내에 대해 부탁하는 일로 남몰래 와서 머물고 있었다. 순찰사의 영이 엄하여 세 마을이 텅 비었다.

1612년 정월이었다. 지난해를 돌아보면, 늘어나는 세금이 벌써 걱정이었다. 저녁에 이웃에 사는 곽성원의 아내가 찾아와서 자취를 감춘 종의 마누라를 찾는 것을 도와달라고 요청하였다. 관의 명은 엄하였다. 감당할 길이 없던 백성들은 자취를 감추는 것밖에 할 수 있는 일이 없었다. 해가 지나도 사정은 나아지지 않았다. 호조정랑과 종사관이 번갈아 대구부에 와서 세금을 독촉하였다. 손처눌이 생각하기에 백성을 조금도 헤아리지 않는 냉정한 국가였다. 손처눌의 기록을 보면 짧은 원망의 말 속에 깊은 여운이 담겨 있다.

> **1617년 5월 11일** 이때 조도사와 호조정랑과 종사관이 교대로 대구부에 들어와 쌀과 포의 세금을 독촉하였으니, 이른바 '백성의 삶은 헤아리지도 않는다'라는 것이다. 주자朱子도 역시 말했던 '교묘하게 명목을 지어낸다'는 말이 맞았다.
>
> **1617년 10월 24일** 이정里正이 궁궐에 바칠 무명의 견본을 마을마다 돌아다니며 보여주었는데, 1필이 정목正木 여덟 새로 40자였다. 이전에는 1필이 여섯 새로 36, 37자였다. 어떤 사람이 내년에는 1필이 아홉 새로 50자가 될 것이라고 하였다.

몇 해가 지나도 사정은 여전하였다. 1617년 5월이었다. 매년 증가하던 세곡은 말할 것도 없었다. 거기에 더하여 이번에는 궁궐에 바칠 무명을 내라고 하였다. 심지어 무명의 견본을 가져와서 보이고는 이대로 바치라고 하였다. 이전과 비교해서 더 고운 무명으로 더 많은 분량을 납부하라고 하였다. 이 시기 국역에 대한 백성들의 여론은 다음 대목에서 짐작할 수 있다. 훗날 인조는 경연을 마친 자리에서 신하들과 이 시기의 여론에 대해 이야기를 나누었다.

"경은 몇 도道를 거쳐 다녀왔는데, 민심이 어떠하던가?" 하니, 이귀가 아뢰기를, "여기서 듣던 소문과는 전혀 달랐습니다. 신이 시골 사람에게 '근래의 요역이 폐조廢朝와 비하여 어떠한가?' 하고 물으니, 부로父老들이 일제히 '폐조 때에는 8결結에 40필을 내었는데, 지금은 4필만 내니, 어찌 그때와 비하겠는가.' 하였습니다." 하자, 상이 이르기를, "지방의 민원民怨이 매우 많다고 하던데 경의 말이 이러하니, 경이 지나면서 자세히 듣지 못한 것이 아닌가." 하였다. 이귀가 아뢰기를, "이준李埈의 상소에 훈신을 헐뜯고 심지어는 한두 훈신은 부귀가 극에 달했는데도 힘껏 싸우지 않았다고까지 하였는데, 어찌 그럴 리가 있겠습니까. 구인후具仁垕의 일 역시 호령號令을 시행하지 않아 부득이 형장을 시행한 것이니, 어찌 살인을 한 것이겠습니까." 하니, 상이 이르기를, "이준의 상소에 대해서 경들은 미안하게 여기지만 나의 생각은 그렇게 여기지 않는다. 만일 공신功臣이 이 말로 인해서 각성한다면 어찌 유익됨이 없겠는가. 그의 말을 한스럽게 여길 것이 아니다. 그리고 조정이 만일 존엄하다면 구인후가 어떻게 감히 상소를 했겠는가."

『인조실록』 권14, 인조 4년(1626) 9월 9일

이 논의의 사정은 다음과 같다. 이 논의에 앞서 경상도 상주 출신인 이준李埈(1560~1635)이 상소를 올렸다. 지금 국역이 과중하여 백성들의 원망이 큰데, 공신들은 이를 외면하고 있다는 것이었다. 당시 국역의 사정에 대해서 이귀는 광해군대에는 8결에 40필을 납부하였는데, 지금은 8결에 4필을 납부한다고 설명하였다. 광해군대와 비교해서 국역 부담이 크게 줄었다고 자신하였다. 인조는 이귀의 말에 대해 자신할 일이 아니라며 민의 동향을 예의주시하두록 지시하였다. 손처눌이 살았던 광해군 대에 국역에 대한 민의 인식은 결국 국왕이 교체되는 초유의 사태로 귀결되었다. 이를 경험한 이들에게 국역에 대한 촌로들의 반응은 무엇보다 중요한 사안이었던 것이다. 이것은 이 시기에 조선에 살고 있는 모든 민이 감당해야 할 부분이었다.

손처눌은 대구에 살았다. 조선의 백성으로 함께 감당할 부분이 있으면서, 각 지역에서는 나름의 사정이 있었다. 대구 사람 손처눌이 감당해야 할 부분이 있었다. 다음은 그런 사정을 보여주는 대목이다.

> **1611년 1월 22일** 밤에 서리胥吏가 와서 안태사安胎使를 접대하는 여러 가지 일을 감독하였다.
>
> **1611년 2월 18일** 연경서원 심부름꾼이 와서 안태사가 서원에서 잘 것이라고(상사上使는 부원군府原君 이호민李好閔이었고, 부사副使는 지사知事 김상용金尙容이었다) 알려주었으나 결국 가지 않았다.
>
> **1612년 1월 9일** 저녁에 서원 심부름꾼이 와서 내일 순찰사(송영구宋英耇)가 태실胎室에서 서원을 방문할 것이라는 소식을 전하였다.

1611년 정월에 손처눌은 늘어난 세금을 납부하는 것으로 힘들어하고 있었다. 이런 때에 밤에 서리가 찾아왔다. 곧 대구에 방문할 안태사를 접대하는 준비가 잘 진행되고 있는지 감독하러 온 것이다. 그리고 한 달가량이 지났고, 연경서원의 심부름꾼이 와서 안태사가 연경서원에서 묵을 것이라고 전하였다. 안태사를 맞이하는 일은 손처눌과 같은 지방민의 몫이었다. 연경서원에서는 서리의 감독 아래 안태사의 숙식을 제공하였다.

안태사는 조선시대에 왕실 자녀의 태胎를 태실胎室에 묻는 일을 위임받은 임시 관원으로, 궁궐에서 태를 모시고 지방으로 내려가 태실에 안치하는 일을 담당하였다. 안태사는 종사관을 비롯해 배태관陪胎官·서표관書標官·전향관傳香官·주시관奏時官 등을 이끌고 가서 태를 안치하였고, 관리 실태를 확인하였다. 적지 않은 인원이었고, 대접하는 것도 만만한 일이 아니었다. 이번에 안태사는 이호민李好閔(1553~1634)과 김상용金尙容(1561~1637)이었다.

안태사를 맞이하기 위해 한 달 전부터 서리가 손처눌을 찾아왔던 것이다. 손처눌은 아버지의 기제사를 이유로 안태사 일행을 맞이하러 직접 나가지 않았다. 그러나 안태사 일행이 서원에 도착하였다는 소식을 전하면서 거듭 올 것을 청하는 데 거절할 수 없었다. 손처눌은 뒤늦게 서원으로 가보았더니 부사 김상용은 이미 떠났고, 정사 이호민이 남아 있었다. 손처눌은 경상감사 이정신李廷臣(1559~1627)과 함께 지역 사대부의 사정에 대해 이야기를 나누었다. 다음 날 김상용은 편지로 못 나눈 이야기를 전하였다. 며칠 후 지역 사대부들이 안태사 일행에게 편지를 보내 정성을 보냈다. 이것을 보면 안태사 일행을 맞이하는 것과 같이 일상적이지는 않은 국가의 의례를 수행하는 데에 소요되는 경비는 지역 사대부들이 감당하였음을 알 수 있다.

대구는 1600년 이후 도내 행정의 중심지였고, 통신사행의 길에 있는 도시였다. 이런 이유에서 대구의 민이 부담했던 비용 가운데 하나는 통신사행을 접대하는 것이었다. 전란이 마무리되고 얼마 지나지 않을 때였다. 1607년 전란 이후에 다시 국가 간 교류가 시작되면서 회답겸쇄환사가 파견되었다. 그리고 10년 후 1617년 다시 같은 이름이 사절단이 파견되었다.

1617년 10월 21일 통신사가 이미 바다를 건너 돌아오고 있다. 주민들이 아주 소란스러웠으니 통신사 행차가 대구부를 지나기 때문이었다.

1617년 10월 23일 마을 사람들이 청소를 하고 원정참元亭站에서 통신사를 기다리고 있었다.

1617년 10월 24일 고을 수령이 만사를 제쳐두고 관인을 시켜 청소를 시키고 원정참에서 머물며 통신사를 기다리게 하였다. 하인들의 아침과 저녁을 먹이는 일을 백성들에게 명하여 돌아가며 맡게 하였으니, 이것이 새 정사다. 통신사의 행차는 시간이 일정하게 정해져 있지 않았다.

1617년 10월 26일 관아에서 명령하여 일부一夫에 초혜草鞋 2부部와 술 2병을 내게 하였는데, 통신사가 행차할 때 군관軍官과 종 및 역졸驛卒에게 지급하려는 것이었으니, 이것 또한 새로운 정사였다.

손처눌의 일기는 1607년에도 기록이 있다. 그러나 당시에는 통신사행에 대해 언급하지 않았다. 1617년 통신사행에서 손처눌은 그들을 접대하는 부담을 토로하였다. 아마 이전에 경험하지 못했던 일이었기 때문일 것이다.

통신사가 다녀간 뒤에 손처눌은 스승 정구鄭逑(1543~1620)와 이야기를 나누면서 "추한 무리가 우리를 아주 공경스럽게 대우하였으며, 쇄환刷還한 백성은 340여 명입니다"(『모당일기』 1617년 10월 30일)라고 하였다. 전란 이후 두 번째로 파견된 사절단이었고, 쇄환을 목적으로 한 행차였다. 손처눌은 왜국과의 교유가 마뜩찮은 이들이었지만 얼마간의 백성이 돌아온 것에서 위안을 삼았다. 손처눌이 생각하기에 통신사행을 파견하는 것은 왜와 관계를 다시 정립해야 하는 사정에서 받아들이기 어려운 것이었고, 더 큰 문제는 통신사 일행을 맞이하는 데에 소요되는 번거로운 일들과 경비였다. 손처눌과 같은 대구 사람들은 일행에 속한 군관과 역졸에게 지급할 술과 짚신도 마련해야 했다. 손처눌에게 전에 없던 일이었고, 동의하기 어렵지만 어쩔 수 없는 일이었다. 이런 일에서 대구 사람 가운데 사대부 손처눌은 좀 더 많은 비용을 부담해야 했다. 손처눌과 같은 지역의 사대부는 이런 측면에서 국가 운영에 중요한 역할을 담당하였다.

수령과 지방민의 관계

지역사회에서 수령은 국왕의 대리자며, 국왕은 수령을 통해 지역사회와 소통하였다. 수령과 지방민의 관계는 국가와 지역사회의 관계를 보여주는 창구다. 손처눌이 살던 시대에 국가와 지역 지식인의 관계는 어떠하였는가. 손처눌의 기록을 통해서 지방관에 대한 지방민의 인식과 양측의 관계를 검토해본다.

지역의 사대부와 수령은 다양한 측면에서 관계를 맺고 있다. 개인적인 측면에서 손처눌은 대구부뿐 아니라 인근에 부임하는 지방관과도 직간접적으로 관계가 있는 경우가 있었다. 이들과 손처눌은 어떤 관계였는가. 다음의 몇 장면에서 지방관과 사대부의 관계를 알 수 있다.

1611년 1월 21일 저녁에 최청숙崔淸叔과 최명경崔明鏡을 위로하고(일찍이 관찰사 앞에서 모욕을 당하였기 때문이다) 이어서 이가화李可和를 만나보았다.

청숙이 술을 내어오라 하여 한참 동안 한가롭게 이야기를 나누었다. 조정이 정사를 해치고 있다는 것에까지 말이 이르렀으니, 술이 깨고 나서는 두려워할 만하였다.

이때는 1611년이었다. 손처눌은 50대 후반이었고, 대구 지역에서는 명망 있는 학자였다. 전란 후에 새로 지은 영모당에서 후학을 가르쳤고, 향교와 서원에서 논의를 주도하던 사람이었다. 그런 손처눌이 최명경을 위로하였다. 최명경은 영천 사람으로 선조대에(1594) 무과에 급제한 사람이다. 손처눌의 기록에 따르면 며칠 전에 최명경은 관찰사로부터 모욕을 당하였다. 손처눌은 최명경을 위로하는 자리에서 함께 술을 마시면서 이야기를 나누던 끝에 조정이 제대로 된 정사를 하지 못하고 있다는 비판을 하게 되었다. 다시 생각해보니 매우 두려워할 만한 일이었다. 광해군 정권의 초기였다. 지역의 사대부들이 인식하는 지방관과 조정은 동의할 수 없는 위엄을 과시하고 있었다.

국정이 이런 사정이다 보니 주변 고을에서 들려오는 지방관에 대한 소문은 비판적인 내용 일색이었다. 다음은 손처눌이 전하는 인근 고을의 사정이다.

1611년 2월 3일 오는 길에 전계신全繼信을 만나 왜국의 기별이 있는지 물으니 그들의 문답을 내보였는데, 이로움이 있을지 모르겠다. 좌중의 어떤 사람이 영양永陽(영천永川) 수령 또한 세미稅米로 10되 6홉을 거두었다고 말하였다. 아! 천하에 상대가 없는 사물이 없는 것은 이치니, 어찌 괴이하다 할 것인가?

1611년에 손처눌은 부담스러운 세금을 한탄하는 일이 잦았다. 그해 정월부터 대구에 살던 손처눌은 세금이 가혹하다는 이야기를 자주 하였다. 대구만의 문제는 아니었다. 영천 수령이 세미를 따로 더 거두었다는 소문이 있었다. 이에 대해 손처눌은 견제할 수 있는 기준이 제대로 없기 때문에 이지경에 이르렀다고 한탄하였다. 국가의 기강이 제대로 서지 않았다고 여겼고, 그것은 지방관의 부정으로 이어졌다고 여겼다.

이 시기 지방관에 대한 사대부의 인식은 어떠하였다. 다음의 기록에서 관계를 짐작할 수 있는 부분이 있다.

> **1611년 2월 11일** 지난날 강후가 아는 수령 아무개한테 편지를 하여 "쌀을 양산梁山에서 샀으나 운반해올 힘이 없으므로 관아의 쌀을 바꾸어 쓰고 다음에 산 쌀을 수령의 집에 납부하겠습니다"라고 하니, 수령이 노한 기색이 있는 듯하였다고 하였다. 이에 내가 강후에게 일러 말하기를 "이와 같은 편지는 비록 지극히 절친한 사람이라고 하더라도 절대로 편지에 언급할 말이 아니오"라고 하였다. 그런데 강후가 입을 닫고 반응을 보이지 않아 편지에 썼으니, 영 사람이 할 짓이 아니었다. 하늘이 그 성심을 유도하더라도 좌우에서 모두 그렇다고 여긴다면 어찌하겠는가.

위 사정은 다음과 같다. 손처눌과 친분이 있는 이가 인근의 수령에게 개인적인 청탁을 하였다. 강후라는 이는 자신의 쌀이 양산에 있기 때문에 지금 당장 운송해오기가 번거로웠다. 그는 인근에 알고 지내던 수령에게 먼저 관아의 곡식을 좀 가져다 쓰고 양산에서 쌀을 가져오는 대로 갚아주겠다고 하였다. 물론 이 이야기를 들은 수령은 노히었고,

이것을 전해들은 손처눌은 강후가 크게 실수하였다고 생각하였다. 개인적으로 친분이 있는 지방관이라고 하더라도 관인으로 부임해온 수령은 개인적인 관계로 대할 수 있는 사람이 아니었다. 서로 인식하는 경계가 있었고, 지방관은 사대부에 대하여 엄정하게 백성으로 대하였다. 이런 지방관의 자리를 지나치게 의식하는 경우에 다음과 같은 일도 일어났다.

> **1611년 9월 19일** 저녁에 희로希魯 집에서 밥을 먹고, 어두워져서 영모당으로 돌아왔다. 들건대 고을 사람들이 고을 수령(안희安憙)이 선정을 베풀었다고 관찰사에게 정문呈文을 올렸다고 하니, 아첨하는 풍속이 크게 떨치고 일어나 구제할 수가 없다.

손처눌은 고을 사람들이 수령의 업적을 칭송하는 글을 써서 관찰사에게 올렸다는 소식을 들었다. 이 역시 기강이 문란한 데서 비롯된 것이라고 보았다. 국가의 기강은 문란하였고, 지방관을 견제할 장치가 약해졌다. 지방관은 자력으로 고을 백성에게 규정 이외의 부담을 징수하였고, 민들은 이런 수령에게 아첨하기 위해서 불필요한 글을 지어 올렸던 것이다.

지방관은 개인적으로 관계가 있다고 하더라도 지방민에 대해서는 공적인 지배자의 입장을 견지하였다. 개인적인 영역에서의 관계는 이들의 관계에서 차지하는 비중이 미약하였고, 이들은 오직 국가를 상징하는 공적 영역이었고, 사대부는 개인의 자격이었다. 사대부는 지방관에게 그저 백성일 뿐이었다.

1611년 12월 6일 사당에 참배하였다. 영모당에 있었다. 『심경』을 읽었다. 희로가 창원으로 가기에 손경징孫景徵(창원 수령)과 도익경都翼卿(진해鎭海 수령)에게 편지를 부쳤다. 류위중柳衛仲이 보러 와서 그의 어버이를 위하여 의원을 구하고 약을 짓는 일에 대해 힘써 말을 하였다. 여기에 정성을 쏟지 않는다면 어디에다 정성을 쏟겠는가? 이날 저녁에 선생께 편지를 올렸다.

당시 손처눌은 약이 급한 사정이었다. 손처눌은 평소였다면 구태여 이렇게까지 부탁할 일은 아니라고 생각하였다. 손처눌이 자신의 일기에서 그런 급한 사정에 대해 길게 기록한 것은 스스로 불편하고 부당한 점이 있다는 것을 알았기 때문이다. 그는 개인적인 부탁이 편안하지만은 않았다. 그렇지만 수령은 많은 정보와 물산을 장악하고 있는 사람이었다. 불편한 여러 사정을 고려할 처지가 아니었다. 손처눌은 불편함을 무릅쓰고 수령에게 공손하게 부탁하였던 것이다. 다음의 기록에서도 수령에게 부탁하는 것이 쉽지 않다는 것을 볼 수 있다.

1618년 12월 24일 자례兹禮가 물집이 퍼져 한창 고통스러워한다. 그러나 다만 몇 차례일 뿐이다. 곽뢰郭雷가 보러 왔다. 이때에 또 출신出身을 뽑아 북쪽으로 보내는데, 이 일로 고을 수령에게 편지를 써달라고 내게 청하였다. 그러나 근래에 수령에게 편지를 부쳐 안부를 물은 적이 한 차례도 없으면서, 어찌 감히 아래에 있는 사람이 먼저 편지를 하여 요구한단 말인가. 또 들으니, 대구부사가 관아의 일은 모두 전례를 따라 행하게 하였고, 또 좌수에게 일을 위임하였다고 한다. 향임을 맡은 사람들은 또 전례를 밟고 수수방관하는 것을 기뻐하였다. 그러나 그가 몇 개의 군을 맡아 일일이 다스리며 꽤나 잘 다스린다는 명성이 있었고 심지어는 공덕비를 세우는 데 이르렀으니, 어찌 우리 고을 수령을 맡아서만 재능을 펴지 않고 밝게 다스리지 않는단 말인가. 이는 필시 사람들이 기뻐하고 그렇지 않음을 관찰하고 시속의 아름답고 아름답지 못한 것을 살펴본 뒤에 자신의 정사를 펼치려 해서일 것이다.

손처눌은 부탁을 받았다. 곽뢰가 찾아와서 수령에게 부탁하는 편지를 좀 써달라는 것이었다. 자칫하면 북쪽으로 가서 군역을 져야 할 처지였기 때문이다. 난감하고 급한 사정이 있었다. 이것을 들은 손처눌은 난감하였다. 기록한 바와 같이 어떻게 아랫사람이 이런 일로 수령에게 편지를 한단 말인가. 도저히 내키지 않았다. 손처눌이 인식하는 지방관은 이런 자리였다. 개인적으로 친분이 있는 이들이 부임해서 오는 경우가 많았다. 그러나 지방관으로 부임해서 오는 순간 이미 새로운 관계로 대면하게 되었다. 이것이 지역사회에서 수령과 민의 관계의 실상이다.

지방관으로 부임한 이들은 지역의 사대부 사회와 긴밀한 관계를 위해 노력하는 경우가 있었다. 1607년 5월 14일 대구부의 신임 부사로 정경세鄭經世(1563~1633)가 부임하였다. 이틀 후 손처눌은 부사에게 찾아가 명함을 건넸다. 5월 24일 조족산에서 기우제를 지낸다고 하였고, 손처눌이 헌관으로 차정되었다. 다음 날 부에 들어가서 수령을 만났다. 정경세는 상주 사람으로, 지역 사람과 긴밀한 관계에 있었다. 손처눌은 여러 이유로 그에게 기대하는 바가 있었다.

당시 대구는 가뭄이 심하였다. 신임 수령이 부임하고 기우제부터 거행하였으니 사정을 짐작할 수 있다. 손처눌은 매일 가뭄에 대해 기록하였다. 기우제를 지낸 덕분인지 6월 2일은 비가 왔고, 며칠 후에는 다시 소나기가 내렸다. 이런 일이 진정되면서 부사 정경세는 지역의 사대부와 관계를 맺는 일에 주의를 기울였다. 이전의 수령과는 차이가 있었다.

1607년 윤6월 15일 한낮에 연경서원에 갔다. 서행보가 먼저 와 있었다. 초저녁에 고을 수령이 달빛을 타고 와서 글을 논하였는데, 밤중에야 끝이 났다.

이 경우는 특별한 수령이었다. 정경세는 대구부사에 부임하고 두 달이 지난 후에 연경서원에 방문하였다. 수령은 하루 일과를 마치고 밤에 서원으로 갔다. 서원의 유생들과 함께 글을 읽고 논의하였다. 다음달에도 서재에 와서 묵으며 유생들과 강회를 이어갔다. 정경세는 향교에서도 유생들을 모아 강론하였다. 손처눌은 부사 정경세의 행적에 대해 칭송이 자자하였다. 이런 지방관은 같은 시기에 비슷한 사례를 찾기 드문 경우였다. 정경세의 경우와 같이 지방관이 지역의 사대부들과 학문적으로 교감하는 활동을 하는 것은 학자로서 개인의 정체성을 드러내는 것이면서 사대부를 지역사회를 운영하는 주요한 조력자로 인식한 것이다.

사대부 공동체와 손처눌

사대부 공동체의 중심, 향교

사대부는 지역사회에서 다면적인 위상을 가지고 있었다. 국가에 대하여 각종 역을 담당하는 민이었고, 지방관에게는 지역을 운영하는 데에 주요한 조력자로 기능하였다. 그러나 손처눌과 같은 지역의 사대부는 관직자가 아니었다. 국가에서 사대부의 위상은 단지 민에 지나지 않았다. 이런 사정에서 사대부는 스스로 자신의 위상을 만들어야 했다. 그래서 향교는 사대부에게 의미 있는 기관이었다.

손처눌을 통해서 보면 향교는 이 시기 대구 사대부의 구심점으로 기능하였다. 1600년부터 감영이 들어오고 이어서 향교를 새로 건립하였다. 향교를 건립하는 과정은 향교의 의미를 잘 보여준다. 전란 이후 향교를 복구하는 일은 지역 사대부에게 무엇보다 우선해야 할 과제였다. 손처눌은 향교를 복구하고 의례를 시행하는 일을 주도하였다.

> **1600년 1월 26일** 고을 수령을 뵈었다. 희로가 동행하였다. 성안에서 전숙근과 박경보와 함께 이야기를 나누고, 달성 안의 새로 만든 제기를 점검하였다. 향교는 달성에 있다.

손처눌은 수령을 만나서 향교의 의례에 대해 논의하였다. 그의 기록에 따르면 당시 향교는 달성에 있었다고 한다. 손처눌은 수령과 논의한 후에 새로 마련한 제기를 점검하고 돌아왔다. 향교에서 시행하는 의례는 수령과 지역 사대부가 협력하여 진행되었고, 당시 대구에서 손

대구향교

1398년(태조 7) 교동校洞에 창건되었다. 당시에는 대성전과 명륜당이 있었으며, 1400년
에 불타자 곧 재건하였고 임진왜란 때 다시 소실되어 1599년(선조 32) 현재의 달성공원
부근에 재건하였다. 1605년 교동으로 이건하여 명륜당을 중건하였으며, 1932년 현 위
치로 이건하였다. 현존하는 건물로는 대성전·명륜당·동재東齋·서재西齋·문묘·삼문 등
이 있으며, 향교 내에는 대구성의 축성 및 유래를 기록한 축성비築城碑와 수성비修城碑, 경
상도관찰사·판관·군수 등을 지낸 사람들의 불망비不忘碑·송덕비 등이 있다. 대성전에
는 5성五聖의 위패를, 동무·서무에는 송조2현宋二賢, 우리나라 18현의 위패를 봉안하
고 있다. 조선시대는 국가로부터 토지와 전적, 노비 등을 지급받았다. 교관과 학생 정원은
30인이다. 갑오개혁 이후 신학제 실시에 따라 교육적 기능은 없어지고 봄·가을에 석전釋
奠을 봉행하며 초하루·보름에 분향하고 있다.

처눌은 이 역할을 담당하였다. 전란으로 훼손된 향교에 우선 제기를 마련하여 모습을 갖추었으나, 문제는 향교 건물을 새로 마련해야 하는 것이었다.

대구향교에 대성전을 고치는 작업이 시작된 것은 1604년부터였다. 손처눌은 향교 공사에서 비용을 마련하는 일부터 건설 공사를 감독하는 일까지 주관하였다. 우선 비용을 마련하는 데 대하여 통판과 논의하고 주요한 사항에 대하여 결정을 하였다. 그리고 목재를 마련하고, 터를 닦는 일은 1년이 지난 1605년 가을에 시작하였다.

대성전 들보로 사용할 목재를 확인하였다. 문제는 들보의 허리 부분에 찍힌 자국이 있어서 고민한 끝에 사유를 고하고 그대로 사용하기로 하였다.

1605년 9월 10일 비가 뿌렸다. 사당에 참배를 하였다. 향교에서 대성전의 큰 들보에 대한 일 때문에 먼저 사유를 고하여야 하는데, 통판이 학질을 앓아서 참가하지 않았기 때문에 대신 고유를 행하였다.

손처눌은 향교 대성전의 들보 일로 며칠을 고민하였다. 그대로 사용해도 좋을지 자신이 없었고, 여러 사람과 논의한 끝에 그대로 사용하기로 하였다. 들보 목재를 결정하고 통판을 대신해서 사유를 고하는 일도 손처눌이 맡았다. 그리고 다음 날 손처눌은 토지신에게 제사를 올렸다.

1605년 9월 11일 아침에 흐리다가 저녁에 갰다. 고유를 한 뒤 토지 신에게 제사를 지내고 터를 파는 일을 시작하였다. 저녁에 돌아왔다.

향교 대성전 건축이 시작되었다. 들보로 사용할 목재를 마련하는 일부터 토지신에게 제사를 올리는 것까지 손처눌이 나서서 진행하였다. 특히 들보를 들여놓는 일은 여간 고민되는 일이 아니었다. 터를 닦는 일을 시작하고 며칠 후 다시 통판과 만나서 들보를 들여놓는 일을 논의하였고, 좌수에게 일이 잘 진행될 수 있도록 술을 대접하였다. 며칠 후에 향교에 들어가 보았다. 들보를 고쳐 사용하기로 하였는데, 다듬어둔 목재를 직접 확인해야 했다.

1605년 10월 4일 사당에 참배를 하였다. 향교에 들어갔다. 큰 들보의 허리 부분에 찍힌 자국이 있었기 때문에 지난번에 갔을 때 서행보 형과 모두가 쓰지 못하겠다고 여겼으나 지금 깎아내고 나니 쓰기에 충분하였다. 이는 이른바 훌륭한 목공은 재목을 버리지 않는다는 것이다. 개과천선이다.

손처눌은 며칠 후에 통판이 가서 향교 들보를 살펴볼 예정이었기 때문에 그전에 자신이 확인해야 했다. 가서 보니 과연 잘 다듬어졌고 사용하는 데 문제가 없었다. 흐뭇한 마음으로 돌아왔다. 이렇게 시작한 향교 대성전의 신축 작업은 손처눌에게 무엇보다 중요한 일이었다. 11월부터 손처눌은 몸이 많이 아팠다. 엄격하게 수행하던 참례를 아내가 대신했다. 그런 가운데에도 향교 공사가 신경이 쓰였다. 채신중을 집으로 불러 대성전에 관한 일을 논의하였다. 며칠 후 아픈 몸으로 추위를 무릅쓰고 직접 가서 확인해보았다. 다음 해 1606년부터 향교가 완성될 때까지 손처눌은 한 달에 서너 번 향교 건축 현장을 찾았다. 이렇게 향교는 손처눌에게 무엇보다 중요한 곳이었다.

대구향교의 대성전은 1605년 가을에 토지신에게 제사를 지내고 본격적으로 공사가 시작되고 약 1년이 지난 1606년 10월 말에 단청을 올리는 공사가 진행되었다. 어느덧 공사가 막바지에 이르렀다. 공사가 순조롭게 진행되고 있었고, 손처눌은 한 달에 한두 번씩 공사 현장을 찾았다. 이렇게 공사가 마무리되었다. 그사이에 통판은 교체되었고, 1607년 5월 14일 신임 부사로 정경세가 부임하였다. 신임 부사가 부임하고 새로 지은 향교의 사당을 참배하였다.

1607년 윤6월 16일 이른 아침에 선성先聖과 선사先師의 상에 배알하였다. 서로 읍례를 하였다. 독법과 청강에 대한 규칙을 세웠다. 오후에 고강과 제술을 시행하였다. 별이 뜬 뒤에 고을 수령이 관아로 돌아갔다. 학문에 밝고 규칙을 실천하니 참으로 어진 대부다.

새로 지은 대성전에서 부사 정경세를 중심으로 여러 유생이 선현의 상에 배알하는 의례를 치렀다. 서로 읍례하고, 향교를 운영하는 각종의 규칙을 제정하였다. 그리고 이를 기념하여 오후에는 고강과 제술을 시행하였다. 이른 새벽부터 시작한 행사는 밤이 늦어서 수령이 관아로 돌아가면서 마무리하였다. 모두에게 흐뭇한 시간이었다. 손처눌은 향교에 새 건물을 짓는 1년 반 내내 한 달에 적어도 한두 번은 현장을 찾아서 공사 현장을 감독하였다. 향교 건물이 완성될 때까지 그의 일상에서 가장 중요한 일이 향교 건설 현장을 찾아가서 확인하는 것이었다. 지난 시간을 생각하면 손처눌은 지금이 아주 흡족하였다. 무엇보다 새로 부임한 부사는 지역 유생들의 바람을 충분히 담아내어 주는 사람이었다.

전란 이후에 각 지역에 있던 향교는 많은 부분 훼손되었다. 이것을 복구하는 일은 국가에게도 지역 지식인에게도 중요한 과제였다. 향교를 중수하는 것은 단지 학교의 건물을 짓는 의미를 넘어서는 것이었다. 향교는 조선 국가의 이념을 담은 공간이었고, 지식인의 정체성을 담아내는 곳이었다. 훼손된 향교는 무엇보다 먼저 회복해야 할 가치였던 것이다.

대구향교가 다시 들어서면서 지역의 사대부는 훼손된 유자로서의 정체성을 일정 부분 회복할 수 있었다. 이렇게 건립된 향교는 지역 사대부에게 구심점으로 기능하였다. 우선 향교는 사대부가 결속하는 친교의 공간이었다.

1611년 4월 29일 향교의 벗들이 사람을 시켜 부르기에 갔는데, 서택이徐擇而가 성주城主가 낸 술을 마시고 취하여서 의논하지 못하였다. 저녁 무렵에 최계승崔季昇(당시 지둔전종사관知屯田從事官이었다)이 부府로 들어왔다. 내가 왔다는 것을 듣고 성주의 명을 빌려 사람을 보내 누차 부르기에 병든 몸을 이끌고 가서 이야기를 나누었다. 이때 성주는 큰 손님으로 최계승을 접대하여 밤중까지 술을 마시며 이야기를 나누었다.

이날 손처눌은 집에 사람이 와서 향교로 나오라는 소식을 전해들었다. 가보니 고을 수령이 향교에 술을 내려주었고, 이미 벗은 수령이 보내준 술을 마시고 취해 있었다. 저녁 무렵에는 최현崔晛(1563~1640)이 대구부에 왔다는 소식을 전하였다. 수령은 최현을 극진하게 대접하였고, 손처눌은 함께하였다. 이렇게 수령은 향교를 매개로 지역의 사대부와 교유하였다. 향교는 국가의 공적 공간이면서 지역 사대부와 국가를 연결하는 기관으로 기능하였다.

향교에서 거행하는 의례는 그것을 매개로 사대부가 결속할 수 있었고, 의례의 과정에서 사대부는 자기 정체성을 확인할 수 있는 장치였다. 향교의 의례는 지역 유생이 주도하는 가운데 수령의 지원을 받아서 이루어졌다.

1622년 9월 12일 향교 대성전大成殿의 담장을 고쳐 쌓는 일로 고유문을 지어 보냈다.

1623년 4월 25일 향교에 들어가니 여러 사람이 다 모였다. 이전에 대부분의 유사를 정하였는데도 일을 주관할 사람이 없어서, 다시 의논하여 도감(채선길蔡先吉) 한 명과 유사(이상진李尙晉) 한 명 등을 뽑았다. 그러나 전후의 의론이 매번 다르니 모두 면전에서만 따랐기 때문이다.

이것을 보면, 향교를 운영하는 실제적인 일은 지역의 유생이 담당하였다. 대성전의 담장이 무너지자 고치기에 앞서 고유문을 올리는 것은 지역 유생의 몫이었다. 앞서 대성전을 새로 지을 때 역시 같았다. 훼손된 들보를 고쳐 사용하겠다는 것으로 고유할 때, 토지신에게 대성전의 건축이 시작됨을 알리는 제사 역시 지역 유생 손처눌의 몫이었다. 향교에서 석전제에 진행 역시 유생들의 몫이었다.

이렇게 향교는 사대부에게 다층적인 의미로 기능하였다. 향교는 사대부에게 일상적인 친교의 공간으로 사용되는 측면도 있었다. 이와 함께 향교는 공공기관으로 국가와 지역 사대부를 연결하는 매개체로 기능하였다. 이런 이유에서 17세기 초 대구의 사대부는 무엇보다 앞서 향교를 새로 건립하는 데에 인적·물적 자원을 아낌없이 제공하였다.

서원과 지역의 지식 정체성

이 시기에 손처눌과 대구의 사대부에게 서원은 어떤 공간이었는가. 서원 역시 향교와 같은 교육기관으로 성립되었다. 그렇다면 향교와 차별화된 활동이 있어야 한다. 서원을 구성하는 사람들과 그들 사이에 전개되는 논의는 당시 대구 지역 사대부의 지식 정체성의 방향을 확인할 수 있는 지점이다. 연경서원은 손처눌과 대구의 사대부에게 정구를 중심으로 구축된 학문 질서의 중심이었다. 연경서원을 중심으로 만들어진 관계는 당시 대구 사대부의 지식 정체성의 중심이었다.

1607년 4월 손처눌은 서원에 가서 목수들을 모아 밥을 먹였다.[3] 서원의 보수공사가 진행되는 와중에도 서원에서는 강회가 이루어졌다. 당시에 정구는 안동부사로 재직하며 서원에 올 수 없었지만 손처눌의 관심은 늘 스승에게 닿아 있었다. 같은 해 6월 대구향교 대성전의 공사가 마무리되었고, 신임 부사 정경세는 함께 향교의 운영규칙을 정비하고 고강을 시행하였고 강론을 열었다. 이제 이들은 서원을 건립할 수 있게 되었다. 서원에 건물을 정비하고 사당을 세우는 작업을 시작하였다.

서원은 이미 명종 대에 건립되었는데, 임진왜란을 거치면서 사라져 버렸다. 1602년 4월에 서원 중수에 대한 일을 논의하기 시작하였다. 며칠 후에 고을 수령이 직접 서원의 터를 살펴보았다. 손처눌과 지역 사대부에게 다시 서원의 모습을 갖추고 사우를 건립하는 일은 급했다.

연경서원

대구 지역 최초 서원이다. 이황, 정구, 정경세를 제향하였다. 별도로 향현사鄕賢祠를 세워
전경창全慶昌(1532~1585)과 이숙량李淑樑(1519~1592)을 제향하였다. 낙성을 기준으로
1565년(명종 20)에 창건되었고, 대구의 수서원首書院이었다. 현재 정확한 위치는 알 수 없
으나 매판소埋板所를 비롯한 대략적인 터는 확인된다. 대구광역시 동구 지묘동 산 80번지
에는 '화암畵巖'이라는 큰 바위절벽이 있고 그 곁에 사찰인 대원사가 있다. 대원사가 자리
한 동네를 '서원연경'이라 하는데 서원연경 제일 안쪽에 연경서원이 있었다. 대구광역시
동구 지묘동 파계교 교차로에서 무태 방향으로 1.2㎞쯤 가면 오른쪽으로 서원연경마을이
있고 그 안쪽에 연경서원 유지가 있다. 지금은 이 일대가 택지개발 중에 있다.

그러나 물력이 그에 미치지 못하였고, 많은 시간이 소요되었다. 어느
덧 10년의 세월이 지났고, 손처눌은 완성된 서원의 모습을 확인할 수
있었다.

1611년 1월 17일 저녁 무렵에 서원에 당도하였다. 서徐와 채蔡 두 부원장
이 먼저 와서 기다리고 있었다. 사우祠宇는 이미 완공되었고, 담장 또한

일을 마쳤다. 신주神廚와 신문神門과 좌우의 협문夾門들이 정연해볼 만하였다. 엄연히 퇴계 선생이 당堂 위에 계신 것 같아 공경의 마음이 절로 밖으로 드러났다.

1611년 정월 손처눌은 저녁에 서원으로 갔다. 두 사람의 부원장이 와서 기다리고 있었다. 사우는 이미 완공되었고, 주변을 둘러싸는 담장도 다 갖추어졌다. 드디어 신주와 신문 그리고 좌우의 협문이 정연하게 들어섰다. 이것을 본 손처눌은 감격하였다. 이것으로 다시 건립된 연경서원은 퇴계의 학문적 정체성을 담아 대구 지역의 사대부에게 구심점이 되었다.

이런 맥락에서 이 시기 대구 지역 사대부의 가장 중요한 관심 사안은 '회퇴변척'에 관한 일이었다. 이에 관계된 논의는 당연히 서원에서 이루어졌다.

1611년 4월 24일 무백茂伯과 함께 낙재樂齋로 왔다. 병이 조금 중해지는 것 같아 걱정스러웠다. 안동의 통문通文이 비로소 왔다. 정인홍鄭仁弘의 사특한 차자箚子를 공박하는 일이었다. 소회疏會의 기일은 5월 11일이다. 저녁에 무백과 선사재仙査齋에서 쉬었다.

1611년 사대부 사회는 '회퇴변척'의 일로 소란하였다. 차마 임금(광해군)까지 비난할 수는 없었고, 정인홍에 대한 사대부의 분노는 극에 달하였다. 이런 가운데 시행한 과거는 시험장이 난장판이 되었다. 이런 가운데 손처눌은 서원에서 이러한 일에 대해 논의하였다.

서원은 지역 사대부가 학문 공동체를 이루는 토대로 기능하는 곳이었다. 비교하여 말하자면 향교에서 석전의례와 문묘종사 등을 통해서 의례적이면서 공적인 정체성을 공인받는 곳이라면 서원은 일상적인 학문 공동체로 자신의 정체성을 만들어가는 공간으로 기능하였다. 이와 같은 서원 운영 방식은 손처눌의 스승 정구로부터 정립된 것이었다. 정구는 1600년경 달성의 도동서원을 중건하는 데 앞장섰다. 전란으로 훼손된 지역 사대부의 정체성을 재정립하기 위해서 무엇보다 시급한 문제였다. 정구는 도동서원을 중건하고, 학규를 제정하여 향후 지역사회에서 서원의 역할을 분명하게 제시하였다. 정구가 제시한 「도동서원 원규」의 주요 항목은 다음과 같다.

우선 상정일이 되면 원임들은 유생들을 이끌고 향교에 가서 석전제를 시행하고, 다음 중정에 서원 향사를 시행하도록 하였다. 국가가 설립한 향교가 서원에 앞선다는 것을 보여주었다. 여기에 더하여 서원의 향사에 5회 이상 불참하면 서원에서 축출하도록 하였다. 정구는 원칙을 강조하였고, 구성원에게 강한 규칙을 제시하였다. 전란으로 훼손된 사대부의 정체성을 회복하는 것은 엄격한 자기 규제에서 시작된다고 보았던 것이다.

또 새로운 구성원을 맞이하는 데 대한 규정도 엄격하였다. 서원 유생의 추천을 받을 수 있는 자격은 20세 이상으로 학행이 있는 사람이어야 하고, 예외적으로 20세가 안 된 사람이라도 사마시에 합격하였거나 향시에 여러 차례 합격한 인물이라면 추천받을 수 있도록 하였다. 또 인물 평가에서는 학행이 성취를 위주로 하였고, 과거의 합격 여부를 기준으로 삼아서는 안 된다는 단서를 붙였으며, 이렇게 원생으로 결정되면 원장이 정중히 맞이하도록 하였다. 정구가 제시한 원생의 자격은 학행이었고, 과거 합격 여부는 부차적인 것이었다. 어린 나이에 과거에 합격하였다고 하더라도 서원에서는 그에 앞서 공부한 사람들에 대한 배려와 위계를 엄격하게 지키도록 한 것이다. 이것 역시 전란이후 지역사회에서 위계를 바로잡는 데에 중요한 원리로 제시하였다.

이런 스승을 옆에서 지켜보았던 손처눌이었다. 1611년 연경서원이 자리를 잡았고, 다음 해 2월 스승 정구가 연경서원에서 가까운 노곡으로 자리를 옮겨 정하였다. 손처눌은 이곳에서 스승과 함께 학문을 논할 수 있게 된 것이 반가우면서도 서원을 운영하는 데에 부담도 있었다. 그는 서원은 엄격한 기준으로 운영해야 한다고 생각하였다.

> 1612년 2월 4일 서원 사람이 와서 알리기를, 비가 이토록 내렸으니 통강通講의 날짜를 미루자고 청하였다고 한다. (부원장의 편지였다.) 이때 유사有司가 없었으므로 뒤로 물릴 수 없다고 회문回文하였다.
> 1612년 3월 10일 서원에 당도하니 대여섯 명의 거접 유생이 있었고, 기幾·군섭·길부가 왔다. 밤에 추워서 추로주秋露酒 두 잔을 마셨다. 벽 위에 주자朱子의『거경居敬』절구가 걸려 있는데, 그 위에 군수가 지은 제영題詠을 붙여 두었기에 내가 그 제영을 떼어버렸더니 군섭이 아주 옳다고 여겼다.

어느 날 서원에서 사람이 왔다. 부원장의 편지를 전하였는데, 비가 많이 내렸기 때문에 통강 날짜를 미루자고 하였다. 그러나 이것은 서원의 유사가 함께 결정해야 할 사안이었고, 지금 갑자기 여러 유사기 모두 없었기 때문에 임의로 통강 날짜를 바꿀 수 없다고 답하였다. 비가 온 것은 아주 작은 문제였고, 서원을 운영하는 원칙은 그것으로 훼손될 수 없는 큰 문제였다. 이런 엄격한 자기 규제가 절실하게 필요한 때라고 생각했던 것이 정구와 손처눌이었다. 이런 가운데 서원에서는 거접하는 대여섯의 유생이 있었고, 그들을 격려하러 방문하였다. 서원에 가서 보니 주자의 거경 절구 위에 군수가 지은 제영을 붙여둔 것이 눈에 들어왔다. 손처눌은 제영을 떼어냈다. 이곳은 주자의 학문과 이를 이은 퇴계의 학문을 담아내는 자신들의 공간이었고, 군수의 제영이 들어올 자리는 아니라고 여겼던 것이다.

손처눌을 통해서 17세기 초반 대구 지역에서 서원의 의미를 보았다. 서원은 국가로부터 조금 떨어져서 사대부들이 스스로 설립하고 운영하는 자율적인 학업의 장이었다. 서원에서 사대부들은 자유롭게 논의하고, 선현의 학문을 되새기는 것으로 자신의 학문적 정체성을 만들어가는 곳이었다. 이곳에서 제향은 단지 보본의 뜻을 넘어서 선현의 학문적 정체성을 확인하는 공간이었다. 손처눌은 연경서원을 중심으로 지역 사대부의 학문적 정체성을 만들어갔다. 그 중심에는 퇴계 이황과 한강 정구가 있었다.

가족 질서와 손처눌

영모당의 건립

손처눌은 전란 기간에 부모상을 당하였다. 그는 전란이 끝나고 새로운 삶의 터전을 마련하였다. 이곳을 중심으로 형성된 가족 질서는 어떤 모습이었는가. 이 시기에 대구는 전란으로 파괴된 민들의 삶의 기반이 새롭게 만들어지고 있었다. 손처눌 역시 그동안 임시로 마련해두었던 일을 바로잡기 위한 일을 시작하였다. 무엇보다 먼저 거처를 새롭게 마련해야 했다. 1600년 초에 손처눌은 누이와 함께 창산에서 주로 생활하면서 부모의 묘소가 있던 황청동에 새로운 공간을 마련하기 위한 일을 시작하였다. 황청동에 들어가서 사정을 살피고 다음 날 영천에 있는 고모 집으로 갔다.

> **1600년 1월 10일** 아침 식후에 영양永陽(영천永川)으로 길을 나섰다. 길을 가는 도중에 날이 매섭게 추웠다. 저물녘에 고모 집에 들어갔다. 고모와 찰방 고모부가 늙고 쇠약하였는데, 마음이 너무 느꺼워 저절로 눈물이 났다.
>
> **1600년 1월 13일** 바람이 불고 추웠다. 할아버지와 할머니의 신주를 모시고 길을 나설 때 고모부가 제문으로 전별하였다. 고모에게 하직을 고하니 느꺼운 눈물이 수건을 적셨다. 고종 사촌 아우 정수번鄭守藩이 함께 봉행하였다. 저물녘에 황청동에 들어가 잠시 위안제慰安祭를 지냈다.

손처눌은 부모님의 묘소가 있는 황청동에 기반을 마련하기로 하였다. 새해가 되면서 서둘러 일을 진행하였다. 우선 창산에 있던 옛 집터에 죽은 은행나무가 있어서 베어두라고 하였다. 재목으로 쓸 만하였기 때문이다. 다음 날 황청동을 둘러본 후에 고모 집으로 갔다. 영천에 살고 있는 손처눌의 고모는 첫째였고, 정세아鄭世雅(1535~1612)와 혼인

청호서원

1694년(숙종 20)에 손처눌과 손조서孫肇瑞의 학문과 덕행을 추모하기 위해 창건하였다. 1755년(영조 31) 유시번柳時藩, 1764년 정호인鄭好仁을 추가 배향하였다. 그뒤 1868년(고종 5)에 대원군의 서원철폐령으로 훼철되었으며, 1972년 복원되었다. 경내의 건물로는 3칸의 묘우廟宇, 삼문三門, 4칸의 부교당敷敎堂, 각 5칸의 산택재山澤齋와 풍뢰헌風雷軒, 고사雇舍, 집의문集義門, 유허비遺墟碑, 비각碑閣 등이 있다. 사우에는 손처눌을 주벽主壁으로 하여 좌우에 유시번과 정호인의 위패가 봉안되어 있다. 부교당은 서원의 강당으로 유생들이 각종 행사 때 강론하는 곳으로 사용하였다. 산택재와 풍뢰헌은 각각 동재와 서재로, 유생들이 기거하면서 공부하는 곳으로 사용되었다. (사진 출처: 한국민족문화대백과사전)

하여 영천에서 살고 있었다. 정세아의 선대는 영천에서 세거하였다. 그는 사성 정종소鄭從韶의 현손으로, 아버지는 참봉 정윤량鄭允良이다. 1558년 진사시에 입격하였고, 임진왜란 때 권응수權應銖의 지휘 아래 영천 의병장 정대임鄭大任·정천뢰鄭天賚·조성曹誠·신해申海 등과 함께 영천 박연朴淵에서 왜적과 싸워 큰 전과를 거두고 영천성을 수복한 공을 세웠다. 이런 사정을 알고 체찰사 이원익李元翼(1547~1634)이 여러 차례 천거하였고, 뒤에 황산도黃山道 찰방察訪을 잠시 지내고 곧 사직하였다. 당시 정세아는 전란 후에 영천에서 생활하고 있었다. 전란 중에 정세아는 처부모의 신주를 모시고 있었던 것이다. 사정이 나아지자 손처눌은 조부모의 신주를 황청동으로 옮겨왔다. 고종사촌 정수번鄭守藩(1580~1621)이 함께하였다.

황청동에 신주를 모셔오고 본격적으로 공사를 진행하였다. 틈틈이 목재를 마련하고서 공사를 시작하였지만 시간과 물력이 많이 필요하였다. 어느덧 공사가 마무리되면서 각 건물에 걸어둘 편액을 마련하였다.

1601년 1월 10일 아침에 배자장에게 '모당', '산택재', '풍뢰헌' 등 8자의 편액을 써달라고 부탁하였다.

손처눌은 조부모의 신주를 모셔오고 1년이 지난 1601년 정월에 황청동에 들어설 집에 걸어둘 편액을 마련하였다. 모당, 산택재, 풍뢰헌 등 모두 8글자의 편액을 받아왔다. 이제 황청동의 집이 모습을 갖추어 가고 있었던 것이다. 영모당은 단지 거처할 공간을 마련한 것을 넘어서는 의미가 있었다. 영모永慕는 돌아가신 부모님을 기리는 의미를 담고 있다. 새로 마련된 영모당은 자신을 중심으로 하는 새로운 가족 질서의 중심이었고, 전란으로 훼손된 삶의 질서가 회복되는 중심의 의미가 있었다. 영모당을 낙성하면서 지은 글에서 그 심정을 볼 수 있다.

소용돌이치는 풍파에 발붙이기 어렵고,	瀲灂風波難着脚,
험난한 세월 동안 이미 노쇠한 얼굴 되었네.	崢嶸歲月已衰顔.
집을 지음은 아름다운 외관 보이려 함이 아니라,	經營不是要觀美,
토구에 은거하듯 백 년을 편히 지내고자 함일세.	擬作菟裘百歲安.
개인 창 새벽 해에 내 마음 재계하고,	晴牕曉日齋余志,
깨끗한 책상에 글 읽으며 내 얼굴 가다듬네.	淨几遺編整我顔.
인간 세상의 수많은 일 사양하고,	願謝人間千萬緖,
다만 이 한 몸 수습하여 편안하고자 하네.	只要收拾此身安.

손처눌은 영모당을 낙성하면서 감회에 젖었다. 아마 전란으로 힘들었던 시간이 떠올랐을 것이다. 부디 이곳에서는 백년토록 무탈하게 살고자 하는 마음이 간절하였다. 그런데 며칠 후에 새로 지은 집이 광풍에 무너졌다고 하였다.

1601년 3월 11일 동네 사람이 와서 새로 지은 가옥이 어제 저녁 광풍에 쓸려 무너졌다고 알려주었다. 지난겨울에 화재로 훼손되더니 올 봄에는 바람에 무너졌으니 분수에 지나쳐서 빚어진 결과인가.
1601년 3월 12일 아침에 무너진 집의 목재를 거두어 쌓았다.

손처눌은 창산의 별채에 머물고 있다가 소식을 듣고 급히 황청동으로 갔다. 이미 지난겨울에 화재로 일부가 훼손되었던 터였다. 안타까운 마음으로 공사를 이어가고 있었는데, 이번에는 광풍에 집이 무너졌다. 손처눌은 집에 지나치게 욕심을 내서 빚어진 일이 아닌가 한탄하였다. 그대로 있을 수 없었다. 다음 날 무너진 집의 목재를 거두어 다시 쌓았다. 손처눌의 말에서 영모당에 대한 그의 간절한 마음을 읽을 수 있다.

그러나 황청동에 거처가 마련되었지만 완전하지 않기 때문에 손처눌은 여전히 창산의 집에 머무는 시간이 많았다. 창산에는 누이가 살고 있었다. 손처눌의 누이는 나이가 50세에 가까운 동생이 과거시험을 보러가지 않을까 걱정하며 사람을 시켜 확인하라고 할 정도로 손처눌의 일생에서 울타리가 되어주는 존재였다.

영모당이 모습을 갖추고 본격적으로 손처눌이 영모당을 중심으로 생활한 것은 그로부터 몇 년이 지난 1604년부터였다. 1월 1일 사당에 참례를 올리고 날이 밝은 뒤에 산소에 참배도 하였다. 그리고 종일 손님을 맞이하였다. 영모당의 뒤편으로 부모의 분묘가 있었다. 1604년 손처눌은 52세였다. 지역사회에서 명망 있는 사대부로서 그 아래에 많은 문하생을 두고 있는 손처눌의 사정을 생각하면 새해 첫날의 풍경이 짐작된다. 그리고 다음 날 기록에서 손처눌의 결심을 볼 수 있다.

1604년 1월 2일 바람이 불었다. 당에 있었다. 새벽에 사당에 참배를 하였다. (오늘부터 시작하였다.) 아침에 종숙 집에 가서 세배를 하였다. 취하여 돌아왔다. 종일 손님들을 맞이하였다.

다음 날 아침 그는 새로운 생활을 선언하였다. 사당에 참배하는 일을 일상으로 시행하겠다고 하였다. 이날 일기에 손처눌은 '오늘부터 시작한다'고 하였다. 이제 매일 새벽 사당에 참배하는 것으로 하루를 시작할 결심이었다. 이후 손처눌의 일상은 영모당에서 사당에 참배하는 것으로 시작하였다.

> 1604년 2월 13일 맑음. 사당에 참배를 하였다. 영모당에 있었다. 『소학』을 읽었다. 재계를 하였다. (장인의 기일이 내일이다.)
> 1604년 2월 14일 사당에 참배를 하였다. 의례를 갖추어 제사를 지냈다. 영모당에 있었다. 『소학』을 읽었다.
> 1604년 2월 15일 비가 내렸다. 사당에 참배를 하였다. 재계를 하였다. 희로와 이사수가 왔다.
> 1604년 2월 16일 맑음. 사당에 참배를 하였다. 의례를 갖추어 제사를 지냈다. 선비先妣의 기일이다.
> 1604년 2월 17일 맑음. 사당에 참배를 하였다. 재계를 하였다. 영모당에 있었다.

손처눌은 매일같이 사당에 참배하는 것으로 하루를 시작하였고, 독서와 강학으로 시간을 보냈다. 이날도 손처눌은 사당에서 참배하고 영모당에 머물렀다. 『소학』을 읽었고, 장인의 제사를 위해 영모당에서 재계를 하였다. 다음 날 사당에 참배하고, 장인의 제사를 지냈다. 그다음 날에도 사당에 참배하고, 재계하였다. 제사가 이어졌다. 2월 16일은 돌아가신 어머니의 기일이었다. 손처눌은 아침에 사당에 참배하고, 갖추어 제사를 지냈다.

> 1604년 2월 18일 맑음. 사당에 참배를 하였다. 재계를 하였다. 영모당에

있었다. 희로가 왔다.

1604년 2월 19일 맑음. 사당에 참배를 하였다. 날이 밝을 무렵에 의례를
갖추어 제사를 지냈다.

2월 19일은 아버지의 기제사 날이다. 아버지의 제사 하루 전날 손처
눌은 아침에 일어나서 사당에 참배하고, 재계하였다. 오후에 동생 희
로가 왔다. 다음 날 아침 날이 밝을 무렵 아버지의 제사를 모셨다. 2월
14일부터 손처눌은 장인과 어머니, 아버지 제사가 연이어 있었다. 손
처눌은 영모당에서 사당에 참배하고 재계하는 것으로 제사를 준비하
였다. 동생은 이 제사 가운데 아버지 제사에만 전날 와서 참석하였다.
이런 가운데 춘분의 시사가 이어서 있었다.

1604년 2월 20일 저녁에 비가 내렸다. 사당에 참배를 하였다. 재계를 하
였다. 영모당에 있었다. (22일이 춘분 시사時祀다.)

1604년 2월 21일 비가 내렸다. 사당에 참배를 하였다. 재계를 하였다. 영
모당에 있었다. 계진季進 종숙 및 희로希魯, 이사수가 왔다. 만종숙은 참석
하지 않았다.

1604년 2월 22일 흐림. 사당에 참배를 하였다. 날이 밝을 무렵에 의례를
갖추어 시사를 지냈다.

손처눌은 22일에 춘분 시사를 지내기로 하였다. 하루 전날 비가 오
는 가운데 사당에 참배를 하였고, 재계하였다. 춘분 시사에 맞추어 종
숙과 동생, 고종사촌이 찾아왔다. 그러나 만종숙은 참석하지 않았다.

다음 날 사당에 참배하고, 시사를 갖추어 지냈다.

영모당은 손처눌이 구축한 가족 질서의 중심이었다. 이곳은 그의 생활공간이면서 의식의 기반이 되는 곳이었다. 선대의 위패를 모셨고, 가까운 곳에 부모의 분묘가 있었다. 그렇다고 영모당은 부계의 친족만을 위한 공간에 그치지 않았다. 장인의 기제사를 모시는 것도 영모당에서 하였다. 시사 역시 이곳에서 거행하였다. 내외 친족이 찾아오고, 부조의 제사와 처가의 제사가 이루어지는 공간이었다.

1611년 12월 29일 사당에 참배하였다. 영모당에 있었다. 『심경』을 읽었다. 사수士綏가 술을 가지고 와서 수세守歲하는 것을 위로하였다. 희로도 왔다가 취하여서 갔다. 찰방 고모부는 저물어서 와서 주무셨다. 제석除夕의 뜻에서였다.

1611년 섣달 그믐날이었다. 영천에 있는 고모부 정세아가 영모당에 와서 함께 머물렀다. 한 해를 보내는 의미에서 온 것이었다. 이렇게 볼 때 손처눌의 삶에 울타리가 되어준 고모와 고모부, 누이 역시 영모당을 중심으로 마련된 손처눌의 가족 질서의 중요한 구성원이었다.

친족 관계

손처눌은 사당에 참배하는 것으로 일상을 시작하였다. 전란 이후에 삶의 기반을 다시 조성하고, 가족 질서를 새롭게 만드는 것은 절박한 과제였다. 그런 마음을 담아 영모당을 세웠다. 영모당은 손처눌을 중심으로 하는 가족 질서의 구심점이었다. 그렇다면 이렇게 갖추어진 가족 질서는 어떤 방식으로 운영되었나. 가를 구성하는 사람들의 관계는 개인의 일기 기록에서는 확인하는 것이 쉽지 않다. 기술하는 사람의 일방적인 관점이 반영되었기 때문이다. 다만 긴 시간의 일상적으로 이루어지는 활동에서 상호 관계의 단면을 확인할 수 있다. 일상적인 활동이라는 것은 주로 의례 활동과 친족 모임이 될 수 있다. 가의 구성원 사이의 관계와 가족 질서를 운영하는 방식은 우선 제사와 같은 일상적인 의례 활동에 나타난다. 손처눌은 매일 사당에 참배하는 것으로 하루를 시작하였다. 이것은 주자학을 업으로 삼는 사대부에게 상징적인 활동이었다. 이런 손처눌은 부모와 처부모, 조부모와 외조부모의 제사와 묘사에 성심껏 임하였다.

손처눌의 고모는 손처눌의 조부 손치운의 3남 3녀 중 맏딸로 영천에 사는 정세아鄭世雅와 혼인하였다. 손처눌은 정세아와 일상적으로 학문을 논의하고, 부모의 제사를 함께 모셨다. 부모가 모두 부재한 사정에서 손처눌에게 그 역할을 대신한 것이 바로 고모 내외였다. 전란으로 집이 위태로워지자 정세아는 처부모의 신주를 자신의 집으로 옮겨갔고, 안정을 찾은 후에 황청동으로 다시 옮겨왔다. 정세아는 처부모의 제사에 성실하게 참석하였고, 시사와 묘사에도 자신이 직접 참여하거나 그렇지 못하면 아들을 대신 보냈다. 자신은 물론 아들까지 사정이 허락하지 않은 경우에는 심부름꾼을 보내서 제사를 돕도록 하였다. 정세아는 처부모의 제사를 비롯하여 처가의 시사와 묘사에도 참여하는 것으로 자신의 역할을 성실하게 수행하였다. 이런 관계는 손처눌 세대에도 이어졌다. 손처눌의 동생 손처약孫處約(1556~1618)은 조부모와 선친의 신소에 성묘하는 데 사위를 참여하도록 하였다.

1601년 8월 15일 맑음. 한낮에 할아버지와 선친의 산소에 성묘를 하였다. 희로가 두 사위를 데리고 와서 참석하였다.

손처약은 두 사위를 데리고 선조의 성묘에 참여하는 것은 물론이고, 일상적으로 외손 자녀를 양육하고 보살폈다. 손처약의 사위 이사수李士綏는 처가의 기반에서 생활하고 있었다. 그러던 가운데 아이가 아팠고, 위독한 지경에 이르렀다. 손처약은 외손자를 살리기 위해 손처눌에게 도움을 요청하였지만 결국 구해내지 못하였다. 손처약은 외손자를 선친의 묘소 곁에 묻었다. 자식을 사랑하는 마음에 내외손이 차이가 없었다. 자손 역시 이런 마음으로 선조를 대하였다. 정세아가 처부모의 신주를 모셔 피란하고, 제사에 성실하게 참여하는 것이 이런 마음이었다. 또 손처눌이 처부모의 제사에 앞서 재계하고 제사를 모시는 것 역시 같은 마음이었다. 지금 우리가 17세기의 가족 질서에 대하여 내외 친족으로 구분하고 차별하는 것으로 인식하는 것은 어쩌면 당시의 실상과 거리가 있는 듯하다.

이런 일상적인 관계는 손처눌의 증조부의 자손 사이에서 확인할 수 있었다. 손처눌이 기제사를 언급한 선조 역시 증조까지였고, 참여하는 사람은 증조부의 자손이었다. 물론 조부모의 제사는 조부모의 자녀가 참석하였고, 이를 넘어서는 범위에서는 참여하는 경우가 없었다. 그렇다면 증조부의 자손, 즉 6촌의 범위를 넘어서는 친족은 어떤 방식으로 관계를 맺었나. 여기서 친족 조직이 확인된다. 그들은 친족 조직을 통해서 관계를 도모하였다. 손처눌의 친족 모임은 1600년부터 시작되는 일기의 앞부분부터 확인할 수 있다.

1600년 3월 27일 현내縣內 종숙 집에서 일족 모임을 열었다. 민충국閔忠國, 서사선徐思選, 민겸閔謙, 이원생李元生 등 여러 친구가 마침 와서 참석하였다.

이날 손처눌은 현내에 있는 종숙의 집에서 일족이 모임을 하였다. 족회의 구성원을 모두 밝히지는 않았으나, 이때 모인 일족은 내외 친족을 모두 포함하는 것이었다. 일족 모임族會에는 친구들도 와서 함께하였다. 내외 친족이 함께하는 족회는 당연한 것이었다. 손처눌과 친족은 가끔 일족 모임을 진행하였다. 그러나 정기적으로 모임을 이어가지는 못하였다. 시간이 흘러 오랜만에 용천사에서 일족이 모였다.

1612년 1월 20일 사당에 참배하였다. 용천사湧泉寺로 갔다. (친족모임에 관한 일 때문이다.) 희로와 사수가 동행하였다. 수암燧巖에서 잠깐 쉬었는데, 계곡 연못의 승경이 옛날의 모습과 다르지 않았다. 절구 두 수를 읊었다. 이목점梨木店을 지나며 마음이 몹시 좋지 않아서 절구시 「설루雪淚」 한 수를 지었다. (난리 때 이곳에 우거하며 자녀를 여럿 잃었다.) 정대촌亭臺村에 들어가 말먹이를 먹였다. 얼마 있다가 저물녘에 절에 투숙하였는데 찰방 고모부께서 나보다 먼저 와 계셨다. 손흠중孫欽仲·손이민孫而敏·손회지孫會之와 박경화朴景華(외족外族)가 가장 뒤에 왔다.

손처눌은 1612년에 용천사에서 친족과 두루 모였다. 그는 아침에 사당에 참배하고 용천사로 향하여 저물녘에 도착하였다. 용천사에 갔더니 고모부가 먼저 도착해 있었다. 손흠중과 손이민, 손희지 등이 동성 친족이 와 있었고, 외족 박경화도 함께하였다. 오랜만에 일족이 두루 모였고, 이날 손처눌은 예전의 정취를 생각하면서 시를 남겼다.

절에서 일찍 놀던 날을 생각하니,	寺憶曾遊日,
벌써 이십 년 세월이 흘렀네.	星霜二十年.
높은 나무 밖은 어렴풋하고,	依俙喬木外,
법당 앞은 방불하네.	髣髴法堂前.
옛일을 말하자니 원조가 없고,	話舊無圓照,
시를 논하려니 혜련이 있네.	論詩有惠連.
거듭 성대한 모임을 여니,	重開全盛會,
나도 모르게 눈물이 흐르네.	不覺淚潸然.

손처눌은 오래전 모임을 기억하면서 감회에 젖었다. 같은 공간이지만 많은 것이 변해 있었다. 전쟁이라는 극한의 경험을 하면서 이들에게 가족과 친족은 더욱 절실한 대상이 되었다. 이것은 비단 손처눌의 감정은 아니었다. 전란을 경험한 이들에게 가족과 친족은 무엇보다 소중한 존재였다. 같은 경험을 한 인동 사람 장현광의 생각에서 이후의 사정을 짐작할 수 있는 부분이 있다. 다음은 장현광이 1600년경 족계를 중수하고 만든 규약이다.

1. 우리 계는 처음에 다만 동성 사람만을 가지고 만들었으나 지금은 비록 소원한 타성他姓이라도 만약 우리 장씨 족보와 연관이 있으면 모두 들어오게 하였다. 이는 또한 선대의 은혜를 미루어 화목하는 도를 넓힌 것이

니, 선대의 입장에서 본다면 사랑하는 정이 내외손의 간격이 있겠는가. 사람들은 아들과 딸을 두지 않은 이가 없으니, 그 심정을 가지고 우리 선대의 마음을 체득한다면 이를 상상하여 알 수 있을 것이다. 그렇다면 계중에서는 마땅히 동성同姓과 이성을 구별하지 말고 서로 후하게 대하는 의는 간격이 없어야 할 것이다. 다만 선조를 추모하는 등의 일은 동성의 입장에 있는 자가 반드시 스스로 그 정성을 다하여야 할 것이다.

『여헌집旅軒集』 권8, 서序

장현광張顯光(1554~1637)은 손처눌의 외가 일족으로 나이는 한 살 차이였다. 손처눌의 스승인 정구의 조카사위다. 여러 지점에서 손처눌과 긴밀한 관계에 있던 사람이다. 이런 장현광은 전란을 겪은 후에 부친이 조직한 족계를 새롭게 정리하였다. 이전과 비교해서 가장 큰 변화는 선대에 만든 계는 동성을 대상으로 하였지만, 이때 장현광은 '사랑하는 정이 내외손에 차이가 있겠는가'라고 하고서 동성과 이성을 함께 구성한 점이었다. 장현광의 이야기는 어쩌면 현실적이고, 무엇보다 근원적인 문제제기였다.

피란생활을 생각해 보면, 생존을 위해 결속하는 데에는 내외손의 구분은 의미가 없었다. 내외손을 넘어서 혈족의 본질을 강조하는 것은 당연해 보인다. 대체로 17세기 후반 이후 부계 친족 질서가 강화되는 것으로 설명하고 있다. 이런 변화의 주요 동인을 '성리학의 자기화' 혹은 '유교적 변환'으로 설명한다.[4] 16세기 중반 이후에 지식인 사이에서 부각되었던 '성리학의 자기화'의 움직임은 전란을 겪고, 생존을 위한 새로운 방안을 모색하였다. 그것은 안정적인 생존을 위해 내외손을 포괄하는 친족관계를 지향한 것으로 보인다.

이것은 손처눌의 일상에서부터 볼 수 있다. 손처눌과 그 일족 역시 친족의 모임에 내외 친족이 함께하였고, 족보를 수정하는 일 또한 이들과 함께 논의하였다. 손처눌이 영천에 살고 있는 고모 내외와 매우 긴밀한 관계에 있던 것은 단지 정서적인 차원을 넘어서 그들이 인식하는 가족 질서의 중요한 구성원으로 인식하고 있다는 것을 보여준다. 이런 일상적인 관계는 친족의 모임이나 족보에 반영되게 마련이었다. 손처눌과 그 친족이 용천사에서 모인 이유는 족보를 논의하기 위한 것이었다.

1612년 1월 21일 낮부터 비가 내려서 밤새도록 내렸다. 아침에 족보를 수정하였는데 마치지는 못하였다. 낮에 비로소 술을 마시면서 이야기를 나누었다. 각각 술잔을 주고받으며 오언율시 한 수와 절구 두 수를 읊었다.

그러나 여러 감회에 젖어 있다가 족보를 수정하는 일은 마무리하지 못하였다. 다시 모이면 될 일이었다. 다음 날 종일 비가 내렸다. 산사의 술로 추로주秋露酒를 마련하였다. 봄비가 내리는 오래된 사찰은 아름다운 흥취를 자아내고, 친한 이를 친히 대하며 정답게 회포를 푸니 즐거운 마음이 어떠하겠는가라고 하면서 절구 한 수를 읊었다. 이것으로 용천사의 모임을 마무리하였다. 이날 모인 사람들은 일상에서 마주하던 고모부였고 외족이었다. 그러나 이런 모임을 통해서 서로의 관계를 다시 한 번 인식하는 계기로 삼았다. 이들이 인식하는 친족의 관계는 친한 이를 친하게 대하는 것이었다.

손처눌의 다면적 위상

17세기 초는 새로운 질서를 만들던 시대다. 16세기 중반 이후에 국가와 사회를 운영하는 데에 새로운 가치가 대두하고, 그에 맞는 운영 질서가 제기되던 때였다. 이런 가운데 외침을 당하였다. 전란으로 극심한 혼란을 겪으면서, 이전의 질서와 새로운 질서에 대한 요구가 교차하던 시대였다. 전란이 끝났고, 이제 새로운 질서를 만들어야 했다. 당시 국가와 사대부가 당면했던 절박한 문제였다.

본고는 손처눌을 통해서 17세기 초반에 국가체제의 운영 실상, 지역 사회 지식인이 지향하는 가치, 가족 질서의 세 가지 측면을 검토하였다. 손처눌은 17세기 전반에 대구에서 살았다. 그는 국가의 백성이었고, 지역 사대부 사회에서 중심으로 활동하였으며, 가족 구성원의 한 사람으로 다층적인 위상을 가지고 있었다. 손처눌을 통해서 국가와 민의 관계, 지역 사대부 사회, 가족 질서의 운영 원리를 확인하였다.

첫째, 국가와 민民의 관계다. 전란 이후 국가는 훼손된 국가 정체성을 다시 정립해야 했다. 신속하게 진행하고자 하였으나, 쉬운 일은 아니었다. 제한된 재화를 구성원이 동의할 수 있는 범위에서 우선순위를 정하여 분배해야 했다. 이것이 어그러지면 국역의 부담은 과중해지고, 구성원들은 국가를 불신하게 된다. 손처눌은 전란 이후 1620년까지 약 20년 동안 국역의 부담이 점차 증가해가는 사정을 기록하였다. 매년 세금이 증가하였고, 궁궐에 사용할 경비를 위해 면포를 더 거두었다. 그전에 없던 일이었다. 이런 틈을 이용해서 지방관은 명목에도 없는 세금을 더 거두기도 하였다. 1617년 가혹한 징수로 세 고을이 텅 비었다는 말에서 국역의 부담과 민의 사정을 알 수 있었다.

둘째, 사대부 공동체다. 전란은 기존의 질서를 훼손해버렸다. 상하와 노주의 질서가 훼손되었다는 한탄은 같은 시기 전란을 경험한 사대부의 공통된 입장이었다. 어떻게 할 것인가. 우선 향교를 재건하였다. 국가보다 앞서 지역 사대부가 향교를 재건하는 데에 열성을 다하였다. 향교는 그런 공간이었다. 이와 함께 그들의 학문적 정체성을 정립해야 했다. 향교는 보편원리를 추구하는 공간이었고, 국가와 지역 사대부를 잇는 매개로 기능하였다. 여기에 더하여 지역과 시대에 따라 자신들의 학문적 정체성을 확인해야 했다. 사대부들은 스스로 서원을 만들었고, 자율적으로 운영하면서 자신들만의 학문 정체성을 만들어갔다. 손처눌은 연경서원을 재건하고 사당에 퇴계를 모셔서 그의 학문을 통해 자신을 찾고자 하였다.

셋째, 가족 질서다. 손처눌은 무너진 집을 새로 지었다. 영모당이라고 이름하여 부모에 대한 그리움을 담았다. 영모당은 손처눌을 중심으로 새롭게 구성된 가족 질서의 중심이었다. 영모당에 조부모의 신위를 모셔왔고, 부모와 처부모의 제사를 이곳에서 모셨다. 또 이것을 기반으로 내외친이 함께하는 친족 조직을 구성하였다. 전란을 거치면서 친족은 생존을 위한 기본단위라는 것을 다시 확인하였다. 그들에게 내외친의 구분이 있을 수 없었다.

참고문헌

『모당일기』

『모당선생문집』

『영모당통강제자록(永慕堂通講諸子錄)』

『광해군일기』

『인조실록』

구본욱, 「연경서원의 경영과 조선 중기 대구지역의 유학」, 『퇴계학논집』 11, 2012.

_____, 「석담 이윤우의 師承과 交遊에 관한 고찰」, 『퇴계학과 유교문화』 57, 2015.

_____, 「경상감영의 대구 설치과정과 그 시기」, 『한국학논집』 80, 2020.

김학수, 「조선 중기 寒岡學派의 등장과 전개: 門人錄을 중심으로」, 『한국학논집』 40,
    2010.

김형수, 「17세기 초 대구 사림의 형성과 분화 : 孫處訥의 『慕堂日記』를 중심으로」, 『역사
    교육논집』 36, 2006.

윤동원, 「慕堂 손처눌(孫處訥)의 문인록 분석」, 『디지틀도서관』 77, 2015.

정재훈, 「『慕堂日記』를 중심으로 본 孫處訥의 교육활동」, 『퇴계학과 유교문화』 57, 2015.

최은주, 「慕堂 孫處訥의 시에 나타난 교유와 그 의미」, 『남명학연구』 66, 2020.

추제협, 「조선중기 한강학파의 전개에서 본 대구지역 성리학의 특징」, 『국학연구』 36,
    2018.

_____, 「모당 손처눌의 수신지학과 의병 · 강학활동」, 『퇴계학논집』 25, 2019.

주

1 정재훈, 「『慕堂日記』를 중심으로 본 孫處訥의 교육활동」, 『퇴계학과 유교문화』 57, 2015; 김형수, 「17세기 초 대구 사림의 형성과 분화: 孫處訥의 『慕堂日記』를 중심으로」, 『역사교육논집』 36, 2006; 추제협, 「조선중기 한강학파의 전개에서 본 대구지역 성리학의 특징」, 『국학연구』 36, 2018; 구본욱, 「연경서원의 경영과 조선 중기 대구지역의 유학」, 『퇴계학논집』 11, 2012.

2 본고에서 활용한 『모당일기慕堂日記』는 일직一直 손씨孫氏 대구 종중 소장본으로 기록 기간은 1600년부터 1629년까지 30년이며, 필사본 6권 2책으로 구성되어 있다. 해당 자료의 이미지는 한국국학진흥원 '선인들의 일상생활, 일기' 홈페이지(http://diary.ugyo.net)에서 확인할 수 있다.

3 『모당일기』, 1607년 4월 13일. "與康侯叔勤出洞. 向伊川. 中路聞行甫已到研經云. 輟行. 是日木手會餉."

4 마르티나 도이힐러, 이훈상 옮김, 『한국 사회의 유교적 변환』, 아카넷, 2003; 권내현, 「조선후기 부계 가족·친족의 확산과 몇 가지 문제」, 『韓國史學報』 62, 2016.

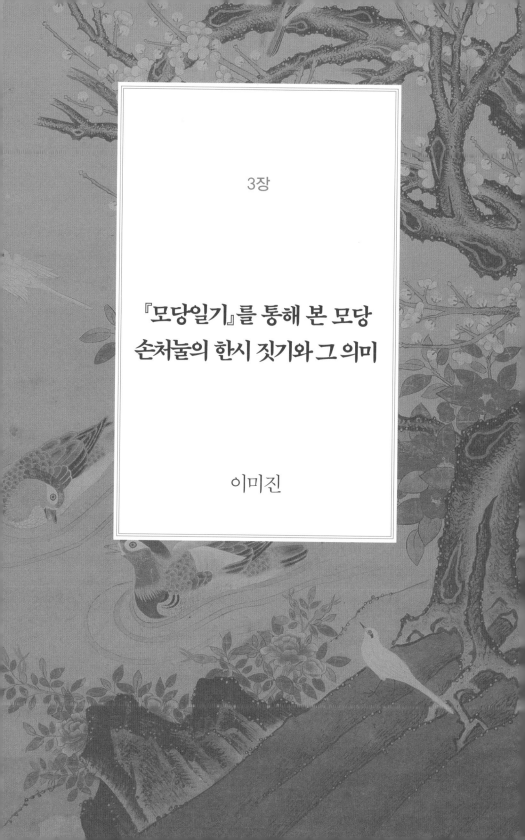

3장

『모당일기』를 통해 본 모당 손처눌의 한시 짓기와 그 의미

이미진

모당의 일상 속 한시 짓기

　모당 손처눌은 17세기 대구 지역 대표 사림으로, 본관은 일직, 자는 기도, 호는 모당이며, 한강 정구의 문인이다. 그가 남긴『모당일기』는 그가 48세가 되던 1600년부터 71세가 되던 1634년까지, 중간에 누락 부분을 포함하여 총 25년 7개월간의 기록으로, 임진왜란 직후 대구 지역을 중심으로 한 지식인의 생활 모습뿐만 아니라, 한강학파寒岡學派 인물 간의 교유 현장을 살펴볼 수 있다는 점에서 자료적 가치가 적지 않다. 특히 여느 일기에 비해 작시作詩 장면이 자주 등장하는 데다가 매우 생동감 있게 기술되어 있어 필자의 시선을 사로잡았을 뿐 아니라, 모당에게 있어 한시 짓기라는 행위가 생활 속에 어떻게 그리고 얼마나 침투되어 있는지 살펴보기에 충분하다고 판단했기 때문이다. 이에『모당일기』를 통해 모당을 비롯하여 17세기 대구 인근 지역 사림의 한시 향유 장면을 확인하고, 나아가 한시 짓기의 문화사적 접근 기능성에 대해 모색해보는 계기로 삼고자 한다.

　모당은 대구 지역에 퇴계학맥을 형성 및 전수시킨 인물이자, 평생
관직에 진출하지 않은 전형적인 재야 학자였다. 『모당일기』에는 그가
『이락연원록伊洛淵源錄』, 『심경心經』, 『예기禮記』, 『근사록近思錄』, 『성리
군서性理群書』 등 주자와 성리서性理書 관련 서적을 열독하였다는 기록
이 숱하게 발견된다.[1] 대체로 성정性情을 도야하고 도학道學에 깊이 침
잠하는 도학가는 '도가 근본이고 문장은 말단이다[道本文末]'라고 인
식하면서 수식을 일삼고 자구字句를 다듬는 작시 행위 자체를 경계했
던 것으로 이해한다. 이러한 점을 염두에 둔다면, 평생 성리서를 탐독
하고 퇴계·한강·계동溪東 등 퇴계학파의 계통에 있었던 모당에게 있
어 한시 짓기는 과연 어떤 의미로 이해할 수 있을까.

　강준흠姜浚欽(1768~1833)의 『삼명시화三溟詩話』에는 "영남의 풍속과
기습이 질박하고 두터워 퇴계 선생 이래로 오로지 경술만 숭상하여 시
학을 달가워하지 않았기 때문에, 백년 이래로 성조聲調의 병폐에 깊은
자가 없었다"[2]라는 말이 있다. 이 말대로 당시 영남 지역은 경학에 치
중하느라 시학에 골몰하는 이가 없었던 것이 사실이라면, 퇴계와 한강
을 스승으로 섬겼던 모당의 작시는 정통 시학으로 접근하는 것이 어쩌
면 불가능해 보이기까지 한다. 그렇다면 어떻게 해야 할까.

　전근대에 한시는 지식인 계층의 교양이자 문명과 야만을 가르는 표
지[3]라고 평가될 정도로 지식인들의 고급 교양에 가까운 창작 행위 중
하나였다. 그럼에도 그간 한시는 작자의 삶과 사상이 오롯이 구현된
한문학의 정수이자 문학사의 한 부분으로 간주되면서, 이에 대한 연구
역시 작품 속에 담겨진 미감美感을 분석하고 그 속에 구현된 표현 기교

를 확인하는 방식으로 진행되어 왔다. 본고는 이 점에 착안하여 일기 및 문집을 통해 실제 작시 현장을 살펴보고, 이를 통해 모당의 삶의 도처에서 한시가 어떠한 방식으로 향유되었는지 일상 속 모당의 한시 짓기 전반에 대해 살펴보고자 한다.

학계에서 일기 및 일록 속 한시에 주목하기 시작한 것은 2000년대부터다. 선행 연구 성과에 따르면, 일기 기록에 한시가 차지하는 비중이 의외로 높다는 점, 하루 일과에 따른 감정 및 견문을 종종 문장이 아닌 운문 형태로 기록하였다는 점, 일기 속 한시는 저자 사후 문집 간행을 위한 1차 시고詩稿로 기능했다는 점 그리고 무엇보다 저자의 정제되지 않은 진솔한 감정선이 일기 속 한시에 그대로 드러난다는 점 등 관련 논의가 적지 않게 축적되어 있다. 본고는 한시 짓기의 일상성에 주목한 여러 선행 연구 성과에 힘입어, 『모당일기』를 통해 16, 17세기 대구 사림이 한시를 향유한 방식과 그 의미를 짚어보려고 한다.

모당의 한시와 그 흔적

모당과 관련된 주요 문헌으로는 일기 외에 단연 『모당집慕堂集』을 꼽을 수 있다. 모당 사후 그의 후손 손양겸孫養謙이 집에 보관해둔 초고를 바탕으로 저자의 유문을 수집하여 시문 3권과 부록을 합하여 총 2책으로 편집하여 순서를 정한 뒤 1784년에 목활자로 초간본初刊本을 간행한 이후 방손傍孫 손정환孫廷煥과 후손 손응수孫應修 등이 기존 원고를 수정 보완한 뒤 1849년에 목판으로 9권 3책을 재차 간행했는데,

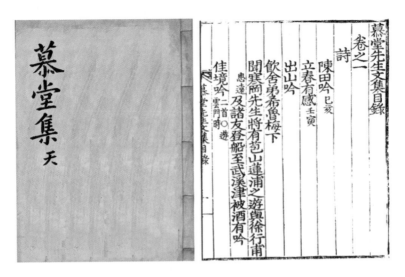

『모당집』 표지 및 목차 일부

이것이 현존하는 중간본이다.

　『모당집』 전체 9권 3책 가운데 한시는 권1~3에 수록되어 있다. 권 4는 서書, 권5는 잡저雜著, 제문祭文, 축문祝文, 묘도문墓道文, 행록行錄, 권6~9는 연보年譜, 행장行狀 등 부록 문자임을 감안한다면 문집 전체 대비 한시 수록 비중이 적지 않다고 할 수 있다. 이는 같은 지역 내 동시 대에 활동한 한강 정구나 여헌旅軒 장현광張顯光(1554~1637)의 문집 내 시가 단 한 권인 것과 비교해보면 의미 있다고 할 수 있다.[4] 권1~권3에 수록된 한시는 총 355제 390수며, 그 현황을 제시하면 다음과 같다.[5]

　　권1 : 오언사행五言四行(9제 10수), 오언육행五言六行(1제 1수), 오언장편五言
　　　　長篇(1제 1수), 오언팔행五言八行(2제 2수), 오언절구五言絶句(7제 7수),

오언율시五言律詩(54제 54수), 오언배율五言排律(1제 1수), 잡언장편雜
言長篇(3제 3수), 칠언장편七言長篇(1제 1수)

　　권2 : 칠언절구七言絶句(160제 186수),

　　권3 : 칠언율시七言律詩(86제 89수), 만시輓詩(30제 35수), 칠언율시七言律詩
　　　　(29제 33수), 칠언장편七言長篇(1수), 장단구長短句(1수)

　　같은 시체 안에서는 저작 시기별로 수록되어 있고(단, 만시挽詩는 제외),
수록된 작품 중 가장 많은 양식은 칠언절구며(전체 작품의 절반에 해당),
그다음으로 칠언율시-오언율시순으로 수록되어 있다. 수록된 한시
는 모두 48세 이후의 저작으로, 82세 죽을 때까지의 저작이 담겨 있다
(47세 이전 작은 단 8수). 이는 아마 33세에 모당의 스승 계동 전경창全慶昌
(1532~1585)이 세상을 떠났고, 35세에 부인 이씨상을 당하였으며, 40세
에는 임진왜란이 발생하여 의병 활동에 종사하는가 하면, 이후 연이어
부모상을 당하는 등 48세 이전에는 독서와 작문에 집중할 여력이 없었
기 때문인 듯하다. 「연보」 중 "임란 중에는 책을 오래도록 읽지 못해 지
금 읽어도 입이 텁텁하고 글의 뜻이 이해되지 않는 부분이 많으니 학
문의 길이 참으로 막혔도다"[6]라고 술회한 대목에서 이를 짐작할 수 있
다. 또한 임진왜란이 발생했을 때 모당의 나이가 40세였기 때문에, 이
전에 작성한 초창기 작품은 임진왜란 중에 소실되었을 가능성도 있다.
다만 그가 본격적으로 독서와 강학을 시작한 47세 이후 영모당永慕堂
을 건립한 이래 학문에 매진했던 점을 미뤄본다면, 47세 이후 저작이
자연스럽게 문집에 대거 수록될 수 있었으리라 짐작된다.
　　그렇다면 『모당일기』 속 한시는 상황이 어떠한가 『모당일기』는

『모당일기』 표지 및 1611년 11월 1~2일자 기록 일부

총 6권 2책으로, 권1은 1600년 1월 8일~1605년 7월 25일(5년 7개월), 권2는 1605년 7월 26일~1610년 12월 29일(5년 5개월), 권3은 1611년 1월 9일~1613년 12월 19일(3년), 권4는 1614년 1월 1일~1616년 12월 30일(3년), 권5는 1617년 1월 1일~1620년 12월 29일(4년), 권6은 1621년 1월 1일~1629년 1월(8년)에 해당하는 기록으로 구성되어 있다. 『모당일기』에서 작시 사실이 확인 가능한 작품 중 『모당집』에 수록되지 못한 한시는 125수인데,[7] 『모당집』 수록 355제 390수까지 총합해보면 확인 가능한 그의 한시는 대략 500여 수를 이상으로 짐작된다. 다만 일기에는 작시 현장을 확인할 수 있을 뿐 작품 원문이 그대로 기록된 경우가 거의 없고, 경우에 따라 사용한 운자韻

104

字를 함께 부기해놓거나 간략하게 메모 형태로 일부 구절만 기록해놓았다. 작시 장면은 그의 나이 48세(1600)부터 69세(1621), 즉 21년 동안 113건으로 확인되는데, 이를 연도별로 정리하면 〈표 1〉과 같다.

〈표 1〉 연도별로 기록된 작시 장면

연도(나이)	월	건수	연도(나이)	월	건수	연도(나이)	월	건수
1600(48)	1	1	1605(53)	3	1	1611(59)	10	4
1601(49)	1	1		4	2		11	4
	3	1	1606(54)	6	6	1612(60)	1	3
	4	1		1	1		2	1
	5	1		3	3		3	4
	7	1		4	2		4	1
	9	1		8	13		5	1
	11	1		8	17		6	2
1602(50)	1	2		10	20		7	1
	2	3		10	7	1613(61)	1	5
	윤2	4	1607(55)	1	10		2	1
	3	1		4	4		3	1
	7	1		4	16		4	2
1604(52)	1	3		6	5		12	1
	2	3	1611(59)	1	2	1614(62)	4	1
	3	7		2	1	1616(64)	10	1
	4	5		3	3		12	1
	5	1		4	1	1617(65)	3	2
	7	1		5	1		7	1
	8	2		7	2	1619(67)	4	2
						1621(69)	4	1

연도별로 살펴보면, 1604년에서 1606년(52~54세)까지와 1611년에서 1612년(59~60세)까지에 월별로는 1월에서 4월 사이에 집중적으로 시를 지었음을 알 수 있다. 일기에 기록된 날짜는 음력에 해당되므로 작시를 많이 한 1월부터 4월은 늦겨울부터 늦봄, 초여름 시즌이다. 실제 기록을 살펴보면, 상가喪家에 다녀오는 길에, 사당 참배 뒤에, 책을 읽고 난 뒤에 시를 남겼음을 알 수 있다. 모당은 산수를 유람하면서 아름다운 경관을 마주할 때나 혼자 고요히 앉아 사색에 빠질 때, 지인과의 만남과 이별 속에서 자신의 감정을 타인에게 보이고자 할 때 등 일상 곳곳에서 일어나는 다양한 상황과 감정을 시구에 옮겼다. 그렇다고 해서 이때 지은 한시가 모두 완성도가 높은 작품은 아니었던 모양이다. 일기에서 작시 장면을 확인할 수 있지만 실제 그 시가 문집에 수록되지 못한 경우가 많기 때문이다. 물론 작품의 완성도와는 상관없이 여러 가지 이유로 일기 속 한시가 문집에 수록되지 못했겠지만, 대개 문집은 저자 사후 편자編者에 의해 제작되는 바, 저자의 실제 창작 동기와 무관하게 편자의 주관에 의해 수록 작품이 최종 선별되었기 때문이다. 문집에 최종 수록된 한시를, 저자의 일생 전반에 걸쳐 지은 한시 전체로 볼 수 없는 이유 또한 이러한 맥락에서 이해될 수 있다. 그렇다면 모당은 어떠한 상황에서 시를 지었는지 이제부터 구체적으로 살펴보기로 하자.

일기에 나타난 한시 짓기 주요 장면

『모당일기』에는 특히 1604~1606년, 1611~1612년에 해당하는 5년 동안 작시 장면이 집중되어 있다. 이에 여기에서는 이 5년간의 기록을 중심으로 작시 동기에 따른 주요 장면을 살펴보기로 한다. 여기에는 모당뿐 아니라 모당의 주변 인물도 포함되어 있음은 물론, 작시 동기를 간략하게 기록해둔 경우가 적지 않기 때문이다. 논의의 필요에 따라 위 시기에 포함되지 않는 장면도 곁들이고, 장면을 보다 다양하게 확보하는 차원에서 『모당집』에 수록된 한시 역시 함께 거론할 것이다.

다음은 제목을 통해 드러나는 작시 동기를 편의상 구분한 것에 지나지 않으며, 동기가 둘 이상이 중첩되는 경우도 있고 미처 거론하지 못한 사례 또한 여전히 있으리라 생각한다.

경물에 대한 감정 담아내기

한시의 창작론과 관련한 대표적 이론으로 정경론情景論이란 것이 있다. 시인 내면의 정情과 외부의 경景 사이에 교감이 진행되면서 이것이 독창적인 작품 세계를 구축한다는 논리인데, 정이 경을 따라 생기거나, 정을 경으로 옮기거나, 정과 경이 일치되는 등 작가의 마음과 외부의 경물景物이 융합됨으로써 시가 창작된다는 것이 논지의 핵심이다. 모당도 이와 다르지 않았다. 특정 사건을 마주했을 때 일어나는 감정을 시로 표현하기도 하고, 자연 경물에 대한 시흥詩興을 시구에 옮기기도 하였으니, 푸릇한 봄의 정경, 늦가을 정취, 시린 한파 등 절기가 바뀌고 계절이 변할 때면 자연스레 떠오르는 시상詩想을 여지없이 시로 남겼다. 특히 꽃에 대한 기록을 부지런히 남겼는데, 매해 3월과 9월이면 집중적으로 개화 소식을 빠짐없이 기록했다. 특히 제철마다 만개한 매화·살구·철쭉·연꽃·목련·국화에 기뻐하고 시드는 꽃잎을 보며 아쉬워하였으니, 꽃에 대한 이러한 애정과 애착은 시구에 그대로 남아 있다.

> 권1:「이식로매移植老梅. 파유생의頗有生意, 희음喜吟」
>
> 권2:「낙매落梅」,「낙매탄落梅歎」,「영영모당매詠永慕堂梅, 이인중구기유로매고고李仁仲舊基有老梅枯槁, 금이입당전今移入堂前」,「거년이매去年移梅, 일점선一點先 개開, 희음일절喜吟一絶(갑진甲辰)」,「창전천엽매總前千葉梅, 성불번화性不繁華, 금개십영今開十英, 애이식지愛而識之」,「고매탄枯梅歎, 증악형贈樂兄」,「우중매雨中梅」,「상리가화매賞李可和梅」,「분국盆菊」
>
> 권3:「추영악옹폐원중삼매수追詠樂翁廢園中三梅樹, 기증주인寄贈主人」,「우후락매雨後落梅」,「우중파주관매雨中把酒觀梅」,「분중백국盆中白菊」,「동지후위백국冬至後慰白菊」

『모당집』에 수록된 매화와 국화 관련 시를 제시한 것이다. 모당은 특히 매화에 대한 애착을 넘어 집착에 가까울 만큼 관련 기록을 일기에 숱하게 남겼다. 시든 매화를 보며 탄식하기도 하고, 시들어 있던 매화에 생기가 돌자 그 누구보다 기뻐하였으며, 옮겨 심은 나무가 꽃망울을 틔우자 기쁨을 주체하지 못하였고, 비오는 날 술을 마시며 매화를 감상하는 등 매화에 대한 모당의 애정과 찬양은 평생 줄지 않았던 듯하다. 꽃에 대한 모당의 애정은 일기 속에서도 볼 수 있다.

- 1601년 3월 29일 : (…) 한낮에 폐허가 된 절간을 거닐다가 담장 모퉁이에 **활짝 핀 두 그루의 복사꽃을 보고 장난삼아 시를 지었다.**
- 1602년 윤2월 20일 : (…) 돌아오는 길에 이가화 집의 매화를 구경하였다. **매화가 비로소 고운 자태를 드러내어 살구꽃과 아름다움을 다투기에** 내가 장난삼아 "매화가 자네 집에 들어가서 절개를 잃었기 때문에 이렇게 늦게 핀다네"라고 하였다. 한참 동안 술을 마시며 이야기를 나누었다. **오언절구를 읊조렸다.**
- 1604년 2월 1일 : (…) 사수가 조촐하게 술자리를 마련하였다. 곧 동네 사람의 뒷술이었다. 뜰의 매화가 가뭄을 타서 아직 피지 않았다. **취하여 절구 한 수를 읊어 매화를 위로하였다.**
- 1606년 10월 20일 : **장정보 집의 송, 죽, 국 등 3개의 화분에 대해 절구를 지었다.** (…)
- 1616년 10월 22일 : (…) 희로가 이선백李善伯의 화분에 심은 국화 한 포기를 가져왔는데 황색과 백색이 뒤섞여 있었으니, 상서로운 게 아니라면 요사스러운 것이니 **장난삼아 문답체로 절구 두 수를 지었다.** (…)

폐허의 담장 모퉁이에 핀 복사꽃을 보고 일어나는 감정을 주체할 수 없어서, 고운 자태를 뽐낸 아름다운 매화에 매료되어서, 화분에 핀 국화의 알록달록한 빛깔에도 주저 없이 시흥이 일어나는 등 누구보다 꽃을 사랑한 그였다. 포산苞山 수령이 분매盆梅를 순찰사에게 바쳤으나 맡아주었다는 이야기(1604. 2. 22), 매화와 국화가 핀 곳은 사람이 살 만한 곳이라는 인식(1604. 4. 10), 매화를 선물로 주고받았다거나 만남의 장소를 늘 매화 근처에 마련하였다는 이야기는 그가 매화에 대한 사랑이 지극했음을 보여준다.[8] 아래는 1606년 10월 20일, 장정보의 시에 대해 남긴 차운시다. 장정보는 장내범張乃範(1563~1640)을 말하며, 이 시는 문집에「차장정보송국죽삼분운次張正甫松菊竹三盆韻」(권2)이라는 제목으로 수록되어 있다.

절우를 한 자쯤 되는 화분에 나누어 심으니	節友分移尺許盆
북돋우며 곧게 자라라고 얼마나 어루만졌던가	培根直養幾多捫
풍상이 몰아치는 날에도 벗삼아 실컷 볼 터이니	剩看托契風霜日
이랑에 가득한 많은 꽃들 셀 필요 없다오	不數羣芳滿畝煩

제1구의 절우節友는 이황이 만년에 도산서당 동쪽 편에 단을 쌓아 소나무, 대나무, 매화, 국화를 심은 뒤 이들을 '절개를 함께하는 벗[節友]'이라고 지칭한 데에서 연유한다. 위 작품에서 절우는 매화를 제외한 소나무, 국화, 대나무를 일컫는데, 장내범의 이 세 화분에 대해 모당은 풍상이 휘몰아치는 날에도 이 세 절우와 친분을 나눌 터 이랑에 가득 피어 있는 꽃들은 내게 중요치 않으니 무엇 하러 세고 있냐는 것이다.

이뿐만이 아니다. 계절이나 날씨의 변화에 따른 감회도 시로 곧잘 남겼다. "이제 비가 넉넉하게 내려 밀과 보리가 잘 자랄 것이 분명하니, '단비[時雨]'라는 제목으로 율시 한 수를 지어 최강후에게 부쳤다(1604. 3. 10)"라거나 한 해의 마지막 날에「세모를 아쉬워하다[惜歲]」두 수와「입춘立春」율시 한 수를 지었다(1616. 12. 30)"라고 하는 등 시절

에 대한 감회나 날씨에 따른 감정 상태를 시구로 옮겼으며, 해당 작품
은『모당집』에 그대로 수록되어 있다.[9]

특정 저작 및 사건에 대한 견해 쓰기

자신의 생각과 입장을 시로 표현한 사례도 있다. 자연 경물에 대한
즉흥적인 시흥뿐만 아니라 특정 사건에 대한 자신의 견해를 시구를 빌
려 표명한 것인데, 예를 들어 어떠한 사건에 대한 자신의 입장이나 특
정 저작을 읽고 난 소감 등이 여기에 해당한다. 아래는 특정 저작 혹은
어떠한 사건에 대한 모당의 입장과 견해가 드러난 작품이다.

> 권1 :「독도연명책자시讀陶淵明責子詩」,「유감有感, 시유형제송전자時有兄弟
> 訟田者」,「몽배계동선생夢拜溪東先生, 유감이작有感而作」
> 권2 :「독서유감讀書有感(을해乙亥)」,「독태극도설이수讀太極圖說二首」,「문계
> 동선생통판녕변聞溪東先生通判寧邊, 상별유감傷別有感(임오壬午)」,「독소
> 학讀小學」,「춘일독서우음春日讀書偶吟」,「독고시우음讀古詩偶吟」

『모당집』에는 성리서 등 독서 이후의 기록이 많이 남아 있는데 작시
에서도 그러한 경향이 그대로 드러난다. 위의 작품에 보이듯 도연명陶
淵明이 자신의 아들을 꾸짖은 시를 읽고 난 뒤의 소감을 적기도 하고,
주렴계의『태극도설太極圖說』을 읽고 천지의 운행을 이해한 소감을 기
록하기도 하며,『소학』을 읽은 뒤 자신의 행동을 성찰하며 짓는 등 독
서에 대한 소감을 시구에 옮겨 담았다. 다음은 일기에 보이는 관련 기
록이다.

- 1604년 1월 4일 : 저녁에 바람이 불었다.『이락연원록伊洛淵源錄』을 읽고는 느낌이 있어서 **율시 한 수를 읊었다.**

- 1605년 4월 21일 : (…)『심경心經』을 읽고 마음에 느낀 점이 있어서 **시를 읊조렸다.**

- 1611년 10월 28일 : (…) 하물며 내가 이곳까지 와서 죽어가는 나이에 비로소 수대 선조의 묘소에 차례로 참배하게 되었으니, 또한 어찌 큰 다행이 아니겠는가? **칠언근체시를 지어서 기록하였다.** (…)

- 1612년 6월 14일 : (…) 학산鶴山을 경유해왔는데 당시 사람들이 또 파로巴路를 경유하지 않은 것을 두고 의심하기에 **시를 지어 뜻을 밝혔다.**

- 1614년 4월 25일 : (…) 그러나 내가 만약 행보의 행동을 받아들여 전혀 노기 띤 말을 하지 않는다면 이것은 내가 조금 진보한 면이 될 것이니, **그러므로 이것을 쓰고 시로 지었다.**

『태극도설』이나『소학』뿐 아니라『이락연원록』이나『심경』등에 대한 감상도 시로 남겼음을 일기 기록을 통해 알 수 있다. 다음은『소학』을 읽고 난 뒤의 감상을 쓴 것으로 문집에는 「소학을 읽고[讀小學]」(권2)라는 제목으로 수록되어 있다.

일용 인류의 도는 작은 데에 있으니	日用人倫道在微
모름지기 하학하여 성인과 함께 돌아갈 줄 알아야 하리	須知下學聖同歸
분명하고도 명백한 건 수신하는 법이니	分明指掌修身法
오늘부터 어제가 잘못되었음을 깨달았다오	見在從今悟昨非

이 작품은 제목 세주에 '갑신甲申'이라고 부기되어 있어 모당의 나이 32세, 즉 1584년에 지은 것임을 알 수 있다. 『논어論語』「헌문憲問」에서 "아래로 배우면서 위로 통달한다[下學而上達]"라고 하였듯 인간이 행해야 할 도리를 배우면서 묘한 천리天理를 통달한다는 의미로, 인간이 행해야 할 마땅한 도리를 담고 있는『소학』을 읽은 뒤 자신의 감상을 위와 같은 시구로 남긴 것이다. 한훤당寒暄堂 김굉필金宏弼이 자신의 스승인 점필재佔畢齋, 김종직金宗直에게 바친 시에서, "소학에서 어제까지의 잘못을 깨달았다네[小學書中悟昨非]"라고 하는 등 이전 사대부들은『소학』을 통해 자신의 삶을 성찰하는 계기로 삼는 경우가 많았다.

독서 기록뿐 아니라 특정 사건에 대한 입장도 시로 남겼다. 선조의 묘소 참배 당시의 심정을 시로 짓는가 하면, 서사원의 말에 기분이 언짢았던 당시 심경을 시로 남기기도 했다. 특히 1612년 6월 14일, 영모당에 있다가 학산을 다녀왔던 사실을 두고, 주변 사람들이 파로巴路를 경유하지 않은 자신을 의심한 일이 있었다. 그런데 7월 21일 기록에서 "파로로 내려갔다. 파로는 늘 꼬불꼬불하여 사람을 쉬 늙게 만든다"라고 한 점으로 보아, 모당은 파로길이 험난하여 피한 것일 뿐 다른 이유가 있었던 것은 아니나 주변 사람들은 이를 두고 설왕설래했던 것이고, 모당은 여기에 대한 자신의 입장을 시로 남겼던 것이다. 다만 이때 지은 시가 문집에 남아 있지 않아 구체적인 모습을 확인할 길이 없다. 하지만 저자의 사적 견해와 실상을 줄글 형태로 남기지 않고 시로 남긴 것은, 아마도 운문 형태로 짧고 간결하게 자신의 생각을 집약하는 것이 자신의 심경을 대변하기에 용이하다고 판단했기 때문인 듯하다.

유람 및 만남의 자리에서 짓기

여럿이 모인 자리에서 한시를 향유하는 장면은 매우 숱하게 등장한다. 특히 모당은 자신의 동생 희로希魯(손처약孫處若의 자)와의 유람이 잦았는데, 이때 여럿을 대동하여 파계巴溪, 수암燧巖, 동학암動鶴庵, 대랑연大浪淵, 송라촌松羅村, 박연정博淵亭, 도연정道淵亭 등을 노닐며 그곳의 경관과 이에 대한 소회를 남긴 시가 문집에도 상당수 남아 있어 작시 현장을 보다 생생하게 감상할 수 있다. 유람을 나서는 순간부터 이동하는 도중에 마주한 자연 경관, 도착지까지 등 유람 여정 전반에 걸쳐 지나치고 머무는 곳곳에서 늘 시를 지었다. 다음은 『모당집』 가운데 유람을 비롯하여 다양한 모임에서 지은 시다.

> 권2 : 「춘정월념일春正月念日, 장부용천사족회지기將赴湧泉寺族會之期, 희로
> 급리사수希魯及李士綏, 종문탄숙자성현선대우사초입동從聞灘叔自省峴
> 先待于寺初入洞, 음시吟示」, 「익일설회작翌日設會酌, 박경화朴景華(양춘
> 陽春)손흠중孫欽中(시명호긍구諟命號肯搆)손이민孫而敏(시눌諟訥)함집
> 언咸集焉, 지한이십년전차회시인只恨二十年前此會時人, 지유오형제只
> 有吾兄弟, 추사감창追思感愴, 음정좌상吟呈座上」, 「익일천우류화翌日天
> 雨留話, 취중음정취中吟呈」, 「익일우우류화翌日又雨留話, 약이삼구지회
> 約以三九之會」, 「분벽분벽粉壁(유운문시遊雲門時)」, 「와암卧巖」, 「숙매전역宿
> 買田驛」, 「매전역買田驛, 여희로차찰방숙계진유자운與希魯次察訪叔季進
> 遊字韻」, 「등소요당登逍遙堂(당주박공경윤당主朴公慶胤, 시적주인생일
> 時適主人生日)」, 「익조향도연정翌朝向道淵亭, 회망소요당回望逍遙堂(당
> 주김참봉치삼당主金參奉致三)」, 「대연대연臺淵(락화연중유암落花淵中有巖,

114

명왈대연名曰臺淵)」,「운문사雲門寺」,「운문산雲門山」 등
권3 :「여오매제희로유용천사與五梅弟希魯遊湧泉寺, 박경로래요상국朴景老
來邀賞菊」

이 시들은 주변 친지 및 친족과 유람을 하거나 모임이 있었을 때 지
은 것이다. 산행뿐만 아니라 선유船遊, 족보 간행을 위한 친족 모임 등
여러 사람이 함께하는 자리에서 시를 즐겼다. 하루는 모당이 친족과의
모임을 위해 청도淸道 용천사湧泉寺를 방문한 적이 있었다. 가는 길에
수암燧巖과 이목점梨木店을 지나며 예전의 모습을 회상하며 시를 지었
고, 용천사에 도착한 뒤 친족과 모여 술을 마시면서 시를 짓는가 하면,
때마침 내리는 비에 촉촉하게 젖어든 산사의 경치를 감상하며 짓기도
하는 등 친족 간의 모임에서도 시는 빠지지 않았다. 이에 대한 구체적
인 정황은 일기 속에 자세히 기록되어 있다.

• 1604년 3월 18일 : (…) 희로 및 두 종숙이 위 파잠에서 왔고 가장 나중
에 최강후가 나와서 함께 모였다. 이때에 이르러 약속하지 않고 모였으
니 운수였다. 최강후와 작별하고 희로와 함께 영모당에 갔다. **이날「유상
파계遊上巴溪」라는 제목으로 시를 지었다.**

• 1604년 4월 16일 : (…) 시냇가 바위에서 종일 시를 읊조렸다. 사운四韻
의 율시와 절구 등의 시를 지었다. 여러 친구들이 '승경勝景'에 대한 시를
지었는데, 손홍언만 홀로 '선행善行'에 대한 문사文辭로 시를 지었다. 바위
사이에 시를 지어 기록해놓았는데, 곧 서행보와 최강후가 지난 겨울에
눈을 무릅쓰고 놀러왔을 때 지은 것이다. 또 그 옆에다가 시를 지어 기록

하고, 9월 가을철에 오기로 약속을 하였다. (…)

- 1605년 6월 20일 : (…) 날이 저물어 백산촌栢山村 앞 못가에 배를 정박하였다. 과연 계집종을 잡아 배에 실어놓았으나 밤에 달아나버렸다. 물정에 어두운 유자儒者가 매번 이와 같으니 한탄스럽고도 우습다. 배에서 잤다. **오언절구를 지었다.**

- 1606년 4월 2일 : (…) 골짜기 가운데 이르러 이처럼 맑은 못이 있으니 이 산의 기이한 경관이 절경이었다. **입으로 율시 두 수를 읊조리고 돌아왔다.**

- 1611년 10월 24일 : 박연정博淵亭에서 잤다. 이날은 늦은 아침에 길을 나섰다. 송라촌松羅村을 지나며 감회가 일어서 **절구 한 수를 지었다.** 저녁에 정자에 투숙하였다. 정자 주인은 곧 김공金公인데, 절도가 있는 사람이다. (…) **문미門楣 사이에 손경징孫景徵의 근체 율시 서너 수가 있기에 '함咸' 자 운으로 율시 한 수를 읊었다.**

- 1611년 11월 1~4일

1일 : 박연정을 지나면서 **'암岩' 자 운으로 근체 율시 한 수를 읊었다.** (…) 시냇가 서쪽에 분암粉巖이 있는데, 벼랑이 천 길 높이로 우뚝 솟아 있다. **'유維' 자 운으로 절구 한 수를 읊었다.** (…) 와암臥岩에서 잠시 쉬었는데, 곧 청도의 종이를 만드는 곳이다. **'두頭' 자 운으로 절구를 지었다.** (…)

2일 : (…) **종숙從叔의 '삼三' 자 운에 차운하여 절구 한 수를 지었다. 또 '고高' 자 운의 근체 율시 한 수와 '회徊' 자 운의 오언절구 한 수를 지었다.** 한참 동안 시를 읊조리다가 따뜻한 술 한 잔을 마시고 떠났다. **길에서 외나무다리를 만나 오언절구를 지었다.** (…) 붕암鵬岩에 이르러 수레에서 내렸는데, 바위는 백 길의 높이로 우뚝하고 물은 천 길의 깊이로 돌아 흐르니 또한 명승지다. 소요당逍遙堂이 꿰뚫어본 곳이다. **칠언절구를 지었으니, '인人' 자 운이다.** (…) 우연히 '횡橫' 자 운으로 칠언절구를 지었다.

3일 : (…) 산수의 형세와 정자를 세운 터는 삼족당과 소요당 두 당에 버금갈 정도인데, 애석하였다. 시를 남겨두어 풍자하였는데, '정情' 자 운으로 지은 절구다. (…) 겨우 1리 남짓을 들어가서 대연臺淵에 도달하여 '충層' 자 운으로 절구를 지어 기록하였다. (…) 초저녁에 동방東房에 머물렀는데, 늙은 중 두 사람이 불을 때어 접대하였다. **대연에서 화작化作에 이르기까지 모두 절구를 읊은 것이 있다.**

4일 : (…) 안쪽은 더욱 기이하여 구멍이 바위머리가 끝나는 곳에 있어서 좁은 길이 양쪽 벼랑 가운데로 통하였는데, 말을 타고서는 겨우 들어갈 수 있었지만 짐 실은 말은 지나가기가 어려웠다. **'시詩' 자 운의 칠언절구를 지었다.** (…) 서지西枝에 이르려고 할 즈음에 **배 안에서 '입석立石' 오언절구를 읊었다.** 때는 아직 미치지 않았으나 이것이 또한 마지막 지은 시였다.

* 1612년 1월 20~22일

20일 : (…) 수암燧巖에서 잠깐 쉬었는데, 계곡 연못의 승경이 옛날의 모습과 다르지 않았다. **절구 두 수를 읊었다.** 이목점梨木店을 지나며 마음이 몹시 좋지 않아서 **절구시 「설루雪淚」 한 수를 지었다.** (…)

21일 : (…) 아침에 족보를 수정하였는데 마치지는 못하였다. 낮에 비로소 술을 마시면서 이야기를 나누었다. 각각 술잔을 주고받으며 **오언율시 한 수와 절구 두 수를 읊었다.**

22일 : (…) 봄비가 내리는 오래된 사찰은 아름다운 홍취를 자아내고, 친한 이를 친히 대하며 정답게 회포를 푸니 즐거운 마음이 어떠하겠는가? **절구 한 수를 읊었다.**

1605년 6월 20일의 작시는 한강 문인들의 집단 선유船遊 과정에서 이루어진 것이다. 선유 문화는 보통 사대부 간의 여가 선용을 위한 놀이문화의 성격이 강하지만, 여기에는 학맥, 지연 등 어떠한 방식으로든 연고성이 전제되어야 동참할 수 있었다.[10] 5박 6일 동안 낙동강을 따라 배가 정착하는 곳에서 수많은 사람과의 만남과 이별이 이루어졌고, 이때 역시 술잔을 주고받으며 시로써 친목을 도모하였던 것이다.

한편, 1611년 11월 1일부터 시작된 3박 4일 동안의 유람 일정은 작시를 위한 여행으로 인식될 정도로 4일 내내 한시 짓기로 점철되어 있다. 지나치는 곳곳마다 시를 남겼고, 사용한 운자를 빠짐없이 일기에 기록함으로써 이 날의 작시 상황을 하나 하나 작성해두었기 때문이다. 다음은 그중 한 편이다.

맑은 물 푸른 산 곳곳마다 뛰어나니	白水靑山隨處好
빼어난 절경 다른 이에게 설명하기 어렵구려	難將奇絶話他人
물결 맑고 나뭇잎 시들고 상서로운 연무 피어나니	波淸木落祥烟瘦
운문산의 진면목 기쁘게 바라보노라	喜見雲門面目眞

권2, 「운문산雲門山」

11월 2일 수레를 타고 가다 청도 운문산 아래 눌연訥淵과 붕암鵬岩에 내리고 보니, 하늘을 치솟을 듯 높이 솟아 있는 바위와 천 길 깊이로 돌아 흐르는 물결을 마주하고선 절로 일어나는 시흥을 감추지 못했던 것이다. 해당 일자의 일기 기록에 따르면 이곳은 소요당逍遙堂 박하담朴河淡(1479~1560)이 여생을 보낸 곳이라 전하며, "인人 자 운으로 칠언절구를 지었다"는 기록이 남아 있어 이때 지은 위 작품을 문집에서 쉽게 확인할 수 있었다.

모당은 유람의 과정에서 이동하는 도중, 즉 길가 혹은 배 위에서 시를 짓는 경우가 많았는데, 이는 한시가 개인의 독립된 공간에서 뿐만 아니라 개방된 공간에서 여러 사람에게 향유되었음을 말해준다. 특히 이날 지어진 다수의 시편은 앞에서 제시했듯『모당집』에 그대로 수록되어 구체적인 창작 실상을 살펴볼 수 있다는 점에서 주목할 만하다. 유람을 통한 작시는 일회성 시회라 할 정도로 규모가 작고 즉흥적이었지만, 그날그날의 작시 현장을 매번 운자까지 기록하는 방식으로 일기에 남겨두었다는 점에서 한시 짓기에 대한 모당의 애착이 남달랐다는 사실을 또 한 번 알 수 있기 때문이다.

이별을 기념하며 짓기

유람만큼이나 자주 등장하는 작시 장면이 바로 이별연에서다. "당나라 사람들은 서로 모여서 잔치를 열거나 송별을 할 때면 반드시 모인 자리에서 서로 운을 나누고 제목을 정해 시를 지었다"라고 한『당재자전唐才子傳』내 유희이劉希夷의 말에서도 알 수 있듯, 예나 지금이나 만남과 이별에는 축하 혹은 위로를 위한 술자리가 베풀어졌고, 이때 늘 빠지지 않았던 것이 바로 시였다. 다음은『모당집』에서 확인된 이별시다.

소요당의 전신인 청도 운강고댁雲岡故宅 내 만화정萬和亭

권1 : 「송별남광문送別南廣文(몽구夢龜)」, 「유안흥사遊安興寺, 임별증동유臨
別贈同遊」, 「별우인別友人」, 「봉별윤통판奉別尹通判(구晦)」, 「자용천제
향성현自湧泉齊向省峴, 일숙이별一宿而別」

권2 : 「박주죽곡병암하泊舟竹谷屛巖下, 음서행보별배飮行甫別盃, 우피곽돈
부又被郭敦夫(대덕호죽오大德號竹塢)휴주상별携酒相別, 취제일절醉題一
絶」, 「임별증박경로臨別贈朴景老」, 「임별증강후臨別贈康侯」

권3 : 「봉별리방백양구환조奉別李方伯養久還朝」, 「곽익보제군별후郭益甫諸
君別後, 여서행보류하세심정與徐行甫流下洗心亭」, 「신해십월辛亥十月,
숙삼종제흠중긍구정宿三從弟欽仲肯構亭, 익조류별일률翌朝留別一律」

모당은 떠나는 이를 위해 마련된 전별연에서 시를 짓는 경우가 매우

많았는데, 임기가 만료되어 떠나는 지방관을 배웅하거나, 객지로 떠나는 친지를 전별하는 경우가 상당히 많았다. 이러한 전별연은 유람 과정에서도 확인된다. 유람 도중 하룻밤을 묵은 뒤 먼저 떠난 이에게 이별을 기념하면서, 혹은 유람을 마친 뒤 동행한 이들과의 이별 자리에서 이 순간을 기억하고 이후의 만남을 기약하기 위해 시를 지었다. 이러한 이별 장면은 일기 곳곳에 숱하게 보이는데, 여기에는 술을 즐기는 풍류객다운 그의 면모도 함께 포착된다.

- 1604년 3월 22일 : (⋯) 잠시 이야기를 나누고 서둘러 전별하기로 약속한 장소로 갔다. 희로가 나보다 먼저 와 있었고, 곽익보도 왔다. **각자 별도로 운을 올렸고, 통판도 절구 한 수를 남겼다.** (⋯)

- 1604년 7월 26일 : (⋯) 송운대사松雲大師가 희로 집에 들렀다는 소식을 듣고 뒤늦게 윗 파잠巴岑에서 전별하였고, **삼운시三韻詩를 지어주었다.** 저녁에 창산으로 길을 나섰다.

- 1604년 8월 3일 : (⋯) 오후에 감영에 들어갔다. 술자리를 마련하였는데 초저녁에 끝나서 돌아왔다. **전별하는 시를 지었고, 순찰사도 시를 남겨 전별하니, 즉석에서 차운하였다.**

- 1605년 6월 13일 : 아침 식후에 위 파잠으로 내려와 부府에 들어가 통판을 전별하면서 **전별시를 지었다.**

- 1605년 6월 25일 : 이른 아침에 배를 탔다. 곽돈부郭敦夫와 이지화李之華가 술을 들고 와서 전별해주었다. 요란하게 술잔을 나누며 **시를 짓고 작별하였다.**

- 1611년 5월 21일 : (⋯) 아침밥을 먹은 뒤에 배소拜疏하고, **시를 지어**

희로希魯와 가화可和 서울로 가는 것을 작별하였다. (…)

- 1613년 1월 7일 : (…) 또 말씀하시기를 "송 순찰사가 남쪽으로 와서 교의를 맺었는데 **한 번은 행보가 글을 잘 지었기에 율시 두 수를 지어 작별하면서**『소학』을 권하였으니 매우 우습다. (…)

- 1617년 3월 17일 : 아침을 먹은 뒤에 이숙발李叔發과 이신지李新之 등이 모두 오고, 나머지 많은 벗이 일이 있어서 오지 않았다. 온종일 술을 마시며 이야기를 나누고, **이별할 즈음에 감회가 일어 율시 한 수를 지었다.**

이별연에서 늘 빠지지 않았던 것은 바로 술과 시였다. 두보가「가석可惜」에서 "마음을 편히 하는 것은 분명 술이고, 흥을 달래는 것은 시만한 것이 없다[寬心應是酒, 遣興莫過詩]"라고 하였듯, 주흥酒興은 곧 시흥詩興으로 이어지게 마련이다. 모당은 지인과의 이별에서 늘 술을 건네며 이별의 회한을 풀곤 했으며, 떠나는 이에게 이별의 감회와 당부를 시구로 건네주면, 받은 이는 그 자리에서 차운하는 방식으로 같은 공간에서 공유하기도 하였다.

모당이 참여한 전별연은 개최 목적에 따라 작시 공간이 결정되었는데, 지방관의 전직일 경우 공적인 일정에 따라 주로 감영監營(주연酒筵이 아닐 경우 주로 이천伊川이나 선사재仙査齋)에 마련하였고, 개인 친분에 따른 친목 위주의 자리일 때에는 개인 집 혹은 떠나는 길목(주변 누정이나 배 위)에서 조촐하게 주연을 베풀어 시를 지었다. 그중에서 1604년 7월 26일 마련된 송운대사松雲大師를 위한 전별연은 주목할 만하다.

드넓은 바다에 돛을 달고 한 때를 압도하니   鯨海揚帆擅一時

이번 일로 역사에 남을 줄 분명히 알겠구려	懸知此擧汗青垂
당년에 이미 대담하게 천하를 담론했으니	當年已試談捫蝨
오늘 어찌 장소를 택하여 숨을 것을 논하리오	此日寧論隱擇枝
수치 씻을 장대한 계책 어느 장자에게 있는가	雪恥壯猷誰長子
이웃 나라와 교제할 대의는 다만 선사에게 있다오	交鄰大義只禪師
만약 저들이 우리의 허과 실을 묻는다면	要成若問吾虛實
인화로 성을 쌓고 신의로 못을 삼는다 말해주오	城以人和信以池

위 작품은 유정과의 만남 후 그와의 작별에 임하여, 노자를 건네듯 건넨 시다.[11] 위 7월 26일 기사에 보이는 송운대사는 바로 사명대사泗溟大師 유정惟政(1544~1610)이다. 당시 조정에서는 사명대사를 강화사講和使로 하여 절충장군折衝將軍 손문욱孫文旭, 역관譯官 김효순金孝舜, 박대근朴大根 및 승려 혜은慧誾, 삼준상인三俊上人, 법원상인法源上人 등과 함께 사행단을 구성하여 일본으로의 파견을 명하였다. 이들이 제천堤川과 단양을 지나 죽령을 넘어 영주와 안동을 거쳐 7월 26일 대구에 도착하자, 모당은 아우 손처약孫處約, 판사 한언침韓彦忱, 순찰사 이양구李養久 등과 함께 주연을 베풀어 그들의 긴 여정을 기원하는 전별시를 지어주었던 것이다. 위 작품 외에도 이때 모당이 지은 시가 문집에 수록되어 전한다.[12]

사례 차원에서 짓기

누군가에게 뜻밖의 물건을 받게 되면 어떠한 형태로든지 답례를 하게 되는데, 모당은 '시로써 사례하는[詩以謝之]' 방식을 자주 활용

신명준申命準(1803~1842)의 「산방전별도山房餞別圖」
산방에서 열린 전별연의 한 장면이다.[13]

하였다. 한국고전번역원의 한국문집총간DB에서 기사명을 중심으로 '시이사지詩以謝之'를 검색해보면, 근대 이전 문인이 시로써 상대에게 답례하는 전통이 꽤나 오래전부터 이어져왔음을 엿볼 수 있다. 역시 『모당일기』에도 타인으로부터 물건을 건네받는 장면이 숱하게 등장한다. 보통 지방 수령을 역임한 경우 관내의 백성에게 다양한 물목을 증여하는 일이 관례화되어 있었으니, 예를 들면 미역이나 담배 그리고 부채, 책력冊曆 등이 그것이다. 특히 책력은 발행 부수가 제한되어 있어서 관료와 직접적인 친분이 있지 않고서는 쉽게 손에 넣기 힘들었는데, 모당이 책력을 선물받고 시를 지어 사례한 경우는 그의 문집에서도 확인할 수 있다.

　권1 : 「사손창원경징謝孫昌原景徵(기양起陽, 호오한號聱漢)모우래방冒雨來訪」, 「사채여간謝蔡汝榦(정楨)설중재매래견雪中載梅來見」, 「기사서악재행보寄謝徐樂齋行甫」, 「사로탄조수곽길보謝蘆灘釣叟郭吉甫(삼길三吉)위설행주위設行廚」, 「사리한림무백謝李翰林茂伯(윤우潤雨, 호석담號石潭)기신력寄新曆」, 「사조부백謝趙府伯(국빈國賓)지주래방持酒來訪」

　권2 : 「사전상사화서謝全上舍和瑞(춘년春年)송인치전送人治田」, 「기유단오일己酉端午日, 음득상자吟得傷字, 사부백안언우송주謝府伯安彦優送酒, 시류성유조내상時柳聖兪遭內喪, 사문외사백보처寺門外四百步處, 이관금부득장以官禁不得葬, 차일한심차일심且日早甚, 고말구급지故末句及之」, 「사성탁이인기포은집謝成卓爾印寄圃隱集」, 「사조검간안중謝趙黔澗安仲(정靖)자오산해수과방自鰲山解綏過訪」, 「사채여간설중재매래방謝蔡汝榦雪中載梅來訪」, 「사류위중지주래견謝柳衛仲持酒來見」, 「증서정보贈徐精甫(약約)유현성산유賢聖山」, 「정보조우미래精甫遭雨未來, 선송호합先送壺榼, 고시이사지故詩以謝之」

　권3 : 「한음리체상漢陰李體相(덕형德馨)류시미악재留詩彌樂齋, 추보기운追步其韻, 겸사전회兼謝鐫誨」, 「악형지이일건석척숙오신흥팔자소액樂兄持貽日乾夕惕夙寤晨興八字小額, 시이사지詩以謝之」, 「차사박성부次謝朴誠夫(화계和誡)」, 「사우복지주견방謝愚伏地主見訪」, 「사문탄종숙부謝聞灘從叔父, 수사도우선고修莎土于先皐, 묘개민양墓在密陽」, 「사조상사정부

견요수석謝趙上舍挺夫見邀壽席」, 「병인청화망일丙寅淸和望日, 희로급도해보希魯及都諧甫(응유應兪)이삼년소二三年少, 장향동화將向桐華, 과로래방過路來訪, 시이사지詩以謝之」, 「사광산부령謝光山副令(형연珩筵)지주래견持酒來見」, 「사조부백謝趙府伯(국빈國賓)지주래화持酒來話」

타인의 도움이나 방문 그리고 받은 물건에 대해 사례 차원에서 지은 경우가 많았다. 전자의 경우 궂은비를 무릅쓰고 찾아와준 손기양孫起陽, 임기를 마치자마자 오산鰲山에서 찾아와준 조정趙靖, 행주行廚를 마련해준 곽길보, 선조 묘소에 사토莎土해준 종숙從叔 손린孫遴 등에게 지어준 것 등이 모두 그러한 예다. 후자의 경우엔 눈 덮인 매화를 애써 가져와 보여준 채정蔡楨, 소액小額을 가져온 서사원, 달력을 보내준 이윤우李潤雨,『포은집』을 보내준 성탁이成卓爾 등에게 시를 지어준 것이 여기에 해당한다. 그러나 무엇보다 가장 기뻤던 순간은 술을 좋아했던 만큼 술을 들고 찾아온 지인의 방문이 아니었을까 싶다.

- 1604년 2월 22일 : 나에게도 질經을 만들거리가 하나 있으니, "미락재彌樂齋 서행보徐行甫가 아끼던 분매盆梅 한 가지를 꺾어 순찰사에게 부쳐 율시 한 수를 얻었다"라는 것이다. (순찰사가 오언율시로 사례하였다.)
- 1605년 6월 24일 : (…) 곽길보郭吉甫가 나들이 음식을 챙겨 종 네 명에게 지워서 왔다. 길보 집 앞에서 머무르는데, 그의 손자에게 또한 술과 과실주를 들려 와서 전별해주었다. **낙재와 함께 각자 율시 한 수를 지어 사례하였다.**
- 1613년 12월 5일 : (…) 채여간이 눈이 내리는데도 분매를 소에 싣고 왔

기에 시를 지어 사례하였다.

1605년 6월 24일의 작시는 앞서 19일부터 시작된 선유 과정에서 이루어진 것으로, 포산苞山에서 한강 선생을 만나기 위해 행장을 꾸린 뒤 다음 날 말을 타고 이천에 당도하여 배로 갈아탄 뒤, 삼파三波의 부강정浮江亭, 금강정錦江亭의 우암牛巖, 노다암老多巖 등을 거쳐 영파정, 담심정, 낙고재洛皐齋 등등을 거치는 등 총 5박 6일 동안의 일정이었다. 비록 한강 선생을 만나 뵙지는 못했지만, 돌아오는 길에 만난 수많은 사람이 전별연을 마련해주었고, 그에 대한 보답으로 한 수씩 지어 건네줌으로써 감사한 마음을 드러내 보였다.

앞서 언급하였듯 모당의 매화에 대한 애정은 극진했다. 그런 모당의 취미를 잘 알았던 채여간(여간은 채정蔡楨의 자)은 눈 내리던 12월 어느 날, 자신의 소에다 분매를 싣고 모당을 찾아왔다. 날이 추운데도 불구하고 기꺼이 매화를 싣고 찾아와준 채정에게 고마운 마음을 담아 다음의 시를 써서 건네주었다.

강 건너 시인이 눈 이고 찾아왔더니,	江外詩人戴雪來,
한 마리 소에 매화 화분이 함께 실려 있네.	一牛幷載一盆梅.
이 사이의 진심을 누가 알 수 있을까,	此間眞意知誰識,
풍상 견디고 세모에 핀 매화 바라보노라.	看取風霜歲暮開.

권2, 「사채여간설중재매래방謝蔡汝斡雪中載梅來訪」

눈 내리는 이 추운 날에 두 시린 손발 개의치 않고 자신의 소에다 기꺼이 분매를 실어 찾아와준 채정에게서 모당은 감동받지 않을 수 없었다. 날이 추운 뒤라야 송백松柏이 뒤늦게 시드는 줄 알아차리는 것처럼, 모진 풍상風霜을 견디고 한 해의 저물녘에서 어렵사리 피어난 매화를 보며 자신에게 진정을 느끼게 해준 채정에게 무한한 정을 느꼈으리라 짐작할 수 있다.

증답 및 화답 차원에서 짓기

증답贈答과 화답和答을 위해 시를 지은 사례는 모당뿐 아니라 근대 이전 시를 일상적으로 향유한 대부분의 문인에게서 쉽게 볼 수 있다. 이러한 경우 제목에 명시된 수신자나 차운次韻 대상을 통해 작시 목적이 수창唱酬과 화답和答 그리고 증여贈與인지 쉽게 가늠할 수 있다(증贈~, 기寄~, 정呈~, 화답和答~ 등). 그들은 타인의 요청에 의해 짓기도 하고, 화답하기 위해 짓는 등 주변인과의 교유와 소통 속에서 끊임없이 시를 짓고 향유하였던 것인데, 증답을 위한 작시는 보통 두 사람 이상이 어울려 함께 짓는 창화唱和의 성격을 띠고 있는 경우가 많다. 고전 시가 창작에 있어 창화의 대표적인 방식으로 화和·차운이라는 것이 있다. 다음은 문집 내 증답시 및 차운시에 해당한다.

> 권1 : 「차운次韻, 증최상사강후贈崔上舍康侯」, 「희증서백유제군戲贈徐伯裕諸君, 선행불대先行不待」, 「증장질경우贈張姪慶遇(기사己巳), 이리복수등사류순여以李福守等事留句餘」, 「김찰방회중여희로金察訪晦仲與希魯, 차후산운래시次后山韻來示, 인차기운이증회중因次其韻以贈晦仲」, 「유동학산遊動鶴山, 음증최강후제군吟贈崔康侯諸君(갑진甲辰)」, 「등학암정

사登鶴巖精舍, 봉증주인奉贈主人(박정번朴廷璠)」, 「감구음感舊吟, 증동
유贈同遊(경재경오경재庚午, 배계동선생독서우차陪溪東先生讀書于此)」,
「우음돈자又吟敦字, 봉증주인奉贈主人」, 「증리량하贈李樑厦」, 「최강후
생진崔康侯生辰, 음이봉증吟以奉贈」, 「증별배소제우贈別陪疏諸友(신해
오월辛亥五月, 이회퇴변무사以晦退卞誣事, 회안동치소會安東治疏, 장발
작차이증지將發作此以贈之)」

권2 : 「취중醉中, 희증서행보戲贈徐行甫」, 「우증서행보又贈徐行甫」, 「증서당
제학자贈書堂諸學者(이수이수二首)」, 「기증리학가寄贈李學可」, 「차서재학
자춘한절구次書齋學者春寒絶句」, 「차미악재분매운次彌樂齋盆梅韻」, 「차
리순상양구증송운사지일본운次李巡相養久贈松雲師之日本韻」, 「차장정
보송국죽삼분운次張正甫松菊竹三盆韻」, 「차문탄재십경운次聞灘齋十景
韻」, 「고매탄枯梅歎, 증악형贈樂兄」

    주로 장난삼아 시를 지어주기도 하고, 기존의 시에 차운하여 누군가
에게 주는 등 타인과의 공유 차원에서 지은 경우다. 특히 최흥국에게
지어준 작품이 많이 보이는 바, 그와 함께 동학산을 유람하면서 정경
을 읊어주기도 하고, 그의 생일을 축하하며 옛 감회를 읊는 등 그와의
친분이 두터웠음을 쉽게 짐작할 수 있다. 또한 회재와 퇴계를 변무辨誣
하기 위한 소장 작성을 위해 안동에 갔을 적 함께 모였던 이들과 작별
할 때 시를 지어 건네기도 하고, 앞 장에서 살펴보았듯 송운대사가 일
본으로 사행을 갈 때 관찰사 이양구가 지어준 시에 차운한 뒤 다시 건
네는 등 다양한 상황에서 다양한 인물에게 시를 지어 건넸다.

- 1607년 4월 4일 : 아침에 『퇴계시집退溪詩集』을 강론하였다. **주인이 절**
구 한 수를 요청하기에 취한 채로 한 수를 지었다. (…)

- 1611년 1월 20일 : (…) **낙형樂兄에게 편지와 「입춘立春」에 차운한 율시**
두 수를 부쳤다. (…)

- 1611년 10월 23일 : 성현省峴에 머물렀다. 찰방 고모부께서 작은 술자
리를 마련하셨다. **오언율시 한 수를 지어 읊으니, 희로希魯가 화답하였다.**
복남福男이 따랐다.

- 1612년 4월 23일 : (…) **무백이 여러 곡을 읊었고, 내가 시를 써서 답을**
하고, 여러 사람들이 모두 화답하여 쓴 시를 무백에게 주었다.

- 1613년 1월 9일 : (…) **행보行甫가 '고매탄枯梅嘆'을 제목으로 삼아 양사**
유楊四喩에게 시를 짓게 하였는데, 내가 곧바로 그 운을 사용하여 시를 지
었다. 악형樂兄은 또 내가 지은 「노곡신거蘆谷新居」를 가지고 운을 따서 시
를 지었는데, 행보가 이르길 "그대가 다 말하여 나는 붓을 대기가 어렵네"
라고 하였다. (…)

- 1613년 1월 12일 : (…) 이때 희로와 가화可和가 강후康侯의 초가로 된
별업에 있었다. **내가 우연히 율시 한 수를 지어 강후에게 부처 희로·가화**
에게도 아울러 보여주게 하여 화답한 율시를 받아보았다.

- 1617년 3월 17일 : (…) 매화꽃이 떨어지기 시작하고 살구꽃이 막 피기
시작하였다. 몸이 완치되지는 않았다. 아침에 조안중이 희로와 함께 왔
기에 '여如' 자 운으로 절구를 지어 주었다. (…)

일기 속 증답 및 화답 장면을 살펴보면, 원운元韻의 창작과 그에 대한
화·차운이 한 자리에서 동시에 그리고 즉각적으로 이루어졌다는 사

실을 알 수 있다. 특히 1613년 1월 9일은 전적으로 작시를 위해 모임이 결성된 날인 듯하다. 서사원이 양사유楊四愉에게 '고매탄'이라는 제목을 내어 시를 짓게 하였고, 그가 지은 시를 모당이 차운하였으며, 모당이 이미 지어놓은 '노곡신거'에 대해 서사원이 차운을 하는 등 창작 조건이 제시된 상태에서의 작시 장면은 매우 흥미롭게 다가온다.[14] 다음은 이날 지은 모당의 한시 중 「고매탄枯梅歎, 증악형贈樂兄」(권2)이다.

옮겨 심은 한 마음 그 뜻 갈수록 부지런했기에	移得同心意轉勤
외로운 뿌리는 한 자 남짓한 화분에 붙어 있으려 했었지	孤根擬結尺餘盆
어찌 알았으리, 굳은 절개가 풍설에 꺾여버려	那知苦節搖風雪
거듭 향기 맡던 가지 끝에서 돌아가는 넋 볼 줄이야	三嗅枝頭覓返魂

시들어버린 매화에 대해 먼저 양사유에게 시를 짓게 한 뒤, 다시 모당이 동일한 주제로 시를 지어 서사원에게 건네주었다. 이 날은 눈이 내린 뒤라 종일 싸늘한 기운이 감돌았던 터, 겨우 피어 있던 매화가 시들어버리자 서운한 마음을 감출 수 없어 함께 자리한 이들과 시를 지어 적적한 마음을 달랬다.

이외에도 "계진季進의 집에서 그대의 시를 많이 보았는데, '고방점지불수다孤芳占地不須多'라는 구절은 그대의 「분매盆梅」의 한 구절이 아니오? 정경임鄭景任 성주가 일찍이 이 작품을 보고서 '이 사람이 보통 사람은 드러낼 수 없는 시구를 지었구려'라고 하였소(1612. 3. 3)"라고 하거나, "세 사람이 주상의 명으로 시를 지었는데 술에 취해 서로 화답히도록 히지 백관이 서로 화답하여 노래 불렀으니 머지않았다고 할 만하다. 그러나 문창군은 시구의 말이 엄정하여 구차하게 용납되려는 뜻이 없는 것 같았다고 한다(1613. 4. 6)"라고 하는 등 단순한 증답을 넘어 결과물에 대한 평가도 빠지지 않았다. 시의 증답이 정서적 소통과 친목 도모에 그 목적이 있었지만, 지은 시에 대한 타인의 평가를 통해 자신의 재주를 시험받고 인정받을 때 작시의 즐거움과 쾌락이 배가될 수 있었기 때문이다. 그들에게 있어서의 시평詩評은 벌주가 뒤따르는 것도 아니고 관직을 차지하는 영예를 얻는 것도 아니었지만, 자신의 시재詩才를 누군가에게 인정받는 일이야말로 자신이 속한 집단에서 스스로를 자리매김하는 좋은 기회였던 셈이다. 이는 모당을 비롯한 주변 문인 모두가 시적 감수성이 충만해 있었고, 작시가 훈련된 일상 속이었음을 의미하기도 한다.

죽음을 애도하며 짓기

타인의 죽음을 대상으로 한 만시挽詩 창작도 빼놓을 수 없다. 조선은 유교식 상장례喪葬禮 문화가 정착함에 따라 이에 수반되는 만시 창작이 보편화된 시대였다. 만시는 상장례라는 의례에 수반되는 실용적 목적에 의해 작성된 양식으로서, 저명한 인물이 죽으면 주변 각지에서 만시를 써서 들고 와 조문하는 것이 사대부 문화 중 하나였기 때문이다. 이에 망자가 학문이나 덕망이 두터워 사회적으로 영향력 있는 인물일 경우, 만시를 써서 찾아온 조문객이 길게 이어졌으며, 망자의 사회적 지위를 가늠하는 척도로 여겨지기도 했다. 이에 따라 유족의 입장에서는 해당 지역사회에서 명망이 있거나 글쓰기 능력이 탁월한 이에게 만시 창작을 청탁하는 경우가 많았던 만큼, 만시는 망자를 대상

으로 지어진 글이지만, 실제 수신자는 망자의 유족이기 때문에 망자의
집안사람과의 교유 차원에서 지어진 양식이라고도 할 수 있을 듯하다.
다음은『모당집』내 만시 목록이다.

권1 :「만전동지挽全同知(계신 □ 병진繼信□丙辰)」,「만곽치정挽郭稚靜(근趠,
호성재號省齋)」,「만서건보挽徐建甫(사건思建)」

권2 :「만정경집輓鄭景緝(유희惟熙)」,「만삼종제이민輓三從弟而敏(시복諟
復)」,「만장정보내상輓張正甫內相」,「한강선생만사寒岡先生輓詞」,「만
고부호수정공輓姑夫湖叟鄭公(이수二首)」,「만서악재행보輓徐樂齋行甫
(삼수三首)」,「만곽괴헌익보輓郭槐軒益甫(이수二首)」,「만송아헌학무輓
宋啞軒學懋」,「만리태암경임輓李苔巖景任(주삐)」,「만종숙부처사공輓從
叔父處士公(선選)」,「만박동지경술輓朴同知景述(충후忠後)」,「만박학암
군신輓朴鶴巖君信」,「만종숙부문탄공輓從叔父聞灘公」,「대류여량만문
탄공代柳汝糧輓聞灘公」,「만손오한경징輓孫聱漢景徵」,「만송울산찬재
輓宋蔚山贊哉(광정光廷)」,「만부사조선백輓府使曹善伯(응인應仁)」,「만
지주이이실輓地主李而實」,「만한장경안輓韓丈景顔(우우愚)」,「만정녕보輓
鄭寧甫(수번守藩)」,「만박창녕효백輓朴昌寧孝伯」,「만채신중輓蔡愼仲」,
「만도부사익경輓都府使翼卿」,「만채택중輓蔡擇仲」,「만곽상사여달輓郭
上舍汝達(용용涌)」,「만도화보輓都和甫(언유彦兪)」,「만손상사덕부輓孫上
舍德夫(경남慶男)」,「만리선응輓李善膺(사경士慶)」,「이학가내상숙인
전씨만가李學可內相淑人全氏輓歌(계동선생녀溪東先生女)」

권3 :「계동선생만사溪東先生輓詞(이수二首)」,「이가화내상조씨만가李可和
內相趙氏挽歌」,「최청숙내상조씨만가崔淸叔內相曹氏挽歌」

133

만시의 대상자는 전계신全繼信, 곽근郭圻, 서사건徐思建, 정유희鄭惟熙, 서사원, 곽재겸郭再謙, 송원기宋遠器 등 주변 지인, 삼종제 손시복孫諟復, 고모부 정세아鄭世雅, 종숙부 손선孫選과 손린孫遴 등 친족, 한강 정구와 계동 전경창 등 스승에 이르기까지 안팎으로 그의 주변을 둘러싼 인물로 구성되어 있다. 일반적으로 만시의 대상은 주로 망자, 혹은 망자의 유족과 친분이 있는 인물에 한정되는 바, 이는 저자의 사회적 신분 및 지역 내 영향력과도 연동되어 있다. 예를 들면, 만약 저자가 지방관을 오랜 세월 역임했다면 근무 지역에 해당하는 고을민에게서 만시 창작을 요청받는 일이 빈번할 수밖에 없기 때문이다. 모당의 경우 평생 관직 생활을 하지 않고 주로 대구 등지 생활권에서 벗어나지 않았던 점으로 보아, 스승을 비롯하여 함께 동문수학했던 인물 및 인근 지역에서 이웃하며 살았던 친족에 대한 만시 창작이 자연스럽게 이루어졌던 것으로 보인다. 이러한 점에서 『모당집』 내 만시 대상자는 모당의 인적 관계망에서 크게 벗어나 있지 않았음을 알 수 있다.

- 1604년 3월 19일 : 나는 먼저 이경임李景任의 상차喪次에 가서 제문을 지어 전奠을 드리고 곡을 하였다. **만시挽詩로 율시 한 수를 지었다.**
- 1604년 3월 21일 : 저녁에 전우후全虞侯 어머니의 상차에 가서 전을 올렸으니 내일이 발인이다. **율시 한 수로 만시를 지었다.** (…)
- 1606년 10월 20일 : 저녁에 취한 채로 상지上枝에 들어가 태허太虛의 빈소에 절을 하고 **오언절구 만시 한 수를 지어 남겨놓았다.**
- 1612년 12월 7일 : 발인할 도구를 준비하였다. **만시 2장을 쓰고** 제문을 지어 제사를 지냈다.

- 1613년 4월 1일 : (⋯) 제문을 지어 설계濮을 보내 성주의 빈소에 조문하도록 하고 **만시 한 수를 지었으니,** 내일 발인이기 때문이다.
- 1614년 4월 26일 : **만시와 제문을 짓고** 거친 제수와 쌀말을 아이종에게 지워 보냈다. (⋯)

1604년 3월 19일에 이주李輈(1556~1604, 자 경임景任)에 대한 만시를 지었다. 일기 속 다른 기록에 따르면, 이주는 사망하기 4년 전인 1600년 2월 16일에 손흥언孫興彦 및 민충국閔忠國과 같은 시험에 입격하였고, 그 이듬해 달성에서 있었던 대성전 참배 시 헌관獻官 자격으로 참여하였다(1601. 2. 6). 같은 해 3월에는 시소試所에서 동숙하며 담소를 나누는 등 모당은 달성에서 이주와 몇 차례 만남이 있었던 터였다. 그러고 1년 뒤 1602년에는 이주와 서원 중수와 관련된 일로 편지를 주고받기도 했고(1602. 4. 28), 같은 해 11월에는 시제에 함께 참여하기도 했다. 그러다 1년 뒤 어느 날, 동생 손처약과 함께 말을 타고 이주를 찾아갔더니 그의 몸에 온통 종기가 퍼져 죽을 날이 머지않았음을 직감하게 되었고, 이후 한 달을 채 넘기지 못하고 그달 말일에 결국 세상을 떠났다(1604. 2. 29). 모당은 부고를 들은 다음 날 아침 식사를 마치자마자 이주의 빈소에 가서 곡을 한 뒤(1604. 3. 1) 얼마 후 만시를 지었다. 다음은 이주에 대한 만시다.

일찍이 나이 잊고 막역한 교제했으니	曾許忘年莫逆交
얼마나 그 마음 아교를 옻에 바른 것 같았던가	幾將心事漆投膠
문장은 이른 시기에 높은 명성으로 무거워건만	文章早世高名重

기구한 운명에 지금 뭇 사람들이 떠들썩거린다오　　奇命如今衆口囂

곤궁한 삶 본분으로 여기며 곤궁함 속 즐거웠으니　　自分居窮窮有樂

나물 달게 먹으며 나물이 기름진 음식보다 나았소　　多甘咬菜菜勝膏

이 사람에게 이 병을 누가 들게 했단 말이오　　斯人斯疾知誰使

푸른 하늘 향해 한 번 부르짖어 보려하오　　爲向蒼蒼擬一號

권3, 「만리태암경임輓李苔巖景任(주輈)」

　　모당은 자신보다 3살 아래였던 이주와 서로 친구처럼 지냈다. 이주
는 임진왜란 당시 대구 지역에서 활동한 의병장으로, 서사원과 함께
창의하여 당시 초유사招諭使 김성일金誠一 막하에서 소모관召募官을 수
행한 인물로 알려져 있다. 의병장으로 알려졌지만 원래 그는 제3구에
서 언급하였듯 뛰어난 문장으로도 유명했다. 지방에서 실시된 두 번의
향시와 본시험인 대과에서 연이어 장원을 차지하여 별명이 삼장원三
壯元이었다고 한다. 이러한 문무의 재주를 겸비한 그의 죽음에 대해 모
당은 "함께 노닐던 친구를 손꼽아 본들 몇 사람이나 남아 있겠는가. 참
으로 고금이 한 순간이니 어찌 인생의 길고 짧음을 따질 수 있겠는가
(1604. 3. 1)"라고 하면서 떠난 벗에 대한 그리고 세월의 무상함을 시로
남겼다.

　　『모당집』수록 만시 제목을 살펴보면 이주 외에도 만시의 대상자 가
운데 당시 대구 지역에서 임진왜란 시 의병을 주도했던 인물군이 많이
확인되는데, 예를 들면 곽재겸(1547~1615)은 임진왜란 때 서사원과 함
께 의병을 모집하여 수차례 전공戰功을 세웠을 뿐 아니라, 정유재란 때
에는 의병을 이끌고 창녕의 화왕산성 전투에서 왜적을 격파한 인물이

다. 또한 곽월郭越(1518~1586)은 전경창에게서 함께 동문수학한 인물이며, 곽월의 아들 곽재우 또한 임진왜란 때의 전공으로 성주목사 및 경상좌도 병마절도사 등을 역임할 정도로 당시 성주와 대구 인근에서 의병으로서의 공로가 혁혁했던 인물군이라 할 수 있다.

이상의 주요 작시 장면은 문집에 수록된 한시 제목과 일기에 나타나는 장면을 중심으로 편의상 구분한 것일 뿐, 다양한 동기가 복합적으로 연동되어 있는 경우 역시 적지 않다. 예를 들어 이별을 추억하기 위해 떠난 유람 행차에서 시를 지어 건네주기도 하고(이별+유람+증답), 죽음을 애도하며 지은 시를 타인에게 건네 보여주기도 하였으며(증답+애도), 아름다운 풍광을 시로 담아내 누군가에게 건네기도 하는 등(경물+증답) 그날그날 주어진 다양한 상황과 감정에 따라 시를 짓고 향유하였던 것이다. 요컨대 모당은 혼자일 때보다 여럿이 모였을 때 시를 지은 경우가 많았고, 친족, 사우, 관료 등 대구 지역을 중심으로 형성된 자신의 인적망 속에서 다양한 경로와 형태로 한시 짓기를 자처했다. 이상에서 살펴본 모당의 생애 전반에 걸친 작시 장면은, 모당 개인에서 한걸음 나아가 그를 중심으로 하는 16, 17세기 지역 사림의 교유의 현장, 나아가 당시 대구 지역 지식인의 문화 행위의 한 단면을 보여준다는 점에서 시사하는 바가 적지 않다고 판단된다.

모당의 한시 짓기, 무엇을 의미하나

모당은 퇴계 및 한강 그리고 이를 계승한 계동 전경창을 스승으로 모신 대구 지역 내 전형적인 유학자로서의 삶을 살았다. 주지하듯 조선조 유학자를 자처하는 이들은 대개 개개인의 실체를 막론하고 문장에 있어서 특히 작시 행위를 중요하게 여기지 않았다. 유학자들은 도와 문장은 일치되어야 한다는 '도문일치道文一致' 혹은 시는 잡다한 기예일 뿐이다라는 '시문소기詩文小技' 등을 표방하면서 수식을 지양하고 성정性情의 자연스러운 표출을 더욱 중시했다. 뿐만 아니라 모당의 경우 평생 관직에 몸담지 않았던 터라 그의 작시는 전적으로 사적인 글쓰기 영역에 해당한다는 점까지 아울러 고려한다면, 모당에게 있어 과연 한시 짓기는 어떻게 인식되었던 것일까.

모당이 어느 날, 타인이 지은 시에 대해 평가하면서 "평담한 맛이 이전보다 매우 좋으니 공부가 점차 순정한 스승의 경지에 들어간 줄 알겠다[15]"라고 한 적이 있는데, 여기서 말하는 '평담平淡'은 송대宋代 유학자들의 시관詩觀 중 하나로 꼽힌다. 주자는 평담에 대해, 화려하거나 특이하지 않은 평범함과 시거나 짠맛 등 맛이 없는 담박함을 의미한다고 하였는데,[16] 이는 달리 말하면 송대의 유학자는 시를 짓기 위해 평상시의 자리를 떠나기보다 일상적 삶 속에서의 감정과 생각을 자연스레 표출하는 것을 바람직하게 여겼던 것으로 이해할 수 있다. 이러한 맥락에서 보면 퇴계와 한강의 학문 사상을 계승한 모당의 경우, 시를 짓는 행위를 자신의 학문을 타인과 공유하는 것이자, 일상생활에서 일어나는 자연스런 감정을 드러내는 수단으로 이해하였다고도 볼 수 있을 듯하다. 즉, 모당의 한시 짓기는 일상과 분리될 수 없는 일상 그 자체였으며, 이러한 시관을 바탕으로 작시에 각별한 애정과 관심을 기울일 수 있었던 것으로 판단되는 바,[17] 그의 한시 짓기가 지닌 의미를 크게 두 가지로 구분해 살펴보면 다음과 같다.

일상의 기록 행위

모당에게 한시 짓기는 그날 그때 일어나는 자신의 감정과 주변의 사건을 적어낸 일상의 기록에 가까웠다. 그는 1년 365일 매일같이 시를 지었던 것은 아니지만 일과 중 기억할 만한 사건과 특별한 감정을 늘 시구에 옮겨 담았다. 작시에 대한 애정은 일기 곳곳에 묻어난다. 적절한 시구를 찾아내지 못해 머릿속에 생각만 맴돌기도 하고(1613. 2. 22), 끙끙거리며 작시에 난색을 표하기도 하며(1612. 5. 17), 간만에 짓느라 시상詩想이 떠오르지 않아 안타까워하는(1606. 8. 17) 등 좋은 시구를 찾기 위해 늘 고민하였던 장면이 모두가 그러한 것들이다. 이러한 작시에 대한 애정은 실제 작품에서도 확인되는 만큼 그에게 시를 짓는 일은 소소하지만 확실한 행복으로 다가왔을 성 싶다. 당나라 시인 이백李白은 「장난삼아 두보에게 건네주다[戱贈杜甫]」에서, "이별한 후 어찌 그리도 수척해졌는가. 아마도 이전부터 시 짓느라 고심해서일 테지[借問別來太瘦生, 總爲從前作詩苦]"라고 하는가 하면, 고려 김황원金黃元은 시를 지은 뒤 "종일토록 괴롭게 읊조렸으나 다시 그다음 시구를 얻지 못해 결국 통곡하면서 누대를 내려왔다[終日苦吟, 更難得句, 遂痛哭而下樓]"라고 하였듯, 모당뿐만이 아니라 예로부터 시를 짓는 이라면 누구나 시고詩苦를 종종 토로했던 것이다.

앞 절에서는 『모당일기』를 통해 문집에서는 확인할 수 없는 작시의 현장, 예컨대 모당이 어떠한 상황에서 시흥이 일어나며, 주로 어떠한 수재가 한시로 채택되었는지 등 한시가 생활과 얼마나 밀착되어 있

강희언姜熙彦의 「사인시음도士人詩吟圖」
나무 옆에 서 있는 노인은 시상詩想이 잘 떠오르지 않는지 수염을 배배 꼬고 있다.

는지 엿보았다. 시흥에 주체하지 못할 때, 무료한 가운데 우연히, 작시
훈련을 위해 등등 일상 속 작시 순간을 모당이 매일매일 기록으로 남
겨둔 덕분이다. 좀 더 구체적으로는 친구를 떠나보내는 길목에서, 책
을 읽고 난 뒤, 길 가다 아름다운 경관을 만났을 때, 시들어 버린 매화
꽃 앞에서, 술을 가지고 찾아와준 친구 앞에서, 시를 지어달라는 요청

을 받고서 등등 반복적이고도 평범하기 그지없는 하루의 일상 속에서 자의와 타의를 막론하고 한시는 그렇게 지어졌고, 그 순간들이 일기에 고스란히 남음으로써 일상의 기록으로 남을 수 있었다. 이러한 시들은 저자의 작가적 감수성이나 시재 여부와 무관하게 순간의 생각과 감정을 그대로 옮긴 것으로, 작품의 미감이나 완성도를 떠나 작시 당시 순간의 저자의 감정선이 날것 그대로 녹아 있다는 점에서 현장성 높은 기록이라 할 수 있다.

물론 일기 속 작시 행위는 식자층, 그러니까 충분한 교육을 받을 수 있었던 집안에서 나고 자란 조선조 사대부 계층에 국한된 모습임을 전제로 한다. 당대 지식인 계층에 있어 한시의 향유는 집단 속 학문 활동이자 여가 및 교양에 해당하는 인문 활동의 하나로 기능하였다. 때문에 모당을 비롯하여 당시 대구 지역 사대부 계층에게 있어 한시는 문학 창작 활동이기도 하면서, 하루를 기억하고 순간을 기념하기 위한 다양한 일상 속 기록 행위로 향유되었음을 이해해야 한다.

교유와 소통의 도구

앞서 언급하였듯 모당은 한시를 개인 차원에서 지은 경우보다 타인을 염두에 두고 지은 경우가 상당히 빈번했다. 대부분 일상적 증답이나 누군가와의 만남에서 지었는데, 구체적으로는 만남과 이별에 앞서 자신의 마음을 표현할 때, 작시 요청에 응하기 위해, 받은 물건 혹은 받은 시에 사례하기 위해, 자신의 시를 누군가에게 보여주기 위해, 여러 사람과 공유하기 위해 등 늘 타인의 존재를 전제로 한 작시였다.

이러한 모당의 일상적 증답은 수창의 성격이 매우 짙다. 수창은 시를 주고받는 행위로, 수창을 전제로 한 한시 짓기는 편지처럼 상호간의 마음을 확인하는, 즉 타인과 주고받는 대화의 한 방식이기 때문이다. 특히 동시 다발적으로 이루어지는 수창은 무엇보다 타인과의 시적 호흡이 매우 중요하게 고려되며, 그에 따라 참여 인물 간의 쌍방적 소통 형태를 취하기 때문에 언어의 친교적 기능이 우세해질 수밖에 없다.[18] 이는 서로의 마음을 읽어내는 대화의 방식으로 이루어졌기에 가능한 일이었다.

특히 모당의 함께 짓기는 타인과의 직접적인 만남과 접촉을 통해 이루어졌던 만큼, 서로의 결속력을 몸소 느끼고 유대감이 보다 강화되는 형태로 이루어졌다. 이러한 점에서 그의 수창이 50대에 집중적으로 이루어졌다는 사실은, 그즈음 주변 인물과의 교감이 원만했고 시적 호흡이 좋았으며, 이를 바탕으로 시정詩情을 주고받을 만큼 상대에 대한 신뢰와 친밀도가 높았음을 의미한다. 뿐만 아니라 모당이 작시 자체에 애정이 깊고 그럴 만한 시재를 지니고 있었는데다, 당시 대구 지역 사회에서 한시 창작을 리드할 만한 지역 내에서의 사회적 위치와 상황적 여유가 담보되었기 때문이기도 했다. 때문에 그는 시로써 사람을 무리 지을 수 있었고, 글로써 벗을 모을 수 있었다.

뿐만 아니라 그의 한시 창작이 생애 전반에 걸쳐 오랜 기간 지속될 수 있었던 것은, 그 자체만으로 교유의 성격이 강했기 때문이다. 여럿이 모였던 만큼 수창은 놀이의 형태로 유지될 수 있었는데 한시는 기본적으로 정해진 자수字數, 평측平仄, 대구對句 등 복잡다단한 작법이 존재하며, 이러한 규칙의 제정과 준수는 놀이의 핵심 요소라는 점에서

분천헌연도汾川獻燕圖」

1526년 제작된 것으로 농암聾巖 이현보李賢輔가 고향 안동 분천汾川에 내려와 부모의 수연
壽宴을 베푸는 모습이다.[19]

한시 짓기는 놀이 문화로서의 기능도 수행했기 때문이다.[20] 게다가 이
때 늘 술이 함께함으로써 의식적이거나 엄중한 자리이기보다 유쾌하
고 자연스러운 분위기 속에서 이루어질 수 있었다. 단순히 사람과 시
구를 주고받는 것이 아닌, 서로의 시적 호흡을 맞추는 문학적 교감 이
상으로 정을 나누고 연緣을 이어나가는 인간관계의 행위로 인식하였
던 것이다. 즉, 모당에게 있어 한시 짓기는 혼자만의 창작·저술 활동
이기보다, 타인과 서로의 안부를 주고받고 자신의 생각과 의견을 개진
하고 교감하는, 주변인과의 소통의 창구이자 대화의 수단이었다. 이는
모당을 비롯하여 당시 17세기 대구 지역 사림의 한시를 통한 교유 현
장을 보여준다는 점에서 시사하는 바가 적지 않다.

글을 마치며

일기 자료를 대상으로 조선 사회의 이면을 읽고 개인의 일상과 그 속에 담긴 문화사적 의미를 짚어낸 연구는 이미 사학계에 적지 않게 축적되어 있고, 한시가 타인과의 교유 수단으로 기능했다는 점 역시 이미 한문학계에서 주목해오고 있는 바다. 다만 이 글에서는 한시 그 자체가 아닌 한시 짓기라는 '행위'에 주목하여 일기를 활용하되 문집 속 작품도 함께 살펴보았던 만큼 필자 개인적으로 매우 값진 공부였다고 생각한다. 집필 과정에서 떠올랐던 몇 가지 단상을 남김으로써 마무리 지을까 한다.

전근대에 제작된 문헌 속 한시의 전존傳存 양상에 대한 부분이다. 한시 연구는 보통 작가나 작품 중심으로 이루어지다 보니, 이에 대한 구성 및 내용이 대동소이한 경우가 많다. 이는 대부분의 한시 연구가 문집 혹은 선집選集을 위주로 한 작품집을 중심에 놓는 데에서 비롯한다. 물론 한시는 한문학의 정수로써, 그 속에 깃든 저자의 감정과 작품 속 표현법에 대해 주목하지 않을 수 없고, 이는 한시를 공부하는 매우 바람직한 방법이다. 그러나 전근대에 한시가 향유되었던 방식을 상기한다면 이제는 조금은 다른 각도에서 바라볼 필요가 있지 않을까. 앞에서 다루었듯 한시 짓기라는 '행위'에 주목하여 문화 행위로서의 '문자 행위' 및 '기록 행위'로 접근해볼 것을 제안한다. 이러한 연구 방식은 물론 문집으로도 가능하며, 일기 자료에 국한되지도 않는다. 특히 지역의 역사와 문화를 담아낸 지방지地方誌에도 한시가 대거 수록되어 있는데, 예컨대 경상도 지역 읍지邑誌 내「제영題詠」조항에는 해당 지역과 관련한 역대 문인들의 제영시題詠詩가 수록되어 있고, 지리산에 대한 기록인『두류전지頭流全志』에는 지리산 권역의 주변 사람의 이야기가 한시로 기록되어 있다. 이는 모두 한시가 문예물이기보다는 지역의 역사와 문화를 살펴보는 사료로 기능할 수 있음을 단적으로 보여주는 것으로, 한시를 전근대의 다양한 문화사를 읽어낼 수 있는 사료로 접근할 수 있다면 보다 다양한 생활상을 이야기해낼 수 있으리라 생각한다.

또 하나, 전근대 한시의 역할과 기능 탐구에 대한 부분이다. 현대의 시인을 떠올려보면, 대중 독자의 뜻에 부합하기 위해 때로 혼자 고립된 공간에 앉아 골몰하는 모습이 쉽게 상상되곤 하지만, 과연 근대 이전에도 그러했을까. 앞서 일기 속 다양한 작시 현장을 보았듯 그들은 지금 우리가 말하는 시인으로서의 직군도 아닐 뿐더러, 이전에는 작자와 독자가 분리되지 않았고 창작 뒤에도 상호 쌍방이 공유하였다는 점에서 작시의 기본 동인은 소통과 공유에 있었다고 할 수 있다. 물론 요즘도 이따금 한시를 지을 수 있는 사람이 존재하지만, 수준 높은 교양이나 취미로 인식될 뿐 이전의 효용성이나 가치를 상실한 지는 이미 오래된 듯하다. 때문에 전근대에 지어진 한시를 생활과 교직된 양식으로써 접근·수용 가능하다면, 한시 연구의 내용과 방법론은 보다 풍성해지리라 생각한다.

모당의 일생은 시로 시작해서 시로 끝났다고 해도 지나치지 않을 만큼, 생애 전반에 걸쳐 다양한 상황에서 다양한 동인에 의해 시를 지었다. 그는 평생 관직을 역임하지 않았던 터라 생활권은 대구 지역을 크게 벗어나지 않았고 이곳에서의 친족 및 친지와의 생활 속에서 일어나는 다양한 사건과 그에 따른 감정을 시구에 차곡차곡 옮겨 담았다. 근대 이전, 모당의 경우처럼 어느 정도의 사회적 지위를 확보한 사대부 집안에서 태어나게 되면, 유년기 시절부터 이미 한시 짓는 법을 대강 익힌 뒤 조금 성장하면 본격적으로 시를 읽고 배웠다. 또한 과거 시험을 본격적으로 준비할 때나 관직 진출한 뒤 공무를 수행할 때 그리고 유람을 가거나 타인과의 교유 속에서 한시 짓기는 끊임없이 이루어졌다. 여가 시간에도 다르지 않았다. 책을 읽거나 그림을 감상한 뒤에, 혹은 비가 오거나 햇살이 가득할 때 등 시흥詩興이 일 때면 시공을 막론하고 주저 없이 시를 썼던 것이다. 이러한 저간의 사정을 염두에 둔다면 『모당일기』의 최초 원형은 역상일기歷上日記 형태로 존재했으리라 짐작 가능하다. 현재 우리가 SNS를 통해 간직하고 싶은 나만의 순간과 남에게 보여주고픈 장면을 날짜 및 시간대별로 업로드하여 외부와 소통하듯, 옛 사람들 역시 방식과 형태만 달랐을 뿐 자신의 상황과 생각을 기록으로 남긴 것이다. 즉, 모당에게 있어 한시 짓기란 유자儒者로서의 학문의 한 과정이자 여가 선용을 위한 교양 있는 문자 행위 그리고 지역사회 내 상호간의 화합과 타인과의 유대·결속을 강화하기 위한 사회 활동의 일환이었음에 주목해야 한다.

참고문헌

강정화, 「『頭流全志』속 한시에 대한 고찰」, 『남명학연구』50, 경상대 경남문화연구원, 2016.

강필임, 『詩會의 탄생』, 한길사, 2016.

김남규, 「『慈仁叢瑣錄』소재 오횡묵 한시 연구」, 『민족문화논총』75, 영남대 민족문화연구소, 2020.

김명자 외, 『일기를 통해 본 18세기 대구 사림의 일상세계』, 새물결, 2019.

김미선, 「『艱貞日錄』의 기록 성향과 특징」, 『한국문학연구』54, 동국대 한국문학연구소, 2017.

김보경, 「詩歌 창작에 있어서 次韻의 효과와 의의에 대하여-蘇軾의 詩歌를 중심으로-」, 『중국어문논총』45, 중국어문연구회, 2010.

김윤규, 「20세기 초 만주 망명 지식인 漢詩의 문학사적 성격 : 『白下日記』소재 시의 경우」, 『국어교육연구』50, 국어교육학회, 2012.

김학수, 「船遊를 통해 본 洛江 연안지역 선비들의 집단의식-17세기 寒旅學人을 중심으로-」, 『영남학』18, 경북대 영남문화연구원, 2010.

김　혁 외, 『수령의 사생활』, 경북대학교 출판부, 2010.

김형수, 「17세기 초 대구 사림의 형성과 분화-손처눌의 『모당일기』를 중심으로-」, 『역사교육논집』36, 역사교육학회, 2006.

문희순, 「景晦 金永根의 한시연구-강진에서 간도까지 〈遠遊日錄〉을 중심으로-」, 『한국시가문화연구』39, 한국시가문화학회, 2017.

룹제 카이와 저, 이상률 역, 『놀이와 인간』, 문예출판사, 2018,

박　석,『송대의 신유학자들은 문학을 어떻게 보았는가』, 역락, 2005.

박영호,「조선시대 관료의 공적 여행과 그 기록-晚悟 朴來謙의 경우--」,『동방한문학』 59, 동방한문학회, 2014.

박준원,「『坎窩日記』연구」,『한문학보』19, 우리한문학회, 2008.

손정석,『國譯 慕堂先生文集』, 청호서원, 2001.

손처눌,『慕堂日記(상.하)』, 청호서원, 1998.

신은경,「次韻詩의 상호텍스트적 성격-尹善道의 시를 대상으로-」,『동양학』67, 단국대 동양학연구원, 2017.

안병헌,「만성 박치복과『松行日記』」,『문헌과 해석』64, 태학사, 2013.

양훈식,「조선조 도학시의 전개 양상 연구」,『문화와 융합』37, 한국문화융합학회, 2015.

옥영정 외,『승총명록으로 보는 조선 후기 향촌 지식인의 생활사』, 한국학중앙연구원 출판부, 2010.

유진희,「謙齋 趙泰億의 連作 挽詩 硏究」,『어문론총』85, 한국문학언어학회, 2020.

유홍준 외,『만남과 헤어짐의 미학』, 학고재, 2000.

윤동원,「모당 손처눌의 문인록」,『디지틀도서관』77, 한국디지틀도서관포럼, 2015.

이군선,「시로 쓴 지방지『吳洲詩志』」,『동방한문학』26, 동방한문학회, 2004.

이남면,「鄭斗卿 挽詩 연구」,『대동한문학』35, 대동한문학회, 2011.

이미진,「상주 읍지『商山誌』에 수록된 漢詩의 기능과 의미」,『대동한문학』64, 대동한문 학회, 2020.

_____,「안동의 어느 刊役所에 보낸 메시지-『西谿集刊役日錄』의 편지와 한시를 중심으 로-」,『영남학』71, 경북대 영남문화연구원, 2019.

_____,「聯句詩의 창작 방식과 배경 고찰 謙齋 趙泰億의 사례를 중심으로」,『동양고전연 구』74, 동양고전학회, 2019.

_____, 「容窩 河晉賢의 일상의 기록, 한시」, 『남명학연구』 68, 경상대 경남문화연구원, 2020.

_____, 「『東京雜記』와 詩的 공간으로서의 慶州」, 『영남학』 63, 경북대 영남문화연구원, 2017.

이영숙, 「海寄翁 金橝의 한시연구-艱貞日錄의 유배시를 중심으로-」, 『남명학연구』 48, 경상대 경남문화연구원, 2015.

이종묵, 「한시를 짓는 법, 한시를 읽는 법」, 『어문론총』 77, 한국문학언어학회, 2018.

이종호, 「금계 황준량의 문예관와 수창시-퇴계와의 증답시를 중심으로-」, 『퇴계학보』 142, 퇴계학연구원, 2017.

정영문, 「최현이 기록한 『조천일록』의 기록문학적 특징과 글쓰기」, 『어문논집』 83, 중앙어문학회, 2020.

정은진, 「『淸臺日記』 소재 淸臺 權相一의 한시와 그 성격」, 『민족문화논총』 62, 영남대 민족문화연구소, 2016.

정재훈, 「『모당일기』를 중심으로 본 손처눌의 교육활동」, 『퇴계학과유교문화』 57, 경북대 퇴계연구소, 2015.

정환국, 「18세기 대구사족 崔興遠의 시세계와 내면-『曆中日記』 내 한시와 감회표출을 중심으로-」, 『국학연구』 38, 한국국학진흥원, 2019.

장유승, 『쓰레기 고서들의 반란』, 글항아리, 2013.

청호서원 편, 『모당 손처눌 선생의 생애와 학문』, 청호서원, 2003.

최은주, 「慕堂 孫處訥의 시에 나타난 교유와 그 의미」, 『남명학연구』 66, 경상대 경남문화연구원, 2020.

추제협, 「모당 손처눌의 수신지학과 의병·강학활동」, 『퇴계학논집』 25, 영남퇴계학연구원, 2019.

한경희, 「백하 김대락의 일상기록 『白下日記』 고찰」, 『한국지역문학연구』 2, 한국지역문
학회, 2013.

한 영, 「김창흡 산수시와 일기체 유기의 상호연관성 연구」, 『한국한시연구』 26, 한국한
시학회, 2018.

황위주, 『한시란 무엇인가』, 지성인, 2018.

주

1 일기에서 보이는 모당의 독서 기록은, 황위주, 「모당 손처눌의 문학활동과 작품세계」, 『모당 손처눌 선생의 생애와 학문』, 청호서원, 2003, 35~41쪽 참조.

2 嶺南風氣質厚, 自退翁以後, 專尙經術, 不屑於詩學. 故百餘年來, 無深於聲病者.

3 이종묵, 「한시를 짓는 법, 한시를 읽는 법」, 『어문론총』 77, 한국문학언어학회, 2018, 233쪽.

4 그가 평소 가깝게 지냈던 여헌 장현광은 『여헌집旅軒集』 전체 47권 가운데 135제, 한강 정구는 『한강집寒岡集』 전체 27권 가운데 54제, 악재樂齋 서사원徐思遠은 『악재집樂齋集』 전체 7권 가운데 235제가 수록되어 있다. 황위주, 「모당 손처눌의 문학활동과 작품세계」, 『모당 손처눌 선생의 생애와 학문』, 청호서원, 2003 참고.

5 『모당집』 및 『모당일기』에 수록된 한시 현황은 황위주의 상기 글을 참고하여 정리하였으며, 『모당집』 수록 한시가 총 355제라는 것과 관련해서는 최은주의 「모당 손처눌의 시에 나타난 교유와 그 의미」, 『남명학연구』 66, 경남문화연구원, 2020 각주 10번 내용을 반영한 것임을 밝힌다.

6 亂中久廢此書, 今讀之口澀, 且文義多不領會, 信乎茅塞之矣.

7 황위주(2003)는 일기에는 시를 지었다는 기록이 있는데 문집에는 수록되지 못한 것, 혹 일부만 수록하고 나머지는 누락시킨 것 등을 표로 제시해두었다. 55~56쪽 참조.

8 이는 아마 모당의 스승인 한강과 퇴계가 매화에 대한 사랑이 깊었던 것과 무관하지 않으리라 생각한다. 백매원百梅園은 한강 정구가 38세 무렵에 성주 회연檜淵 옆에 초당을 마련하고 매화 1백 그루를 심고 붙인 이름이라 한다.

9 「입춘유감立春有感(壬寅)」, 「세모歲暮」, 「북풍한北風寒」, 「희추청喜秋晴」, 「수세유감守歲有感」, 「제석유감除夕有感, 음시서당학자吟示書堂學者」 등이 여기에 해당한다.

10 김학수, 「船遊를 통해 본 洛江 연안 지역 선비들의 집단의식-17세기 寒旅學人을 중심으로-」, 『영남학』 18, 경북대 영남문화연구원, 2010.

11 권3, 「갑진맹추甲辰孟秋, 송운사유정이사행력방松雲師惟靜以使行歷訪, 위증일언爲贈一言, 용대고인신행지의用代古人贐行之義」.

12 이때 지은 시는 총 3수며 『모당집』 권3에 나란히 수록되어 있다. 「甲辰孟秋, 松雲師惟靜以使行歷訪, 爲贈一言, 用代古人贐行之義」, 「次韓判事韻, 又贈松雲師」, 「奉別李方伯養久還朝」.

13 유홍준·이태호 편 『만남과 헤어짐의 미학』, 학고재, 2000, 11번 그림 재인용. 같은 책 154쪽 해제에 따르면, 이 그림은 신명준이 자신의 아버지 신위申緯가 타인과의 송별을 위해 마련한 자리에서 이를 기념하여 그린 것으로 추측하고 있다.

14 출제出題 창작은 시회의 기본 성격이다. 물론 모당의 이날의 작시는 소규모 형태로 이루어졌지만, 기본적으로 시회 참여자는 자연스럽게 시의詩意가 일어나서 시를 짓는 것이 아니라, 시회 주재자의 출제 조건에 따라 시를 짓기 때문이다. 강필임, 『시회의 탄생』, 한길사, 2016.

15 平淡意味, 殊勝前時, 知是工夫漸入純師域矣(1607. 1. 10).

16 박석, 『송대의 신유학자들은 문학을 어떻게 보았는가』, 역락, 2005, 173~176쪽 재인용. 이

러한 맥락에서 보면, 모당의 『훈몽절구訓蒙絶句』열독은 의미가 적지 않아 보인다. 이 책은 주자가 아동들을 위해 시와 도학道學을 동시에 공부할 수 있도록 만든 100여 수의 칠언절구 모음집인데, 『모당일기』에는 모당이 이 책을 16회 읽었다는 기록이 있다(53~55세). 또한 주자가 당나라 진자앙陳子昻의 「감우시感遇詩」를 읽고 감명을 받아 본떠 지은 「재거감흥이십수齋居感興二十首」역시 '감흥시感興詩'라는 이름으로 15회나 읽었다는 기록이 있다(49세).

17 모당의 스승인 한강 정구로 이어져온 퇴계의 영향 또한 적지 않아 보인다. 퇴계의 수창시 가운데에는 시로써 편지를 주고받듯 수창하는 증답시간형贈答詩簡型이 가장 빈번하게 확인되며, 모당의 한시 역시 여기에 해당하는 작품이 숱하게 확인되기 때문이다. 퇴계의 증답시간형과 관련된 논의는, 이종호의 「금계 황준량의 문예관와 수창시-퇴계와의 증답시를 중심으로」, 『퇴계학보』142, 퇴계학연구원, 2017 참조.

18 신은경, 「次韻詩의 상호 텍스트적 성격-尹善道의 시를 대상으로」, 『동양학』67, 단국대 동양학연구원, 2017, 13쪽.

19 농암종택 홈페이지(http://bungang.nongam.com/coding1/main.asp) 소개 내용에 따르면, 농암 이현보는 1526년, 자신의 나이 60세가 되던 해에 부모를 뵙기 위해 고향 분천으로 내려와 당시 경상도관찰사 김희수金希壽의 주관으로 수연壽宴을 베풀었다. 당시 농암의 아버지는 85세, 어머니는 80세였다. 고을 수령 및 무희, 악공, 화공을 불렀으며, 이때 영해군수 채소권蔡紹權이 축하시를 쓴 뒤 뒤이어 많은 참석자가 축하시를 썼다고 전해진다. 이후 농암이 서울로 올라가 눌재訥齋 박상朴祥에게 시첩 제작을 위해 서문 작성을 요청한 것으로 전해진다. 「분천헌연도」는 보물 1202호로 지정되어 있다.

20 로제 카이와, 이상률 역, 『놀이와 인간』, 문예출판사, 2018, 31쪽에 "놀이는 규칙의 한계 내에서 자유로운 응수應手를 즉석에서 찾고 생각해내지 않으면 안 된다는 것에 의해 성립한다"라고 하였다.

4장

『모당일기』에 나타난
17세기 초 대구 사림의
강학 활동과 강회

박종천

대구 강회와 손처눌의 『모당일기』

17세기 초 대구 지역은 낙재樂齋 서사원徐思遠(1550~1615)과 모당慕堂 손처눌孫處訥(1553~1634)을 중심으로 활발한 학문적 교유와 집단적 강학講學 활동을 통해 16세기 말의 임진왜란을 극복하고 유교적 사회질서의 토대를 본격적으로 구축했다. 임진왜란은 참혹한 전쟁이었지만 유교화의 진전을 위한 새로운 계기를 제공했다. 서사원과 손처눌을 중심으로 한 대구 지역 유학자들은 임진왜란 이후 의병 활동에 활발하게 참여하면서 지역사회를 이끌 만한 사회적 위상을 얻었으며, 과거시험을 위한 공부를 벗어나서 퇴계 이황李滉(1501~1570)으로부터 한강寒岡 정구鄭逑(1543~1620)를 거쳐 이들에게 전승된 '위기지학爲己之學'을 체득하는 집단적인 강학 활동을 통해 향촌사회에서 자연스럽게 학문적 권위와 문화적 자본을 확보했다.

특히 서사원과 손처눌은 연경서원硏經書院, 선사재仙査齋, 영모당永慕

堂 등을 중심으로 특정한 기간 동안 집단적으로 강학하는 통강通講 중심의 강회講會를 주기적으로 열었으며, 이를 통해 대구 지역의 문풍文風을 크게 진작하였다.[1] 대구 지역의 문회文會는 이러한 통강을 통해 문과 16인과 사마시 26인 입격자를 배출하였으며, 10개 서원의 배향자 15인, 3개 사당 배향자 3인 등의 선비를 양성하는 등 훌륭한 성과를 거두었다.[2] 특히 서사원이 중심이 되어 대구 서부의 금호강가 선사재 문회에서는 제자 113명을 육성했고, 손처눌이 중심이 되어 대구 동부 영모당 문회에서는 제자 202명을 육성했다. 중요 참여자의 명단과 강학의 양상은 손처눌의『모당연보慕堂年譜』, 연경서원의 학적부인『(대구 유현) 통강록通講錄』자료(1605~1613), 채선수蔡先修(1569~1634)의『달서재집達西齋集』에 실려 있는『선사강록仙査講錄』(명단 121인),『연경강학록硏經講學錄』(명단 67인) 등을 통해 구체적으로 확인할 수 있다.

손처눌과 서사원 등은 퇴계 이황을 사사한 한강 정구의 강학 활동과 학문적 모범을 본받으면서 새로운 흥학興學의 기반을 마련하였으며, 임진왜란 직후 대구향교의 재건을 통한 국가교육 질서의 복구와 더불어, 연경서원 같은 서원은 물론 선사재와 영모당 등의 서숙書塾 혹은 서재書齋를 개인적 차원의 사교육이 아닌 지역적 차원의 공교육과 집단 연구기구로 확장함으로써 활발한 학문적 교유와 집단 강학 활동을 통해 학문적 기반을 닦고 대구 지역의 유교적 사회 질서의 구축과 향촌의 교육 활동에 크게 기여했다.

특히 손처눌은 임진왜란 직후인 1599년 10월에 향교를 달성으로 옮겨서 재건하려는 노력을 기울이는 한편, 1596년부터 1602년까지 향교의 문학관文學官을 지내면서 흥학에 힘썼으며, 서사원의 사후에도 영모당에서 지속적으로 대구 지역 유생의 강학 활동을 열성적으로 지도하였다.[3] 특히 강당講堂에 함께 모인 사우師友의 지도와 경계가 이루어지는 통독通讀 혹은 통강의 필요성을 강조하고 철저하게 실천했다.[4] 이처럼 스승과 제자의 교육과 더불어 학자들의 집단적 연구와 토론이 이루어지는 문회 혹은 강회는 강학 활동의 정례화 혹은 의례화 양상을 통해 위기지학이 추구하는 심신의 수양을 통한 강학의 효과를 극대화하였다.

본 연구에서는 이런 점에 주목하여, 모당 손처눌이 임진왜란 직후인 1600년부터 1629년까지 30년간 작성한 생활일기인 『모당일기慕堂日記』[5]를 중심으로 손처눌의 강학 활동과 대구문회의 집단적 강학 활동인 강회의 의례화 양상을 분석하고자 한다. 이를 위해 먼저 대구 지역 문회의 통강회에 영향을 준 한강의 강회계와 통독회를 살펴보고, 대구 지역 통강의 의례화 양상과 강학 활동의 특성을 검토할 것이다. 또한 서사원과 손처눌의 문회가 한강으로부터 받은 영향과 더불어 율곡 이이李珥(1536~1584)의 영향을 비교 검토함으로써 대구 지역의 문회가 퇴계와 율곡 양쪽에 개방적인 학풍을 지녔음을 확인할 것이다. 아울러 강학 활동의 공간 변화, 식사 제공을 비롯해서 강학 보조 활동을 했던 서재승書齋僧, 학업이 부진한 학생의 서재 무단이탈과 그에 따른 대응의 양상 등을 살펴볼 것이다.

한강 정구의 강회계와 대구문회

대구문회는 한강 정구의 영향 아래 형성되고 운영되었다. 대구문회를 주관했던 손처눌과 서사원은 한강이 대구 근처로 주거지를 옮기도록 열심히 노력했을 뿐만 아니라,[6] 통강회 조약 중 절목節目과 과정課程을 정할 때 모두 한강의 영향을 수용했으며, 과거시험 준비를 위한 공부보다는 사서四書 중심의 경전과 더불어『주자서朱子書』,『퇴계집退溪集』,『심경心經』,『근사록近思錄』,『소학小學』등을 강학 서목으로 정하는 양상을 선보였다.[7] 따라서 한강이 운영했던 강회계講會契의 통독회는 대구문회와 연관하여 주목할 필요가 있다.

한강은 1582년부터 3년간 매달 초하루에 열리는 월삭강회계月朔講會契를 조직하고「계회입의契會立議」와「월조약회의月朝約會儀」등의 운영 규정을 만들었고, 회연초당과 백매원百梅園을 짓고 이곳에서 향우와 문인門人들과 더불어 강회를 열었다.[8] 또한 1589년부터 1590년까지 백매원에서『심경』과『근사록』을 강론했다. 임진왜란 때 중단되기까지 운영된 이 계회는『주자증손여씨향약』체계를 모방한 것이었지만 성현의 글을 강론하고 행실을 닦는다는 점에서 강회의 교육적 성격을 함께 지녔다는 점이 특징이었다.[9]

먼저 한강은 여씨향약의 월단집회 절차를 준용하되 성리학 공부의 교육적 지향을 분명하게 하고 학업 점검과 강론 활동을 강화하며 교육적 운영을 부각시킨 강회계를 제안하면서,『주자증손여씨향약』의 월단집회에서 매달 초하루에 모여서 규약을 강독하는 의례를 본받아서「월조약회의」를 만들었다. 월조약회에서는 선성先聖과 선사先師의 초상을 북쪽 벽 아래 설치하고 알성謁聖 및 상견례가 끝난 뒤 직월直月이 소리 높여 규약을 낭독하는 독약讀約을 진행하되, 이때 「백록동규」 등을 끼워서 강하기도 했다. 이어서 선악적善惡籍을 작성한 뒤 회람하고 식사를 한 뒤 강론 활동을 진행했다. 강론 활동에서는 한 달 동안 공부한 내용을 점검했다. 진강進講은 『소학』 강을 한 뒤 각자 공부한 내용을 진강했는데, 고강考講에서는 통通, 약略, 조粗, 불不의 네 가지 단계로 평가했다.[10] 실제로 1583년에 회연초당에서 이런 방식으로 강회를 진행했다는 기록도 있다.[11]

또한 「계회입의」에는 「백록동규」를 외우는 규정을 두어 성리학적 강학을 지향하도록 했으며, 아울러 학업의 성취가 없는 사람을 퇴출하는 조항도 있었다.[12] 실제로 학업의 성과가 없는 계원을 퇴출하는 조치와 더불어 매월 독약讀約 행사인 월조약회를 시행 과정에서 강론 활동을 중심으로 운영했으며, 특히 월조약회에서 학생의 학업을 점검하고 퇴출하는 규정을 통해 향약제도에 의거하되 교육적 강회 요소를 강화하여 운영하였다.[13]

그러나 임진왜란 후에는 별도의 통독회를 조직하고 강회를 진행함으로써 계회에서 진행하던 강회 방식을 변화시켰다. 통독회는 주자향약과 성격이 다름을 명확히 하였는데, 강회 시행일을 매월 첫날 하던 것을 변경하여 매월 보름에 실시하고, 강회 절차도 독약 절차와 다른 형태로 개편하였으며, 향약의 독약 의례의 성격은 약화시키고 강회적 성격과 절차를 강화했다. 이처럼 향약을 강회 조직으로 확대하는 시도는 한강이 본격화한 강회계의 특징적 면모라고 할 수 있다.[14]

나아가 한강은 전쟁의 피해를 복구하기 위해 1604년 「도동서원道東

書院 원규」를 완성하고 서원교육의 체계화하여 향촌사회를 이끌 인재양성의 토대를 마련하였고, 1605년에는 회연초당檜淵草堂을 재건하여 강회계를 통해 통독 모임을 조직화했으며, 1619년에는 사촌동계沙村洞契를 통해 마을 단위의 향촌사회의 안전망을 구축했다.[15] 요컨대, 한강은 임진왜란의 극복을 위해서 서원, 강회, 동계 등을 매개로 삼아 향촌 교화의 체계화와 조직화를 이루었던 것이다.

특히 1606년 5월에는 통독회 규약을 정했다. 또한『통독회의通讀會儀』와『강법講法』등의 강회 절차 규정을 제정했다. 1607년 안동부사로 부임해서도 통독회의 결성을 위해 노력했다.[16]

먼저 한강은 임진왜란 직후 1606년 5월에 경북 성주에서 전란으로 인해 공부를 제대로 하지 못한 학생들을 위해 계회를 보완한 강회 조직인 통독회를 구성했다.[17] 실제로 이를 위한 규약을 만들어 시행하니 70여 인이 모여 통독을 하여 2년 만에 그 교육적 효과가 나타났다.[18] 그런데 통독회 회원 중 박희량의 아버지인 박이립이 도참설을 이용해서 조정에 한강을 고소하는 사건이 발생했고, 송원기를 비롯한 통독회 회원들이 한강을 옹호하는 상소를 했다. 정인홍과 가까웠던 박이립으로 인해 갈등은 격화되었으며, 박희량이 통독을 제대로 하지도 않으면서 비방과 모함을 일삼는 행태에 대해 통독회 회원들의 비판과 출입 통제의 움직임이 일어나자 한강이 그러한 움직임을 만류하는 상황이 벌어졌다.[19]

실제로「강법」에는 병을 비롯한 불가피한 사정이 아닌 경우 강회에 3번 불참한 자는 퇴출시키고 통독에 참여하지 않는 사람은 향교나 서원에서 가르치고 처리하도록 한다는 규정이 있었다. 또한「월조약회

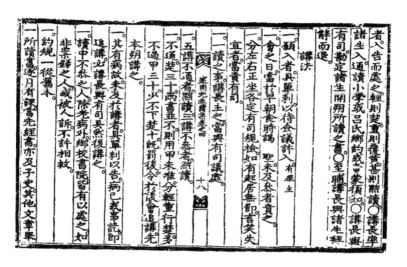

『한강집』에 실린 「강법」

의」에서는 독약 절차가 사라졌고 그 대신 강론과 통독 절차가 상세하게 규정되었다. 여기에서도 불통을 맞은 자에게 가하는 초벌에 대한 규정과 더불어 다섯 번 강회에서 연이어 불통을 맞은 자는 독회에서 축출하고, 세 번 강회에 불참하면 독회에서 축출하며, 독회에서 축출된 사람은 사우 간 모임에서도 참석을 허락하지 않는 등의 규정을 통해 면학 분위기 조성을 신경 썼다.[20] 이는 박희량 사건으로 인한 규정의 강화로 보인다.[21]

한편, 통독회 날짜의 변경도 강회의 중요성이 강화된 부분이다. 「강법」에 따르면 매월 초하루에 시행되었던 계회와는 달리 강회는 매월 보름날에 실시되었다. 이를 통해 강회는 향약의 월단집회일과 다른 날에 진행하게 된 것이다.[22] 그런데 실제로는 통독회가 매월 초하루와 보름의 모임을 모두 '강회'로 표현하고 있어서 월조야회와 통독회를

161

병행했을 가능성도 있으며, 이러한 계회와 통독회는 서원이나 향교의 강회와는 달리 향약의 향촌 조직을 활용한 강회계의 시행으로 평가된다.[23]

한편, 한강을 스승으로 대한 손처눌이나 한강을 존경하는 태도로 대했던 서사원은 비슷한 시기에 독자적으로 통독회 혹은 통강회에 해당하는 문회를 조직하여 운영했는데, 한강과의 지속적인 교류를 통해 문회 운영에 일정한 영향을 받았다. 한강도 서사원과 손처눌이 주관하는 대구문회에 대해 상당한 관심을 보이며 격려와 칭찬을 하였다.[24] 또한 한강은 직접 일정한 자문과 지도를 하기도 했다. 실제로 한강은 1602년 장현광張顯光(1554~1637), 서사원, 손처눌 등과 함께 임진왜란 때 소실된 연경서원을 중수하고 자주 왕래하면서 연경서원 강학회에서 고문 역할을 수행했고, 1605년에는 70여 명이 모인 선사재에서 직접 강학을 지도하는 한편, 대구 지역 통강회 규약을 제정할 때 절목과 과정을 정하는 부분에서 자문 역할을 수행했으며,[25] 1609년에는 연경서원 강회에서 『심경』을 강론하여 큰 호응을 받기도 했다. 이후 1614년에는 연경서원과 가까운 사빈으로 옮겨와서, 1620년 사망할 때까지 손처눌 등에게 학문적으로 영향을 끼쳤다. 특히 1614년에는 선사재에서 100여 명이 참석한 가운데 한강이 북쪽 강석講席에 앉아서 서사원과 손처눌의 배례에 이어 제생들의 배례를 받으면서 『심경』을 강학하는 과정에서 대구 지역 사림에게 학문적으로 영향을 끼쳤다.[26]

대구문회의 통강 중심의 강회와 강학의 의례화

대구문회의 형성과 전개 양상

1605년(乙巳) 11월 18일에 서사원과 손처눌이 주도하여 본격적으로 시작한 대구의 강회는 1605년 11월 18일부터 1613년 10월 1일까지 이루어졌던 선사재 통강과 서사원 사후에 손처눌이 주관한 영모당 강회로 이어지는 통강 중심의 강회였다.

대구문회는 지역의 공교육 기관인 향교나 향촌의 사학인 서원을 중심으로 하는 강회가 아니라 서재書齋를 중심으로 모이는 형태로 전개되었다. 서재는 사학이라는 점에서 서원과 비슷하지만 제향을 위한 의례적 공간이 없다는 점에서 공부를 위해 특화된 장소다. 따라서 서재를 중심으로 모인다는 것은 의례 활동보다는 강학 활동에 더 집중한다는 것을 뜻한다. 그런데 이 서재는 특정한 개인의 서재에서 출발했지만 개인의 서재라기보다는 지역의 사림이 모여서 강학하는 공적 교육 공간으로 기능했다. 그리하여 특정한 스승의 문하생으로만 구성되는 서원이나 서재에 비해 지역의 유생과 사림이 모여서 강학하는 지역적 결사체인 향회鄕會의 성격을 겸하게 되었으며, 이에 따라 지역의 교육 기관인 향교나 서원과 연계되기도 했다. 실제로 두 사람이 주축이 된 선사재 통강이 향교에서 개최되는 경우도 있었고 연경서원에서 개최되는 경우도 상당히 많았다. 나중에 이러한 강회가 퇴계로부터 한강에 이르는 학맥에 충실한 손처눌을 따르는 모당계와 상대적으로 남명계에 호의적인 서사원을 추종하는 낙재계로 분화되는 양상을 보더라도 특정한 스승이나 학맥에 따른 모임이라기보다는 대구 지역을 대표하는 강학 모임이었음을 알 수 있다.

대구문회는 임진왜란 직후인 1599년 서사원과 손처눌의 주도로 선사재에서 강학을 하면서 시작되었다. 실제로 서사원은 4월 경술庚戌일에 여러 학생과 함께 『계몽啓蒙』을 강하고 『통강록』을 작성했고, 9월에는 「정사학규精舍學規」를 지었으며, 11월에는 송조宋朝의 육군자六君子 화상畵像을 모사하여 봉안했다. 이때 초하루와 보름날마다 반드시 첨배瞻拜한 뒤 강학을 진행했는데, 학도들이 구름처럼 모여서 이경배李景培, 어운한魚雲翰, 류소조柳紹祖, 우순필禹舜弼, 손기업孫起業(1565~1606), 여응주呂應周 등이 함께 강학했다.[27] 이어서 대구의 문회는 1600년 11월에 모당 손처눌, 낙재 서사원, 여헌 장현광, 괴헌槐軒 곽재겸郭再謙(1547~1615) 등이 함께 모여서 강학을 하는 과정에서 선성先聖의 화상畵像을 첨배하고 강회를 열어 통독하였는데, 이후로 해마다 이런 방식의 강회를 정식화하였으며, 정사상鄭四象(1563~1623), 박충윤朴忠胤(1557~1638), 이종택李宗澤, 전간全侃, 도성유都聖俞(1571~1649), 양우형楊遇亨, 도응유都應俞(1574~1639), 류사온柳思溫(1573~1639), 서사선徐思選(1579~1651), 서시립徐時立(1578~1665), 최동립崔東岦(1557~1611) 등이 여기에 참여하였다.[28] 1601년 2월에는 선사재에 강당을 건립할 계획을 세웠고, 3월에는 주자의 '숙흥야매夙興夜寐' 네 글자를 크게 써서 강당 벽에 붙였다.[29] 1603년 4월에는 다음과 같이 제생과정諸生課程을 정해서 주었다.

『주서』, 『심경』, 『근사록』, 『소학』, 『퇴계집』 등으로부터 경전에 이르기까지 개인의 학문적 성취 수준에 따라 일과日課를 정하고 조약을 엄하게 세

우되 반드시 '반신자득反身自得'의 위기지학을 통해 성현의 학문에 입문하는 것을 목표로 삼았다.[30]

이렇듯 대구문회는 개인적 독학보다 통강 중심의 집단적 강학의 유용성에 주목하는 한편, 개인별 수준에 따른 눈높이 교육과 자기 주도적 학습을 추구하였으며, 일과와 조약을 엄격하게 정하여 날마다 철저하고 지속적으로 위기지학의 자연스런 실천이 내면화될 수 있도록 안배하였다.[31] 대구문회 구성원들은 서사원과 손처눌이 모범으로 보여주는 이런 정신에 공감하여, 1605년 겨울에 선사재에서 문회를 크게 개최하고 상의해서 월강月講의 규정을 정했다. 초하루와 보름날에 선사재나 연경서원에 모여서『주자서』,『심경』,『소학』,『퇴계집』등을 정기적으로 강론하기로 조약을 맺은 뒤부터 원근의 학자들이 소식을 듣고 모였다. 작성된 을사규약乙巳規約은 다음과 같다.

매달 초하루에 연경서원에서 모이거나 선사재에서 모인다. 성현의 잠계箴戒를 강당 벽 위에 걸어두고 북쪽 벽 아래에 어른의 자리를 마련하여 모당 선생과 낙재 선생이 나란히 앉으면, 여러 학생은 앞으로 나와 배례를 하고, 이어서 3면으로 나누어 서서 서로 향하여 읍례를 한다. 자리를 정하여 앉으면, 유사가 소리를 내서「백록동규」와「학교모범」을 한 번 읽는다. 직월이 학생들의 선악을 기록한 장부를 나와서 올리면, 선한 자는 장려하고 권면하며 악한 자는 혼내고 가르친다. 그뒤에 여러 학생이 각각 읽은 책을 갖고 나와서 진강한다. 강을 할 때에는 반드시 단정하게 손을 맞잡고 바르게 앉되 서로 돌아보며 이야기해서는 안 된다. 성현의 글과

사학史學이 아니면 강을 허락하지 않는다. 연고가 있어서 참석하지 못하면 사유를 적어서 유사를 통해 스승에게 알리도록 한다.[32]

이러한 문회의 결성에는 양자 모두 대구향교와 연경서원의 복원에 주도적으로 참여한 점도 영향을 끼쳤을 것으로 보인다. 특히 향교 활동 시 서사원이 먼저 입수하여 손처눌과 공유한 「학교모범學校模範」도 문회의 독서와 의식에 큰 영향을 끼친 것으로 보인다. 통강의 의식은 기본적으로 여씨향약의 통강 규정에 따라 공자와 송나라 육군자의 화상에 배례한 뒤 강당에 올라 강을 진행하였는데, 「백록동규」와 「학교모범」 등을 읽고 진행하는 것은 율곡 이이의 「학교모범」에서 규정한 내용을 따른 것이며, 「학교모범」보다는 간략하게 규정한 것으로 보인다.

손처눌과 서사원은 전란 직후 향촌사회의 질서 재정립을 위해서 향교와 서원을 복원하고 서재를 통해 강학하는 활동에 힘썼다. 전란 직후 강학 활동과 관련하여 처음으로 주목할 만한 일은 「학교모범」을 접하고 적극 수용한 것이었다. 1600년 2월 1일 달성의 향교에 헌관獻官으로 입재入齋한 서사원이 향교의 강당에서 「학교모범」을 손처눌에게 보여주었다. 이에 대해 손처눌은 "인륜 명분의 가르침 중에 약이 되는 말이라 할 만하며, 한번 받들어 읽어보니 술에 취한 인생이 깨어날 것 같았다"고 높게 평가하면서 『모당일기』에 '퇴계 선생의 「학교모범」'이라고 분명하게 기록했다.[33] 서사원의 『낙재연보』에는 1606년 3월에 서사원이 선사재에서 여러 학생과 통강을 할 때 성현의 격언을 모아서 「학교모범」을 지었다고 기록했다.[34]

그러나 「학교모범」은 퇴계 이황이나 서사원이 지은 것이 아니었다.

「학교모범」은 1582년 4월 1일 당시 대제학이었던 율곡 이이가 왕명에 따라 공교육의 교육 방침으로 제정한 것이었다.[35] 그럼에도 불구하고 전란 직후 서사원과 손처눌이 대구향교에 모였을 때 본 「학교모범」에 대해 손처눌은 퇴계의 작품으로 기록하였으며, 서사원의 후손과 제자들은 서사원이 직접 지은 것으로 잘못 기록하였다. 손처눌의 착각과 서사원에 대한 기록의 오류 등을 합리적으로 보자면, 1600년에 대구향교에서 보았을 때 손처눌이 「학교모범」을 퇴계의 작품이라고 일기에 직접 기록할 정도로 저자의 정보에 대해 어두웠으며, 서사원 자신은 스스로 저술했다고 한 적이 없는데도 불구하고 서사원의 후손과 후예들이 서사원이 율곡의 「학교모범」을 손수 베껴쓴 것[36]을 서사원이 직접 저술한 것으로 오인했다고 설명할 수 있다. 실제로 서사원은 「학교모범」을 접한 날로부터 늦어도 3년 뒤인 1603년 3월에 실제로 율곡의 문집 7권을 보았으며, 『낙재연보』에서 율곡을 '율곡 이선생'으로 기록할 정도로 존중하였다.[37] 따라서 1600년에는 저자가 누군지 몰랐다고 하더라도 나중에는 「학교모범」이 율곡의 저술임을 알았을 가능성이 높다. 비록 저자에 대한 오해와 착각이 있었을지라도 이들이 「학교모범」을 적극 수용한 것은 율곡학파에도 상당히 개방적인 대구 지역 사림의 경향을 잘 보여준다.

그런데 「학교모범」은 지역의 공교육 기관인 향교에 적용할 모델이었다. 그럼에도 불구하고 대구문회는 향교, 서원, 서숙 모두에 「학교모범」의 의식 규정을 전면적으로 수용했으며, 글 읽는 방법과 운영 규정의 상당 부분에서 「학교모범」을 받아들이고 있다. 대구문회의 통강회에서 실제로 영향을 받은 「학교모범」의 해당 부분은 다음과 같다.[38]

셋째는 글 읽기이니, 배우는 자가 이미 선비의 행실로 몸가짐을 단속하고 나서는 반드시 독서와 강학으로 의리를 밝혀야 하니 그런 뒤에 학문에 나아가야 학문의 방향이 흐리지 않게 된다. 스승에게 배우되 배움은 넓어야 하고 질문은 자세하게 해야 하며 생각은 신중하게 해야 하고 분별은 명확해야 한다. 그리하여 깊이 생각하여 반드시 마음으로 터득하기를 기약할 것이다. 언제나 글을 읽을 때는 반드시 태도를 정숙하게 하고 단정히 앉아서 마음과 생각을 한곳으로 모아 한 가지 글에 익숙해진 다음에 비로소 다른 글을 읽어야 하고 많이 보기에 힘쓰지 말아야 하고 기억하는 것만 일삼지 말아야 한다. 글 읽는 순서는 『소학』을 먼저 배워 그 근본을 배양하고, 다음에는 『대학』과 『근사록』으로 그 규모를 정하고, 그다음에는 『논어』, 『맹자』, 『중용』과 오경五經을 읽고, 『사기史記』와 선현의 성리性理에 관한 책을 간간이 읽어 뜻을 넓히고 식견을 가다듬어야 할 것이다. 성인이 짓지 않은 글은 읽지 말고 보탬이 없는 글은 보지 말아야 한다. 글 읽는 여가에는 때로 기예를 즐기되 거문고 타기, 활쏘기 연습, 투호投壺 등의 놀이는 모두 각자의 규범을 두어 적당한 시기가 아니면 놀지 말고, 장기, 바둑 등 잡희에 눈을 돌려 실제의 공부에 방해가 되게 해서는 안 된다.

(…)

열여섯째는 글 읽는 방법이니, 매월 초하루와 보름에는 여러 유생이 학당에 일제히 모여 문묘文廟에 배알하고 읍하는 예를 마친 뒤 자리를 정하고 스승이 있으면 북쪽에 앉고 여러 생도는 삼면三面에 앉는다. 장의掌議— 장의가 유고 시에는 유사有司 혹은 글을 잘 읽는 자가 대리한다.—가 소리를 높여 「백록동교조白鹿洞教條」 또는 「학교모범」을 한 번씩 읽는다. 그리고 나서 서로 토론하며 실질적인 공부로써 권면하고, 스승이 있으면

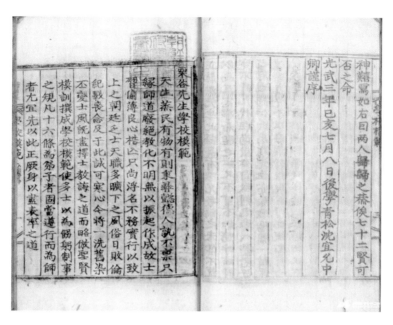

「학교모범」(1582)

율곡 이이가 선조의 명에 따라 학령을 보완하여 편찬한 학교교육의 기본 준칙.

스승에게 질문한다. 만일 의논할 일이 있으면 강론을 통해 결정해야 하고, 여러 생도가 의논하는 일이 있을 때에는 스승이 먼저 나가야 한다. 여러 생도가 사고로 참석하지 못할 때에는 반드시 서면으로 모이는 장소에 알려야 한다. 여러 사람이 다 아는 바로 질병이 있거나 시골에 갔거나 기일忌日을 당한 외에 사고를 핑계하고 참석하지 않는 자에 대해서는 두 번이면 1개월 동안 모임에서 내쫓고 그래도 오지 않으면 사장師長에게 고하여 체벌을 의논한다. ['출좌黜座'는 시속時俗에 '손도損徒'라고 부르는 것이다. 다시 참석을 허락할 때는 반드시 모두 자리를 채운 상황에서 얼굴을 보고 꾸짖는다.]

이렇듯『소학』을 중심으로 근본을 배양하고『대학』과『근사록』으로
규모를 정하며 사서를 중심으로 오경까지 경전을 강독하고『사기』와
성리서를 통해 뜻을 넓히고 식견을 가다듬을 것을 제시하고 잡학을 금
지했던「학교모범」의 독서 가이드라인과 더불어「학교모범」과「백록
동규」를 읽는 것을 포함하여 강학의 의식을 거행하는 방법 등은「학교
모범」에 대한 서사원과 손처눌의 높은 평가에 따라 전면적으로 수용
되었다.[39]

또한, 서사원과 손처눌의「행장」이나「연보」등을 살펴보면, 대체로
강독 과목으로 잡학은 금지되었고 사학史學도 실제적으로 거의 강독
하지 않은 반면,『소학』을 근간으로 하면서도 사서를 거쳐『심경』과 성
리서는 물론,『주자서절요』와『퇴계집』까지 강독하는 양상이 나타난
다. 경학과 성리서 외의 다른 책을 철저하게 금지하는 양상은 율곡 이
이의「은병정사학규隱屛精舍學規」의 영향을 적극 수용한 서사원의「선
사정사학규仙査精舍學規」를 비롯한 일련의 규범들이 손처눌의「을사
규약乙巳規約」까지 대부분 반영된 것이기도 하지만,[40]『주자서절요』와
『퇴계집』을 읽는 등의 모습은 한강 정구를 거쳐 전승되는 퇴계학파의
전통을 계승한 것이다. 이에 따라 대구 지역 강학 활동은 학문적으로
영남의 다른 퇴계학파보다는 상대적으로 개방적인 모습을 분명하게
드러내었다.

한편, 17세기 초 대구 지역 사림의 강회는 초하루나 보름에 여는 것
을 원칙으로 삼았던 것으로 보인다. 그러나 날짜가 완전히 고정되었던
것은 아니다. 실제로 연경서원이나 선사재에서 열렸던 강회의 개최 일
자를 살펴보면, 1605년 11월 18일 선사재의 강회 이후에 1606년 1월

20일, 2월 25일, 3월 25일, 4월 25일, 5월 25일, 6월 25일, 7월 25일, 9월 1일, 10월 15일, 11월 15일, 12월 15일, 1607년 1월 17일, 4월 15일, 5월 15일, 윤6월 16일, 7월 16일, 8월 20일, 9월 16일, 10월 16일, 11월 16일, 12월 15일, 1608년 1월 16일, 1611년 11월 1일, 12월 1일, 1612년 1월 5일, 2월 5일, 미상, 1613년 8월 17일, 10월 1일 등이다. 이러한 양상은 초하루나 보름이라는 규정을 상당히 포괄적이고 유동적으로 적용한 결과로 보인다.

위와 같은 과정을 거쳐서 형성된 통강의 흐름은 서사원과 손처눌이 주도하여 월강月講의 규약을 마련하고[41] 대구 인근의 문인이 모이면서 1605년 11월 18일부터 1613년 10월 1일까지 이어지는 선사문회仙査文會로 시작하여 대구의 문풍을 크게 진작시켰다.[42]

한편, 『낙재연보』에 실린 내용 중 주목할 만한 것은 『모당연보』에 나오는 「을사규약」과는 달리, "『주자서』, 『심경』, 『근사록』, 『소학』, 『대학』, 『퇴계집』 등의 책을 초하루와 보름에 강론하되, 선사재에서 모이거나 연경서원에서 모인다"는 내용이 추가로 더 보인다는 점이다. 실제로 퇴계와 한강으로 이어지는 학맥과도 연결되는 점이 이 대목에서 분명하게 확인된다. 한강을 모셔서 강학을 하는 양태도 이런 경향을 반영하는 것이다. 비록 퇴계-한강의 학맥에 철저한 손처눌과는 달리 서사원이 남명학파 북인이나 율곡학파 서인에 대해 더욱 개방적 자세로 대하는 차이가 있기는 하지만, 독서하는 서목이나 학문적 경향이 『소학』을 기초로 삼고, 『대학』을 거쳐 『심경』과 『근사록』 등을 중심으로 『주자서』와 『퇴계집』으로 이어지는 내용까지 서목에 포함한 것은 퇴계학파의 영향을 근간으로 한다는 점을 잘 보여준다고 할 수 있다.

다만 낙재 서사원은 북인 계열의 남명 계통 학자는 물론 율곡학파 쪽과도 교유를 하는 등 개방성을 갖고 있었다.[43] 이로 인해 박이립 무고사건에 대한 행동 방식과 정인홍을 비롯한 북인에 대한 정치적 태도에서 손처눌과 상대적 차이를 보이게 되며,[44] 연경서원 향현사에 한강 정구를 배향하는 과정에서 계동溪東 전경창全慶昌(1532~1585)과 낙재 서사원의 종사시 위차 문제로 갈등이 벌어져서 서사원과 손처눌의 두 계열은 그뒤에 각각 다른 이강서원과 청호서원으로 세력이 분립하게 된다.[45]

낙재 서사원이 주도적으로 이끌었던 선사재의 학규學規인 「선사정사학규」를 보면, 학규의 첫 번째 항목이 사족士族과 서류庶類 모두에게 개방한다는 규정으로 시작하여 공량의 사용은 연경서원에 의거한다는 내용을 포함하여 개인적 차원의 서재 혹은 정사에서 발전하여 당시 대구 지역을 대표하는 연경서원과의 연결성을 잘 보여주고 있다. 또한 향중鄕中에서 학행과 덕의를 기준으로 산장山長 1인을 추대하고, 유사有司 1인, 직월直月 1인을 선발하는 내용을 갖추었으며, 공부하는 자세와 방식도 마련했다. 또한 매달 1번씩 초하루에 모이고, 직월이 담당한 선악적에 따라 권면하고 징계하는 방법 등에 대해서 자세하게 규정하였는데, 이러한 내용은 대체로 「학교모범」과 상통한다. 서사원은 이러한 개략적인 운영 방식을 다룬 학규와 더불어 매달 초하루에 모여서 통독通讀을 정례화하는 「정사약속精舍約束」, 공부의 자세를 다룬 「시정사학도示精舍學徒」 등을 마련했는데, 이것들은 대체로 율곡 이이의 「은병정사학규」 등에 따른 것으로 보인다. 이런 양상은 조선 후기 대구 지역 사림의 강학 활동의 특징적 양상으로 보아도 좋을 것이다.[46]

더욱 흥미로운 것은 문회나 강회 등 이러한 강학 활동이 일정한 준칙에 따라 의례화하고 있다는 점이다. 대체로 시기에 따라 변화가 있지만, 매월 초 연경서원이나 선사재 혹은 영모당에 모여서 성현의 잠계箴戒를 붙인 강당에서 산장이 북쪽에서 남면하고 제생들이 남쪽에서 배례한 후 3면에 나뉘어서 읍례를 한 뒤, 유사가「백록동규」와「학교모범」을 읽고 직월이 권면과 경계를 한 뒤 진강하되, 경전과 성리서를 중심으로 강학을 진행하는 방식으로 강학 활동을 의례화하였다. 통강회를 위한 의례화된 순서와 방식이 체계화되는 것은 연경서원과 선사재를 중심으로 실행했던 규범인「을사규약」을 통해서 이루어지게 된다. 이 규약은「학교모범」의 영향을 적극 수용한 것이다.

한편, 『영모당통강제자록』과 연관된「통독회문通讀回文」(1615, 乙卯)에 따르면, 서사원 사후 연경서원과 선사재에서 진행되었던 문회는 자연스럽게 손처눌이 거처하는 황청동黃靑洞 서숙書塾에서 이루어졌으며, 연경서원과 선사재에서 시행하던 규약을 계승하여 통독회를 회복하였다. 황청동 서숙 혹은 황청동 서재는 영모당, 망사암, 분암, 동학암, 오야서실 등을 포괄하지만 주로 영모당을 가리킨다.[47] 실제로 손처눌의「통독회문」[48]에 따르면, 서사원 생전에는 서사원과 손처눌이 함께 2인 강장講長 체제로서 연경서원이나 선사재에서 진행했으나, 서사원 사망 이후에는 손처눌이 1인 강장 체제로 황청동 서숙에서 통강을 진행하였다.

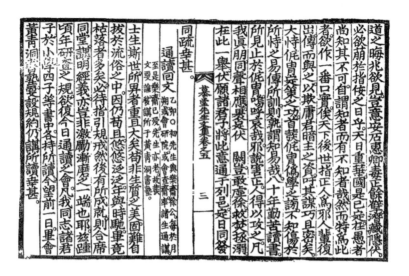

「통독회문」(1615)

서사원 사후 손처눌이 황청동 서숙에서 대구문회의 통강을 재개하기 위해 띄운 회문이다. 『모당집』에 실려 있다.

처음 선생께서 낙재樂齋 서공徐公과 매달 초하루마다 연경서원에 모이기도 하고 선사재에 모이기도 하면서 여러 유생을 이끌고 통독했는데, 이에 이르러 낙재께서 돌아가시고 선생도 노쇠했기 때문에 회문을 발하여 갱유하고 황청동 서숙으로 강학소를 옮겼습니다. (…) 이에 근년의 연경서원과 선사재의 규약을 계승하여 오늘날 통독의 모임을 회복하고자 하니, 우리 뜻이 같은 여러 군자들은 『소학』과 사자四子 등의 책 가운데 각각 읽을 것을 가지고 이번 보름 하루 전에 모두 황청동 서숙에 모여서 다시 규약을 세우고 이어서 읽을 것을 강학하면 매우 다행이겠습니다.[49]

영모당 통독회는 을사강규乙巳講規의 규례를 이어서 각자 읽은 책을 가지고 진강과 고강이 이루어졌으나, 성현의 글과 사서史書로 규정했던 통강 대상 서목이 『소학』과 사자, 즉 사서四書로 바뀐 점이 주목할 만하다. 이는 을사강규로 구현된 선사재 통강 단계까지는 「학교모범」의 규정을 따랐다가 성리학 중심의 경학과 『심경』 등의 성리서를 중심으로 하는 퇴계학파의 강학적 경향에 따라 실제 강학 과정에서 자연스럽게 사서가 밀려난 결과를 반영한 것으로 보인다. 이는 경서를 가장 중시하면서 사서를 그다음으로 보았던 (당선경서當先經書, 역급자사亦及子史) 한강의 「강법」[50]을 계승하면서도, 초기에는 「학교모범」을 높이 평가했던 대구 강회가 실제 운영 과정에서 과거시험을 위한 공부를 일정하게 고려해야 하는 성균관과 향교의 공적 교육기관과는 달리 위기지학의 본질에 충실하게 경서經書와 성리서를 중심으로 강학하면서 「학교모범」과의 차별화가 이루어진 부분으로 해석할 수 있다.

조선시대 학령이나 학규는 성균관의 「학령」과 1582년 율곡의 작성한 「학교모범」의 영향을 받았다. 대체로 절반은 성균관 「학령」[51]을 수용하고 절반은 향교 실정에 맞게 재구성한 예안 출신 설월당雪月堂 김부륜金富倫(1531~1598)의 「복천향교 학령」(선조 18, 1585)[52] 등을 거치면서 발전해 왔다. 특히 영남 지역의 서원이나 서숙 등에서 집단적으로 조직된 강학 활동은 퇴계 이황의 「이산서원伊山書院 원규院規」를 중심으로 한강 정구의 강회를 거쳤으며, 대구 지역에서는 서사원과 손처눌이 주도하는 통강의 의례화 양상으로 표출되었다.

그런데 서사원과 손처눌이 주도한 통강은 한편으로는 한강을 통해 퇴계의 커리큘럼과 강학 활동을 계승했고, 다른 한편으로는 「학교모범」과 「은병정사학규」를 적극 수용하는 양상도 보였다는 점에서 주목할 만하다. 특히 서원 혹은 서숙 내에서 경학과 성리서 중심으로 철저한 '위기지학爲己之學'의 연마를 지향한다는 점에서는 퇴계와 율곡이 동일했지만, 퇴계가 현실적으로 과거시험을 위해 필요한 '위인지학爲人之學' 학습의 일정한 필요성을 인정하여 서원의 교육에서 부차적 부분으로 용인한 것과는 달리, 율곡은 교육과정에서 경서와 성리서를 제외한 문장 학습과 나머지 잡서를 철저하게 배제하는 강경한 자세를 취한다는 점에서 양자는 대비된다.

실제로 주세붕의 백운동「소수서원 원규」가 위인지학과 위기지학, 곧 과거시험 준비를 위한 기능과 자기 수양의 가능성을 병행한 것과는 달리, 퇴계 이황의「이산서원 원규」는 위기지학의 서원 교육 방향을 분명하게 부각시켰다.[53] 이러한 방향성은 강학 교재를 사서오경의 경서를 근간으로 삼되,『소학』과『가례』를 문호로 삼고, 경사자집經史子集 중 경을 제외한 나머지 과거를 위한 공부는 말단으로 공부하는 방식으로 구현되었다. 이러한 설정은 경학經學과 과업科業을 본말론적으로 이해하는 것으로서 이후 영남 지역 서원의 학규의 전형적인 관점이 되었다.[54]

이에 비해 율곡 이이의「은병정사학규」는 서원 내 과거 공부를 철저하게 배제하면서 성현의 경전이나 성리서 중심의 공부를 하되 역사서를 허용하며 위인지학의 과거 공부는 철저하게 배격하는 양상을 선보였다.[55] 물론「학교모범」의 11번째 항목인 '과거응시(응거應擧)'에서만큼은 과거 공부를 허용하는 입장을 드러내었다.[56] 이이의 관점은 기본적으로 과거시험 준비의 위인지학을 서원 교육에서 배제하되 중앙과 지방의 국가 교육기관인 성균관이나 향교에서는 관리 등용 시험인 과거시험을 준비하는 공부를 일부 허용한 것으로 볼 수 있다.

이러한 양상의 차이는 서원이냐 향교냐에 따라, 또 지역과 학파에 따라 다양하게 적용되었다. 실제로 퇴계의 제자로서 퇴계의 서원 교육의 이상과 율곡의 성균관-향교 교육의 모범을 향교의 현실에 맞게 적용했던 김부륜이 복천현감으로 재직하면서 마련한 「복천향교 학령」을 살펴보면, 『소학』과 『가례』를 문호로 삼고 경서와 성리서를 중심으로 의리를 익히되 역사서와 과거시험의 실무 능력을 위한 공부를 부차적으로 익히는 것으로 설정되어 있다. 이러한 특성은 의리의 원칙을 중심으로 현실적 변화를 도모한다는 점에서 과거를 준비하는 향교 교육의 현실적 방향성과도 상통한다.

> 모든 학생은 책을 읽을 때 먼저 의리義理를 밝히고 온갖 변화에 통달하되, 한갓 장구章句를 일삼거나 문의文義를 견제하지 말라. 항상 『소학』, 『가례』, 사서, 오경, 『근사록』, 『성리대전性理大全』과 여러 역사서 등의 책을 읽되, 장자莊子, 노자老子, 불경, 잡류, 백가百家의 자子와 집集 등의 책을 가지지 말며, 항상 『동몽수지童蒙須知』를 익혀서 말과 행동을 단속하고 절제하라. 어기는 자는 벌을 준다.[57]

이렇듯 『소학』을 공부에 입문하는 문호로서 중시하고 경학과 성리서를 핵심으로 하되 사서를 비롯한 일부 서책을 부차적으로 인정한다는 점에서는 퇴계와 율곡이 동일하지만, 율곡 계열에서는 『소학』 다음으로 『대학』과 『근사록』, 『논어』·『맹자』·『중용』의 사서와 오경, 역사서와 성리서 순으로 독서의 차서를 설정하는 반면, 퇴계 계열에서는

『소학』과 『가례』를 함께 문호로 설정하고 경서와 성리서를 중심으로 삼되 퇴계가 중시했던 『심경』과 퇴계가 편집했던 『주자서절요』와 함께 『퇴계집』을 강학 대상 서목으로 중시한다는 점에서 차이가 난다.

손처눌과 서사원의 통강 모임에서도 이와 유사하지만 독특한 양상이 나타난다. 이들은 선사재와 연경서원의 통강 시에는 대체로 율곡의 「학교모범」을 수용하면서 경서와 성리서를 제외한 서목을 철저하게 배제하였으나 『심경』, 『주자서절요』, 『퇴계집』 등의 강독을 통해 퇴계 학파적 특색을 드러냈다. 또한 서사원 사후 손처눌은 영모당 통독회에서 기존에는 역사서를 강독 서목으로 어느 정도 인정하던 흐름에서 그것을 제외하면서 사서, 경학 중심으로 집중하는 양상의 변화를 보여주었는데, 이는 향교와 차별화하는 서원 교육의 특성화이기도 했다.

대구문회 강학 활동의 의례화 양상

한편, 대구문회는 통강회를 의례화[58]하는 몇 가지 양상을 선보였다.

먼저, 대구문회에서는 향교나 서원이 아닌데도 불구하고 선성先聖이나 선사先師의 화상畵像을 봉안하고 첨배하는 의식을 행함으로써 강회를 엄숙하게 진행했다. 앞서 살펴본 바 있듯이, 대구문회에서는 초하루와 보름마다 통강 시에 송조의 육군자를 비롯한 화상을 모사하여 봉안한 곳에 첨배하고 강학을 진행했다. 이는 한강의 강회계와 「학교모범」에서도 동일한 양상이 나타난다. 따라서 서재나 서숙에서 진행하는 강회에서도 향교와 서원에 못지않게 의례화가 이루어진 것으로 판단할 수 있다.

둘째, 대구문회는 집단 강학 활동인 통강에서 스승과 학생 간의 수

직적 관계와 더불어 학생 혹은 학자 상호간의 수평적인 관계를 예의에 맞게 구성하기 위해 배례와 상읍례相揖禮로써 의례화하였다. 특히 강회의 절차에 서사원과 손처눌 등의 스승 혹은 강장講長이 북쪽에 자리 잡고 제생들이 남쪽에서 배례를 한 뒤에 생도 상호간에 상읍례를 하는 것은 퇴계로부터 한강을 거쳐 대구문회에 와서 점진적으로 진화하여 정식화된 의례화 양상이다. 이는 주자의 여씨향약에 영향을 받은 한강의 강회계에서 스승과 제자가 남북이 아니라 동서로 위치했던 것과도 대조된다. 16세기 중반 이후 안동의 도산서당을 비롯해서 제향 공간이 없는 서당이 건물을 남향으로 지으면서 행례行禮의 편의성을 고려한 건물 배치와 더불어 안동 지역 서당과 서원에서 강회의 절차에 집단 강학 활동인 통독과 상읍례를 거행했던 전통을 계승하고 발전시킨 것이다.[59]

셋째, 잠명류의 게시와 강송講誦의 적극적 활용 양상이 뚜렷하다. 임진왜란 직후 손처눌은 전쟁의 후유증을 극복하기 위해 황폐해진 교육 기관을 복구하고 강학 활동을 진작하는 '흥학興學'을 최우선의 목표로 삼았으며, 서사원을 비롯한 일부 동지와 함께 가장 먼저 공교육의 토대를 구축하기 위해 지역의 향교를 세우고 「백록동규」와 「학교모범」을 벽 위에 써서 붙여놓고 한두 명의 동지와 더불어 『심경』, 『근사록』 등의 책을 강학하되, 『소학』을 특별히 존신하여 죽을 때까지 외웠다.[60] 아울러 강학 때마다 학령을 벽에 걸어두거나 정자程子의 「사물잠四勿箴」과 주자의 「경재잠敬齋箴」 등 송대 도학자들의 잠명류를 아침과 저녁에 주기적으로 강송하기도 했다.

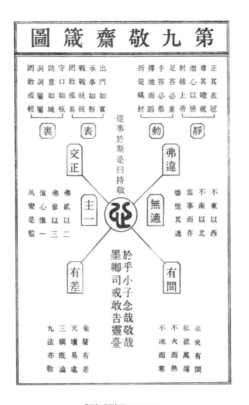

「경재잠도敬齋箴圖」
조선시대 학생들이 날마다 외우던 잠명류로 퇴계 선생의『성학십도聖學十圖』에 들어 있다.

매달 초하루나 보름마다 여러 생도와 더불어 연경서원이나 선사재에서 모이거나 분암이나 동학암에 모이기도 하면서 경의經義를 강론하였으며, 학령學令 12조를 기록해서 좌우에 걸어두었는데, 매일 아침마다 반드시 의관을 정제하고 강당으로 나와 앉으면, 여러 생도가 들어와서 스승에게 절하고 서로 인사하는 예禮를 했고, 정자의「사물잠」과 주자의「경재잠」을 강하고 나서야 물러났다. 초저녁에도 그랬다.[61]

이런 기반 위에서 손처눌은『주자서절요』를 읽는 것을 독서의 기반을 닦는 것으로 권면했던 서사원의 충고를 수용하여 밤낮으로 열심히 연구하는 과정에서 끼니조차 잊을 만큼 학문에 분발하면서 날마다 부지런히 힘쓰는 내용의「학잠學箴」을 지어서 스스로 경계하기도 했다.[62] 손처눌은 1604년에 학생들이 '거경궁리居敬窮理'하는 공부가 더욱 진전되자, 학령 12조를 기록해서 좌우에 걸어두고, 매일 아침마다 반드시 의관을 정제하고 강당으로 나와 앉으면, 여러 생도가 들어와서 스승에게 절하고 서로 인사하는 예를 했고, 잠명류를 강하고 난 뒤에 물러나는 강학의례를 매일 아침과 초저녁에 반복하게 함으로써 강학 활동을 의례화했다.

이렇듯 집단적 강학 활동이 이루어지는 강회 혹은 문회에서 강학 장소에 잠명류를 벽에 걸어두거나 직접 잠명류를 강송하는 양상은 18세기 근기 남인南人 성호학파 학자와 19세기 전반 영남 남인 퇴계학파 학자 사이에서도 지속적으로 확인된다. 예컨대, 1779년 겨울에 성호학파의 신서파信西派 학자가 모였던 주어사 강학회에서는 녹암 권철신權哲身이 정한 규정에 따라 일군의 신진 학자들이 새벽에 일어나 냉수로 세수한 뒤「숙야잠夙夜箴」을 강송하고, 해 뜰 무렵에는「경재잠」을 강송하며, 정오에는「사물잠」을 강송하고, 해 질 녘에는「서명西銘」을 강송하였는데, 이에 대해 정약용丁若鏞(1762~1836)은 장엄莊嚴하고 경건한 형식의 의례적 강학회였다고 평가하였다.[63] 또한 봉산서원鳳山書院, 사빈서원泗濱書院, 소수서원紹修書院 등의 강회에 참여했던 송서松西 강운姜橒(1773~1834)[64]도 1828년에 소수서원의 향례를 행한 뒤에 서원에서 문회를 열고「경재잠」,「숙야잠」,「사물잠」,「백록동규」를 새로 내건

적이 있다.[65] 이런 양상은 17세기 초반 대구문회의 잠명류 강송 전통이 19세기까지 지속적으로 남인 학맥을 따라 근기 지역과 영남 지역으로 확산되고 있음을 잘 보여준다.

이러한 의례화 양상 중 한강 정구가 운영했던 통독회의通讀會儀가 주자의 향약에서 영향을 받아「백록동규」를 읽는 것과 더불어,「백록동규」와「학교모범」의 강송은 율곡의「학교모범」과 연결되는 것이지만, 학령 12조를 걸어두고 의관을 정제한 상황에서 정자의「사물잠」과 주자의「경재잠」을 강송하는 것은 대구문회의 독특한 양상이다. 또한 강학 활동의 의례화에 사용된 잠명류는 대체로 정제엄숙整齊嚴肅으로 의관을 정제하고 심신을 경건하게 유지하는 의례화 효과에 최적화되었다. 이 잠명류가 대부분 퇴계의『성학십도』와 직접 관계된다는 점도 유의해야 한다. 실제로 대구문회에서 2종에 불과했던 잠명류는 시간이 흐를수록 그 종류가 확대되었으며, 일과 시간에 맞는 잠명 강송의 의례화로 발전하였는데, 대구문회의 잠명류 강송은 그러한 전통의 본격적 발현이라고 할 수 있다.

손처눌의 강학 활동과『모당일기』에 나타난 강학의 실상

손처눌의 강학 활동과 영모당 통강회의 교육 방향

손처눌은 꾸준한 독서와 집단적 강학 활동으로 대구 지역의 많은 인재들을 지속적으로 배출하였다. 그는 사서오경을 중심으로 한 경학과 성리서를 중심으로 하는 강학 활동에 집중했다. 독서 서목은『주역』을 비롯한 유교 경전뿐만 아니라『소학』,『훈몽절구』등의 소학서류,『근사록』,『이락연원록』,『주자서절요』,『성리군서』,『심경』등 다양한 성리서와『가례』,『가례의절』,『오선생예설』의 독서, 교정, 편집 등 예서까지 다양하게 아우르는데, 그러한 독서는 대체로 특정한 기간에 집중되는 양상이 나타났다. 특히 경서로는『소학』,『맹자』,『주역』을 집중적으로 독서했는데, 몇 개월씩『소학』을 집중적으로 읽는 양상이 빈번했으며,『주역』의 경우에는 건괘와 곤괘를 반복하여 집중적으로 읽는 양상이『모당일기』에 뚜렷하게 등장한다.[66] 성리서로는『심경』,『근사록』,『역학계몽』,『주자서절요』를 집중적으로 정독하는 양상이 뚜렷했다.[67] 여기에 더하여『퇴계집』을 집중적으로 강학하면서 퇴계 선생을 동방의 주자로 존경하는 양상은 한강 정구의 영향을 받은 퇴계학파의 특징을 잘 보여주었다.[68]

한편, 모당은 김굉필金宏弼(1454~1504)이 적극 부각시켰던『소학』의 실천적 가치와 중요성을 대단히 강조하면서 평생 철저히 외우고 실천했으며, 평소 다급한 언행과 불안정한 안색을 경계하는 가운데 너그럽고 화평하며 온화하고 상냥한 자세를 견지하기 위해 노력하면서 '국물에 네 손을 데었니?[羹爛汝手]'라는 문장을 써서 걸어둘 정도로 언제나 마음을 보존하고 사욕의 기미를 성찰했다.[69] 이 문장은 본래 후한後漢 때 누군가 자신의 시비侍婢를 시켜 일부러 유관劉寬에게 뜨거운 국물을 엎지르게 했을 때 유관이 화를 내지 않고 오히려 안색의 변화 없이 시비의 안위를 물었던 고사에서 비롯된 것이다.[70] 그리하여 모당은 감정에 따라 함부로 행동하지 않도록 자신의 언행과 자세를 철저히 절제하되 남에게는 부드럽고 상냥하게 배려하는 태도로 일관했다.

그는 『소학』의 강학과 실천에도 열심이었지만, 통강회 교육과정에서도 '쇄소응대灑掃應對'와 '반궁칙행反躬飭行'을 앞세웠다.[71] 이러한 실천적 성향은 의병 활동과 교육 활동으로 분명하게 구현되었다. 이러한 교육의 방향성은 통강회 때마다 『소학』을 정기적으로 통독하고 귀가하여 실제 체득한 뒤 다음 통강회에 재점검하는 과정을 지닌 한강의 「강법」과도 상통한다.[72]

모당이 주관하는 대구문회는 '수재권학隨材勸學'의 수준별 교육도 지향하였다.[73] 모당의 교육에 대한 후대의 평가가 "재주에 따라 가르침을 베풀고 증상에 따라 약을 쓴다"[74]로 기록된 것은 대구문회의 통강이 학생들의 수준에 따라 이루어지는 맞춤형 교육이었음을 잘 보여준다. 실제로 학생들이 진강進講한 서목과 그에 대한 고강考講의 평가 결과를 일목요연하게 정리한 선사재 강회의 『대구유현大邱儒賢 통강록通講錄』을 살펴보면 통강하는 서목은 각자 달랐으며,[75] 낙재 사후 모당이 주관했던 영모당 강회에서도 『소학』과 사서 등의 책 중에서 각자 자기 수준에 맞게 자율적으로 서목을 정하여 통강을 준비하는 양상이 나타난다.[76]

요컨대, 대구문회는 『소학』을 기반으로 하는 위기지학의 실천과 더불어 자율적인 강학과 수준별 진강이 이루어지는 통강회를 운영했던 것이다.

개인 서재의 공적 교육 공간화와 강학 공간의 확대

조선시대의 서숙書塾이나 서재書齋는 선비들이 사적으로 강학하거나 교육하는 개인 연구소 혹은 사교육 기관이라고 할 수 있다. 그런데

17세기 초 대구 지역의 문회가 활성화되면서 서숙이나 서재가 공적 교육 공간으로 전환되는 양상이 나타났다. 대구문회는 처음에는 연경서원과 선사재를 중심으로 열렸으나, 낙재가 죽은 1615년 4월 이후에는 모당이 홀로 황청동 서숙에서 학생들을 교육했다. 임진왜란 직후 교육체계를 정비하는 과정에서 본래 임하林下 정사철鄭師哲(1530~1593)의 서재였던 선사재가 강당과 기숙사를 갖춘 공적 강학 장소로 확대되었듯이, 처음에는 모당의 개인 서숙이었던 황청동 서숙도 문회에 참여하는 학생들의 규모가 확대되면서 강학 공간을 증설하는 양상이 나타났다.

실제로 『모당연보』를 보면, 모당은 18세인 1570년에 스승 계동 전경창을 따라 팔공산八公山 파계사巴溪寺에서 독서했고, 20세인 1572년에는 아우 손처약孫處約(1556~1613)과 팔공산에서 독서했으며, 1577년에는 제광정霽光亭에서 독서했다. 어릴 때에는 스승을 방문하여 공부하거나 인근 산사山寺에서 독서했던 것이다. 이러한 양상은 고려시대부터 지속되어온 기존의 관행에 따른 것이었다. 16세기에는 성리학의 본격적 보급에 따라 인근 산중의 사찰이나 암자를 찾아 공부하던 관행에서 벗어나 향교나 서원을 중심으로 공부의 공간이 변화하는 양상이 나타났다.[77]

그런데 임진왜란 직후에는 개인 서재書齋에서 연구하거나 학생들을 가르쳤던 풍습이 변화하여 개인 서재가 강당과 기숙사를 갖춘 공적 교육기관인 서원처럼 점차 확대되었다. 실제로 모당은 47세인 1599년 오야梧野의 구기舊基에 건물을 짓고 독서하기 시작했고, 같은 해 7월에는 녹봉鹿峯에서 석담石潭 이윤우李潤雨(1569~1634) 등과 함께 강회를 열었다. 1600년 2월에 영모당을 완성했고, 1601년 3월에 영모당 옆에 산택재山澤齋와 풍뢰헌風雷軒의 양협실兩夾室을 증축했으며, 50세인 1602년 2월에는 영모당 동남쪽 5리 밖에 있는 옛 절인 동학암動鶴菴을 중건했다. 1600년부터 1년 단위로 강당과 기숙사 등이 신축, 증축, 신규 중건되면서 강학 공간이 확대되었던 것이다. 10여 년이 지난 뒤에도 이러한 강학 공간의 확장은 지속적으로 이루어졌다. 1613년 9월에는 그 증조부 참봉공의 무덤 아래 조부 현감공이 시묘하던 분암墳菴 옆에 망사암望思菴을 추가로 지어서 학생들을 수용했다.[78]

이러한 공간의 확대는 학도 숫자의 증가에 따른 공간 부족 문제에서 비롯된 것이다. 실제로 산택재와 풍뢰헌의 협실 2개를 증축한 것은 학도들이 증가함에 따라 공간 부족 문제를 해결하기 위한 조치였고,[79] 동학암의 중건 역시 학도들의 급증으로 인해 그들을 수용할 만한 당사堂舍의 여유 공간이 부족했기 때문에 분산 기숙을 위해 불가피한 건축이었다.[80] 또한 동학암을 중건하고 망사암을 증설할 때에는 학도들의 기숙 생활을 돕기 위해 승려들을 모집해서 학도들에게 식사를 제공했다.[81] 동학암이나 망사암 등을 중건하거나 증설하면서 강학 공간으로 전환한 것이다. 이에 따라 마치 사찰이 여러 암자를 부속 건물로 갖고 있는 것처럼, 황청동 서숙은 2개의 협실을 기숙사로 끼고 있는 영모당을 중심으로 그 주변에 분산된 동학암, 분암, 망사암까지 부속 건물로 포괄하는 큰 규모의 공적 서숙 혹은 공적 서재가 되었다.

이는 일반적인 서원이나 서숙에서 찾아보기 힘든 공간적 구성으로써, 개인 서재가 지역을 대표하는 문회가 열리는 공적 교육기관으로 전환하면서 나타나는 독특한 양상이다. 이렇듯 선사재와 황청동 서숙은 일반 서원처럼 강당과 기숙사를 갖추었으며, 서원과는 달리 제향 공간이 없는 서재 혹은 서숙이었지만, 선성과 선사의 유상을 갖추고 배례하는 의식을 통해 실질적으로는 서원의 역할을 감당하는 양상을 선보였다고 평가할 수 있다.

서재승의 강학 활동 보조 양상

한편,『모당일기』에는 문집이나 통강록이나 제자록 등의 자료에서는 확인하기 힘든 서재승書齋僧 혹은 재승齋僧의 역할이 일정하게 나타난다. 서재승은 서숙 혹은 서재에서 학생이 공부에 전념할 수 있도록 밥 짓는 것을 포함해서 허드렛일을 돕는 데 기여했던 스님이다. 앞서 살펴본 것처럼, 서재승은 황청동 서숙에 학생들을 수용할 공간이 부족함에 따라 동학암과 망사암 등으로 강학 공간을 확장함에 따라 모당이 모집하여 강학 활동을 돕게 하였다.

실제로『모당일기』에서는 이러한 역할을 감당한 서재승 가운데 경천敬天, 경선敬先 등의 이름이 확인된다. "경천이 가야산伽倻山에서 왔다"는 표현으로 보건대, 서재승은 상당히 먼 거리도 왕래하며 서재의 일을 거드는 심부름도 하는 존재였던 것으로 보인다.[82] 예컨대, 손처눌은 서재승 경천을 통해 이이직李而直과 장덕우張德優의 편지를 받았고, 자천서원紫川書院에 통문通文한 일에 관해 전해 들었다.[83] 황청동 서숙의 서재승은 편지를 전하는 역할 외에도 생강이나 김을 비롯한 각종 해산물을 호남 지방에서 가져오는 역할도 담당했으며,[84] 송진 5되를 서재에 공급하기도 했다.[85]

한편, 1611년 1월 24일 기록에 처음 등장하는 경천은 다른 스님 한사람을 데리고 서재로 들어왔고,[86] 1월 26일에는 서재승 경선이 스님

1명, 아이 1명을 데리고 온 것이 기록되어 있다.[87] 이들은 잠시 방문 차 들렀던 스님이거나 서재승이 되기를 희망한 승려인 것으로 추측된다. 그런데 1월 24일은 서재에서 무단이탈한 학생을 붙잡아 와야 한다는 건의가 제기된 상황이었고, 26일은 산택재의 수리를 마치는 날이었다. 당시 서재승은 서재에서 무단으로 이탈한 학생을 찾아오는 역할을 하기도 했다. 예컨대, 1611년 12월 3일에는 서재승 경천이 팔공산의 환성사環城寺로 도망간 서재 학생 양사유楊四喻를 찾으러 양사지楊四知와 함께 떠난 기록이 나온다.[88]

> 서재승 경선이 보러 와서 양사유가 거역하고 책을 읽지 않는 일에 대해 말했다. "우리 어리석은 중[僧]들은 어린 나이에 산에 들어가서 잠시 경전의 말씀을 배우지만 이룰 것이 없다는 것을 알아서, 요즘 경회經會에서는 중들 태반이 모두 서재書齋에 머무르면서 더러는 역사서[史傳]를 읽기도 하고 더러는 사서四書를 익히기도 하건만, 이 아이는 망념이 많아서 유학儒學을 버리고 불가에 들어가려고 하니 말할 수가 없습니다"라고 하고는 세 번이나 한탄하였다. 이때 학승이 셋이 있었는데, 이쪽은 성하고 그쪽은 쇠하려는 조짐인가?[89]

『모당일기』의 기록을 보면, 조선시대 후기 학승은 한문 학습을 위해 서재승이 되었으며, 선비들에게 역사서나 유교 경전과 한문 학습을 하기 위해 서재에 머물러 살면서 공부하는 경우가 많았던 것으로 보인다. 이 기록을 보면, 서재승으로서 서재에 머무르면서 배우는 학승이 최소 3명 이상 있었음을 알 수 있으며, 산사를 떠나 선비의 개인 서재로 들어와서 각종 허드렛일과 심부름을 하면서 열심히 공부하는 학승과 달리, 공부를 하기 싫어서 도망가는 유생 양사유의 경우는 매우 대조적이다. 불교가 성하고 유교가 쇠하려는 조짐일까 봐 걱정하는 손처눌의 한탄이 절절하다.

그런데 서재승은 서재의 일만 돕는 것이 아니라 과도한 노역에도 동원되었던 것으로 보인다. 손처눌은 과중한 신축 공사의 노역에 동원된 경천을 포함한 서재승이 월성암月城庵으로 떠나는 모습을 보면서 그들의 의지가 흩어져서 안타깝다는 속마음을 드러내기도 했다.[90] 또한 질병에 걸린 서재승으로 인해 학도들을 서재에서 내보내서 촌집에 흩어져서 묵게 하는 조치를 취한 경우도 있었다.[91] 그만큼 서재승은 서재의 운영을 위해 필요한 존재였던 것으로 보인다.

이러한 서재 소속 승려들의 활동은 조선시대에 불교 승려들이 유교 문화의 유지와 운영을 위해서 공헌한 대표적 사례라고 할 만하다. 실제로 승려들은 퇴계 집안의 분묘를 담당했던 승려들을 비롯해서 많은 사대부가의 선산과 재사齋舍를 관리하기도 했고, 용수사의 승려가 도산서원의 건립을 도운 것처럼 서원의 건립을 돕기도 했으며,[92] 용수사 승려 신혜信惠가 퇴계의 제자 금난수琴蘭秀를 위해 창호지 8권, 책지 60권, 상지 70권, 시대지 4권 정도의 종이를 매년 공급했던 것처럼 양반가에 종이를 공급하기도 했다.[93]

18세기에도 서재승의 이런 역할은 지속적으로 나타난다. 예컨대, 권상일權相一(1679~1759)의 『청대일기淸臺日記』에 따르면, 1751년에 미역[海菜]을 찾으러 울산으로 떠나는 서재승 환종幻宗을 영천에 들러서 서한을 전달하도록 파견한 기록이 나온다.[94] 이런 기록들을 통해서 서재승 혹은 재승이 양반가의 서재에 물품 구입이나 편지 전달을 돕는 활동을 했음을 확인할 수 있다.

사대부가의 선산과 재사 관리가 승려 개인이 특정 가문에 경제적으로 의탁하거나 사찰이 양반가의 지원을 받는 경우라면, 사찰이 사대부가에 종이를 공급하거나 서원의 건립과 운영에 봉사하는 것은 양반의 경제적-사회적 지원과 승려 혹은 사찰의 사회문화적 봉사가 상하 위계질서를 형성하면서도 일정한 상호 호혜적 협력관계를 맺은 경우로 볼 수 있다. 서재승이 서재 혹은 서숙에 머물면서 음식을 공급하거나 서재나 서숙의 각종 업무와 운영을 도우면서 한문 공부를 한 것도 승려의 노동력 제공과 유학자의 교육이 상호 교환되는 호혜적인 관계 양상이라고 할 만하다.

불성실한 학업 성과에 대한 징계 조치

통강의 의식에는 학생의 학업 성취를 확인하는 진강進講과 고강考講의 절차가 포함된다. 일기 자료는 이와 관련하여 통강록이나 제자록諸子錄 등에서는 알 수 없는 구체적인 정황이 나온다.[95] 실제로 대구 지역의 통강록이나 제자록 등에는 제생諸生들이 강학한 서목書目이 나오고, 통강에 따른 성취를 고강을 통해 순통純通, 통통, 순약純略, 약略, 순조純粗, 조粗, 불不의 7단계로 평가했다. 이는 4단계로 고강의 평가를 했던 한강의 통독회보다 좀 더 세분화된 것이다. 그러나 그에 대한 구체적인 조치의 실상은 파악하기 힘들다. 이에 비해 『모당일기』는 불통의 결과를 받은 학생들의 서재 무단이탈과 그에 대한 조치가 이루어지는 생생한 상황을 보여준다.

실제로 영모당 운영 규칙을 어긴 채로 유사에게 고하지도 않고 무단으로 서재에서 이탈하여 귀가하는 학생이 있었다. 예컨대, 1611년 1월 24일에는 무단이탈한 학생을 붙잡아서 데려오겠다는 청원이 기록되어 있다. "득생得生과 아이 첨添(손처눌 맏아들)이 수업을 받았다. 정보正甫가 그저께 고하지도 않고 집으로 돌아갔는데, 오생牛生이 붙잡아서 돌아오겠다고 청하였다."[96] 이런 경우에는 학생을 붙잡기 위해 사람을 파견하기도 했다. 실제로 앞서 거론했던 양사유도 불성실한 태도로 강학을 중단하고 무단으로 이탈한 바 있다. 그로 인해 실제로 친족인 양사지와 서재승이 그를 붙잡으러 환성사로 파견되었으며, 다음 날인 12월 4일에는 양사지가 양사유를 찾아서 돌아왔으나, 거역한 정황이 이미 드러났기 때문에 손처눌은 곧바로 그를 집으로 돌려보내는 귀가 조치를 하기도 했다.[97]

이러한 벌칙 조치는 한강의 「강법」을 일정하게 계승한 것으로 보인다. 한강의 「강법」은 고강 결과 연속 5회 불통不通을 맞은 자와 3번 강회 불참한 자를 독회에서 축출하는 규정을 두었는데,[98] 모당은 이러한 규정을 확대 적용하여 연고 없이 무단으로 이탈한 자에 대한 퇴출 조치를 실행한 것으로 보인다. 엄격한 규정에 따른 철저한 문책 조치는 학생의 면학 분위기 조성에 기여했을 것으로 추정된다.

또한 한강의 「강법」에 따르면, "불통을 받은 자는 회초리[楚] 30대를 때리고 두 가지 책이 다 불통일 경우에는 갑甲을 사용한다. 심사를 통과하지 못한 자는 경중을 구분하여 초벌楚罰을 행하되 갑벌甲罰은 많아도 30대를 넘어가면 안 되고 초벌은 적어도 10대 이상이어야 한다. 벌을 가한 뒤에는 다음 강회 때 소급해서 강하게 하되 그달의 강을 행하기에 앞서 하도록 한다."⁹⁹ 대구문회의 경우에는 상세한 처벌 규정이 보이지 않지만, 한강과 연계되었다는 점을 상기해볼 때 이와 비슷한 처벌이 있었을 것으로 짐작된다.

그러나 한 번 귀가 조치로 영원히 퇴출되는 것은 아니었다. 귀가 조치되었던 이듬해 1612년 3월 24일 기록을 보면, 양사유는 고강의 결과로 불통을 받을까 두려워서 다시 도망갔다.¹⁰⁰ 퇴출된 학생이 다시 통강회에 참석한 것을 보면, 귀가 조치 후 얼마 지나지 않아 열심히 학업에 임하겠다는 다짐을 받고 다시 서재에 받아들였던 것으로 보인다. 이를 통해 통강의 부담이 얼마나 심했는지를 미루어 짐작할 수 있으며, 한 번 퇴출된 학생에게 다시 기회를 주기도 했음을 알 수 있다.

하지만 퇴출 규정의 엄격한 준행이 철저하게 이루어지지 않았기 때문에, 양사유의 불성실한 학업 자세는 다른 학생들에게 나쁜 영향을 끼쳤다. 실제로 1613년 4월 12일에 손처눌은 누차 퇴출 조치를 내렸으나 그에 응하지도 않으면서 공부도 제대로 하지 않는 양사유의 태도가 다른 학생까지 나쁘게 물들이는 것에 대한 우려를 다음과 같이 표현했다.

정강로鄭江老와 양사유가 모두 불통이었다. 양사유는 연전의 섣달에 거역하며 글을 읽지 않았으므로 누차 내쳤으나 떠나가지 않았으며 전심으로 글을 읽지 않았다. 강로가 점차 나쁜 것에 물들어가고 있으니, 한스럽다.¹⁰¹

대구문회의 강학 활동이 지닌 특성과 의의

17세기 초반에 손처눌과 서사원이 이끌었던 대구 지역의 문회는 개방적이고 포용적인 대구 학풍을 잘 드러내었다. 이들은 한강 정구의 영향을 적극 수용하여 이 문회를 주도하면서, 특히 『소학』, 『맹자』, 『주역』 등 경서류나 성리서를 특정한 기간 동안 집중적으로 강학하면서 연경서원, 선사재, 영모당 등을 중심으로 통강 중심의 강회를 의례화하여 활발하게 전개함으로써 대구 지역의 문풍을 진작하고 인재를 양성했다.

이러한 대구문회의 강학 활동이 지닌 특성은 다음과 같이 요약할 수 있다. 첫째, 이들은 위기지학의 이념을 체화하기 위해 서원이나 서숙에서 이루어지는 통강에서 김굉필 이후 중시했던 『소학』과 더불어 사서의 경서류와 성리서들을 중심으로 강독할 서목을 자율적으로 선택하여 강회를 진행했는데, 이것은 자발적이고 주체적인 강학 활동이자 학생의 수준에 맞는 수준별 교육과정이기도 했다. 둘째, 강회에서 매일 아침 학령 12조를 벽에 걸어둔 채 의관을 정제하고 강당에서 배례와 상읍례를 행한 뒤 잠명류를 강하고 나서 「백록동규」와 「학교모범」을 읽는 의식을 하는 등 통강의 의례화를 구현했다. 이러한 양상은 한강 정구의 강회계의 전통과 율곡 이이의 「학교모범」과 「은병정사학규」 등의 영향을 적극적으로 수용한 것이다. 대구문회의 의례화 양상 중 특히 주목할 만한 것은 선성先聖이나 선사先師의 화상畵像을 봉안하고 첨배하는 의식, 통강 시 배례와 상읍례, 잠명류의 게시와 강송 등이다. 셋째, 강독 서목이 측면에서는 『소학』과 사서 및 성리서를 중심으로 하는 강학 활동을 진행하면서도『심경』,『주자서절요』,『퇴계집』까지 포괄한다는 점에서 퇴계학파의 전통을 계승하면서도 율곡학파의 장점을 적극 수용했다.

이러한 강학 활동과 강회에 대해서 손처눌의『모당일기』에는 세 가지 흥미로운 양상이 나타난다. 첫째, 강학 공간이 인근 산중의 사찰이나 암자를 찾아 공부하던 방식에서 벗어나서 향교와 서원 및 서재 등으로 옮겨갔으며, 서재나 서숙의 확대와 공적 교육기관화가 나타났다. 둘째, 서재승으로 불리는 승려들이 양반의 서재나 서숙에 머물면서 음식을 공급하거나 각종 업무를 도우면서 유생들과 함께 한문 공부를 했다. 셋째, 일부 학업 부진 학생들의 서재 무단이탈의 모습과 그에 따른 조치를 확인할 수 있다.

요컨대, 대구 지역의 문회는 향교의 공적 교육공간이 아니라 서원과 서재 등의 민간의 사적 공간에서 성리학의 위기지학의 이념을 심화하는 강학 활동을 통해 전개되었으며, 자발적이고 주체적인 강학 활동과 더불어 통강의 의례화에서도 주목할 만한 양상을 보였다고 평가할 수 있다.

참고문헌

『後漢書』

『光海君日記』

『宣祖修正實錄』

『大邱儒賢 通講錄』(『永慕堂通講弟子錄』)

權相一, 『淸臺日記』

琴蘭秀, 『惺齋日記』

金富倫, 『雪月堂集』

徐思遠, 『樂齋集』

孫處訥, 『慕堂日記』, 『慕堂集』

李珥, 『栗谷全書』

李滉, 『退溪集』

鄭逑, 『寒岡集』

丁若鏞, 『與猶堂全書』

강민구, 「樂齋의 救國 抗爭과 講學 活動」, 『동방한문학』 34, 동방한문학회, 2008.

구본욱, 「『大邱儒賢 通講錄』의 正字化와 해제」, 『퇴계학논집』 11, 영남퇴계연구원, 2012.

_____, 「연경서원의 경영과 조선 중기 대구지역의 유학」, 『퇴계학논집』 11, 영남퇴계학연구원, 2012.

김건래, 「모당 손처눌 연구-생애와 교육활동을 중심으로-」, 계명대학교 석사학위논문,

2002.

김대식, 「한강寒岡 정구鄭逑의 강회講會 시행과 그 특성」, 『한국교육사학』 41권 2호, 한
　　국교육사학회, 2019.

김미영, 「17세기 유학자의 일상과 의례생활-『모당일기』를 중심으로-」, 『남도민속연
　　구』 41, 남도민속학회, 2020.

김지은, 「한강 정구의 회연초당檜淵草堂 건립과 교육활동의 의미」, 『역사교육연구』 35,
　　한국역사교육학회, 2019.

김형수, 「17세기 초 대구사림의 형성과 분화-손처눌의 『모당일기』를 중심으로-」, 『역
　　사교육 논집』 36, 역사교육학회, 2006.

＿＿＿, 「임란 전후 한강학단의 활동과 상주지역 사족사회의 동향」, 『민족문화연구』 77,
　　고려대학교 민족문화연구원, 2017.

＿＿＿, 「조선 중후기 안동지역 사원의 동향과 용수사의 운영」, 『국학연구』 34, 한국국
　　학진흥원, 2017.

박종배, 「조선시대의 학령 및 학규」, 『한국교육사학』 28권 2호, 한국교육사학회, 2006.

＿＿＿, 「학규를 통해서 본 조선시대의 서원강회」, 『교육사학연구』 19권 2호, 한국교육
　　사학회, 2009.

＿＿＿, 「學規에 나타난 조선시대 서원교육의 이념과 실제」, 『한국학논총』 33, 국민대학
　　교 한국학연구소, 2010.

박종천, 「『성재일기』 해제」, 금난수, 『성재일기』, 신상목·장재석·조천래 역, 한국국학 진
　　흥원, 2019.

＿＿＿, 「일상의 성화(聖化)를 위한 유교적 의례화-율곡 이이의 예학적 구상-」, 『유교연
　　구』 31, 충남대학교 유학연구소, 2014.

박현순, 「16세기 예안현 사족층의 수학과 관직진출」, 『교육사학연구』 17-1, 교육사학

회, 2007.

송희준, 「慕堂 孫處訥의 講學活動에 대한 연구」, 『慕堂 孫處訥 先生의 生涯와 學問』, 청호서
원, 2003.

정경주, 「16세기 안동 지방의 서당의 강학 의식 – 통독강회通讀講會를 중심으로 – 」, 『조선
의 서당에서 배우는 사회적 교육의 지혜 – 16세기 안동 지역 서당 분포와 변화 양상』,
새물결, 2018.

정재훈, 「『慕堂日記』를 중심으로 본 孫處訥의 교육활동」, 『退溪學과 儒敎文化』 57, 경북대
학교 퇴계연구소, 2015.

추제협, 「모당 손처눌의 수신지학과 의병·강학 활동」, 『퇴계학논집』 25, 영남퇴계학연
구원, 2019.

1 김건래,「모당 손처눌 연구-생애와 교육활동을 중심으로-」, 계명대학교 석사학위논문, 2002; 송희준,「慕堂 孫處訥의 講學活動에 대한 연구」,『慕堂 孫處訥 先生의 生涯와 學問』, 청호서원, 2003; 강민구,「樂齋의 救國 抗爭과 講學 活動」,『동방한문학』34, 동방한문학회, 2008; 구본욱,「『大邱儒賢 通講錄』의 正字化와 해제」,『퇴계학논집』11, 영남퇴계학연구원, 2012; 구본욱,「연경서원의 경영과 조선 중기 대구지역의 유학」,『퇴계학논집』11, 영남퇴계학연구원, 2012; 정재훈,「『慕堂日記』를 중심으로 본 孫處訥의 교육활동」,『退溪學과 儒敎文化』57, 경북대학교 퇴계연구소, 2015 등 참조.

2 김건래, 위의 논문 참조.

3 이러한 흥학 활동에 대해서는『모당집慕堂集』권4,「여리순상시발서與李巡相時發書」; 송희준, 앞의 논문, 86~90쪽 참조.

4 『영모당통강제자록永慕堂通講弟子錄』,「통독회문通讀回文」; 위의 논문, 90~91쪽 참조.

5 『모당일기』를 활용한 손처눌에 대한 대표적인 연구로는 주석 1번의 연구 외에도 이상필 외, 『慕堂 孫處訥 先生의 生涯와 學問』, 청호서원, 2003; 김형수,「17세기 초 대구사림의 형성과 분화-손처눌의『모당일기』를 중심으로-」,『역사교육논집』36, 역사교육학회, 2006; 추제협,「모당 손처눌의 수신지학과 의병·강학 활동」,『퇴계학논집』25, 영남퇴계학연구원, 2019; 김미영,「17세기 유학자의 일상과 의례생활-『모당일기』를 중심으로-」,『남도민속연구』41, 남도민속학회, 2020 등이 있다.

6 『樂齋年譜』와『慕堂年譜』참조.

7 『樂齋年譜』卷2,「翊衛司司禦戶曹正郎樂齋先生行錄 前漏今付重刊[孫處訥]」. "冬, 與鄕友共議通講會之約, 其中節目課程皆稟於寒岡先生, 而所講者『朱子書』·『退溪集』·『心經』·『近思錄』·『小學』等書至於經傳, 則隨其自願, 定其日課, 嚴其條約."

8 『寒岡年譜』卷2,「行狀」;『寒岡先生言行錄』卷1,「類編·敎人」.

9 『寒岡集』卷9,「契會立議」참조.

10 『寒岡集』續集 卷4, 雜著,「通讀會儀」, 17~18a.

11 『寒岡言行錄』卷1,「類編·敎人」.

12 『寒岡集』卷9, 雜著「契會立議」."一讀法訖, 參講朱子白鹿洞規." "雖已入約, 而泛然隨參, 無意振發, 悠悠時日, 無所進益者, 聽其出約."

13 김대식,「한강寒岡 정구鄭逑의 강회講會 시행과 그 특성」,『한국교육사학』41권 2호, 한국교육사학회, 2019 참조.

14 김대식, 위의 논문, 48~50쪽 참조.

15 김지은,「한강 정구의 회연초당檜淵草堂 건립과 교육활동의 의미」,『역사교육연구』35, 한국역사교육학회, 2019, 70~76쪽 참조.

16 『寒岡續集』卷5,「播諭安東諸生文」.

17 『寒岡年譜』, 64세조.

18 『寒岡言行錄』卷1,「類編·敎人」.

19 『光海君日記』 광해 2년 9월 18일 경신.

20 『寒岡集』 續集 卷4, 「讀法」.

21 김대식, 앞의 논문, 48쪽.

22 김대식, 앞의 논문, 48쪽.

23 김대식, 앞의 논문, 48쪽.

24 『寒岡別集』, 卷1, 「答徐行甫」. "曾聞貴邑通讀, 如不免中廢, 今有重申之意, 甚盛甚盛. 鄙人舊於此州, 亦嘗妄作矣. 旣廢之後, 不敢更作者, 實亦有微意. 今亦煩, 不敢奉究耳. 但此間數三後生輩欲一遭爲聚講十四篇之書, 亦未知果遂所願, 而又能究竟否耳. 大槩如老僕者, 自廢書冊已久, 兀然爲庸. 病人又何暇望及後生朋友輩耶? 呻吟之餘, 只自愧悼而已. 仁里諸賢新開盛講, 甚可歎尙. 吾邑後輩漸就解弛, 當不免旁觀之所誚矣. 祇可愧爾."

25 『慕堂集』 卷5, 「樂齋徐公行錄」 참조.

26 『慕堂集』 卷6, 「年譜」, 乙巳(53세)조, 甲寅(62세)조; 김대식, 앞의 논문, 101~110쪽 참조.

27 『樂齋年譜』 卷1, 二十七年己亥[先生五十歲]條 참조.

28 『樂齋年譜』 卷1, 二十八年庚子[先生五十一歲]條.

29 『樂齋年譜』 卷1, 二十九年辛丑[先生五十二歲]條.

30 『樂齋年譜』 卷1, 三十一年癸卯[先生五十四歲]條. "四月, 定授諸生課程. [先自『朱書』·『心經』·『近思錄』·『小學』·『退溪集』等書, 至於經傳, 而隨其人淺深, 定日課嚴條約, 要以反身自得, 期入於聖賢之學. ○先生淹觀羣書, 尤好讀『朱書』, 雖在壬癸流寓之中, 隨身不離者, 惟有『朱子書』十卷也. ○是日李彦英·都聖兪·徐思選·柳時藩·羅應淑·朴宗男·都應兪·朴宗祐·都汝兪·徐愼·李之英·李立可·徐時立·李之華·金克銘·郭涌幷會受讀.]"

31 『樂齋集』 卷6, 「工夫箚錄」. "獨學成孤陋, 麗澤深滋益. 自得, 如渴飫飲如飢厭飽. 苟日新, 日日新, 又日新. 誠能一日滌其舊染之汚而自新, 則當因其已新者而日日新之, 又日新之, 不可畧有間斷也. 克己復禮, 日有課程. 學由乾惕, 德含坤章."

32 『慕堂集』 卷6, 附錄, 「年譜上」. "每月朔, 或會研經, 或會仙查. 以聖賢箴戒掛于講堂壁上, 設丈席于北壁下, 先生與樂齋並坐, 諸生就前行拜禮, 因分立三面, 相向行揖禮. 坐定, 有司抗聲讀白鹿洞規及學校模範一遍, 直月以善惡籍進呈, 善者奬勸之, 惡者鐫誨之. 然後諸生各以所讀書進講. 講時, 必端拱危坐, 毋得相顧談話. 非聖賢書及史學, 則不許講. 或有故不參, 則具狀子有司, 俾達于函筵."

33 『慕堂集』 卷6, 附錄, 「年譜上」. "二十八年庚子[先生四十八歲] (…) 二月, (…) 會校堂, 講「學校模範」. [先生曰: "此書眞名教中藥石, 令人醉夢欲醒."]" 『慕堂日記』 1600(庚子)년 2월 1일. "晴. 徐行甫·柳聖兪以獻官入齋. 行甫以退溪先生 「學校模範」出示, 可謂名教中藥石, 奉讀一番, 醉生欲醒. [柳聖兪名堯臣.]"

34 『樂齋年譜』 卷1, 57세조. "三十四年丙午, [先生五十七歲] (…) 三月, 學徒齊會于仙査, 明燭通講. [從侄愼·侄子恪講『近思錄』, 朴昌龍·李瀞·呂克弘·徐再謙·許士中·蔡楨·鄭光亨·禹達海·李德容·李以立·孫垓·都元慤·鄭錡·申命休·禹鯤海·李浹·李瀷幷來講.] 裒聚諸賢格言, 著「學校模範」, 蔡楙來學."

35 『宣祖修正實錄』 선조 15(壬午)년 4월 1일(戊子).

36 『樂齋集』 卷6, 雜著, 「學校模範」. "此模範, 先生手寫其文, 作講學條件, 而藏在遺篋. 今付剞劂, 以俟更考."

37 『樂齋年譜』 卷1, 54세조. "三十一年癸卯, [先生五十四歲] (…) 三月, 乘小艇, 溯流而下, 拜寒暄金先生墓, [時諸賢同會焉.] 寒岡先生自巴山江口, 冒雨入彌樂齋. [先生以小艇迎寒岡于伊

洛之會, 解纜于仙查前潭, 一鄕士子七十餘人皆支待.] 寒食, 行拜掃禮, 下餞于楊堉得孝家, [時牧丹盛開, 先生結亭, 與李公宗文·申秀夫吟賞終日.] 閱栗谷李先生[珥]文集七卷."

38 『栗谷全書』卷15,「學校模範」.

39 『栗谷全書』卷15,「學校模範[壬午製進○事目附]」.

40 서사원의 「선사정사학규」를 비롯해서 율곡의 「은병정사학규」를 비롯해서 송희준, 앞의 논문, 94~95쪽; 정재훈, 「『慕堂日記』를 중심으로 본 孫處訥의 교육활동」, 『退溪學과 儒敎文化』 57, 경북대학교 퇴계연구소, 2015, 283~284쪽 등 참조.

41 『樂齋年譜』卷1,「年譜」. "二十三年乙巳[先生五十六歲], (…) 冬大設文會于仙査齋, 議定月講之規.[以朱書 · 心經 · 小學 · 退溪集等書, 朔 · 望講論, 而或會仙査, 或會研經. 條約已成, 遠近學者聞風而來.] "

42 『樂齋年譜』卷1,「年譜」. "三十四年丙午 [先生五十七歲], 二月, 行月講. [時趙黔澗靖以地主臨齋參講會. ○翌日先生同乘小舟, 溯流至全僴洗心亭, 穩討行酌, 趙公請以明日更定講會, 先生卽速士友及諸生, 行揖禮開講, 又出詩賦題, 隨先講使之製述.] 三月, 徒齊會于仙查, 明燭通講. [從侄憤 · 侄子恪講近思錄, 朴昌龍·李瀞·呂克弘·徐再謙·許士中·蔡楨·鄭光亨·禹達海·李德容·李以立·孫垓·都元慤·鄭錡·申命休·禹鯤海·李浹·李瀷幷來講.] 裒聚諸賢格言, 著學校模範·[畧曰: 天生烝民, 有物有則. 秉彝懿德, 人孰不禀. 只緣師道廢絶, 敎化不明. 無以振起作成, 故士習渝薄. 良心梏亡, 只尙浮名, 不務實行, 以致上之朝廷乏才, 天職多曠, 下之風俗日敗, 倫紀斁喪, 念及于此, 誠可寒心. 今將一洗舊染丕變士風, 旣盡擇師敎誨之道, 而畧倣聖賢謨訓, 撰成學校模範, 使多士躬制事之規, 凡十六條, 爲弟子者當遵行, 而爲師者尤宜先以此正厥躬, 以盡表率之方焉.] 蔡楙來學."

43 강민구, 「樂齋의 救國 抗爭과 講學 活動」, 『동방한문학』 34, 동방한문학회, 2008, 특히 186~187쪽.

44 김형수, 「17세기 초 대구 사림의 형성과 분화–손처눌의 『모당일기』를 중심으로–」, 『역사교육논집』 36, 역사교육학회, 2006; 김형수, 「임란 전후 한강학단의 활동과 상주지역 사족사회의 동향」, 『민족문화연구』 77, 고려대학교 민족문화연구원, 2017 참조.

45 『慕堂日記』 1621년 12월 1일, 12일, 15일, 17일, 20일, 21일.

46 송희준, 앞의 논문 참조.

47 황청동 서숙에 대한 자세한 설명으로는 송희준, 앞의 논문, 111~116쪽 참조.

48 『慕堂集』卷7, 附錄, 「年譜下」. "四十三年乙卯 [先生六十三歲] (…) ○九月, 爲文回諭, 移諸生通講所于黃青洞."

49 『慕堂集』卷5, 雜著, 「通讀回文」. "乙卯 ○初先生與樂齋徐公, 每於月朔, 或會研院, 或會查齋, 率諸生通講. 至是, 樂齋已歿, 先生亦老, 故發文更諭, 移講所于黃青洞書塾. 士生斯世, 所界者重且大矣. 苟非生質之美, 固難自拔於流俗之中, 因仍苟且, 悠悠泛泛, 年與時馳, 畢竟枯落者多矣. 必待指引規戒然後有所成就, 則合席同堂, 講明經義, 亦豈非激勵漸磨之一端也耶? 玆踵頃年研·查之規, 欲復今日通讀之會. 凡我同志諸君子, 於『小學』·四子等書中, 各持所讀, 今望前一日, 畢會黃青洞書塾, 更設規約, 仍講所讀幸甚."

50 『寒岡續集』卷4, 「講法」.

51 『增補文獻備考』, 「學校考」.

52 金富倫, 『雪月堂集』卷4, 雜著, 「福川鄕校學令禮安鄕校學令中添八十條」.

53 李滉, 『退溪集』卷41, 雜著, 「伊山院規」, 51~53a. "諸生讀書, 以四書五經爲本原, 小學家禮爲門戶. (…) 其諸史子集, 文章科擧之業, 亦不可不爲之, 旁務博通, 然當知內外本末輕重緩急之

序."

54 박종배, 「學規에 나타난 조선시대 서원교육의 이념과 실제」, 『한국학논총』 33, 국민대학교 한국학연구소, 2010, 45~46쪽 참조.

55 李珥, 『栗谷全書』 15, 雜著, 「隱屛精舍學規」, 45a. "非聖賢之書, 性理之說, 則不得披讀于齋中 [史學則許讀]. 若欲做科業者, 必習于他處."

56 박종배, 앞의 논문, 46~47쪽 참조.

57 金富倫, 『雪月堂集』 卷4, 雜著, 「福川鄕校學令禮安鄕校學令中添八十條」, 특히 18b~19a. "一, 諸生讀書, 先明義理, 通達萬變, 不須徒事章句, 牽制文義. 常讀『小學』·『家禮』·四書·五經·『近思錄』·『性理大全』及諸史等書, 不挾莊·老·佛經·雜類·百家子·集等書, 又常習『童蒙須知』, 以檢節言行. 違者, 罰."

58 의례화 개념에 대해서는 박종천, 「일상의 성화(聖化)를 위한 유교적 의례화-율곡 이이의 예학적 구상-」, 『유교연구』 31, 충남대학교 유학연구소, 2014 참조.

59 정경주, 「16세기 안동 지방의 서당의 강학 의식-통독강회通讀講會를 중심으로-」, 『조선의 서당에서 배우는 사회적 교육의 지혜-16세기 안동 지역 서당 분포와 변화 양상』, 새물결, 2018 참조.

60 『慕堂集』 卷7, 附錄 「行狀[是書亦於重刊時始成, 故附于年諸之下. 李義發]」. "兵火之餘, 學校荒廢, 先生倡率鄕人, 首建鄕校, 以『白鹿洞規』及『學校模範』, 書付壁上, 與一二同志, 講『心經』·『近思錄』等書, 於『小學』一書尤尊信, 終身誦之. 嘗以疾言遽色爲病, 每用力於寬平和易之地, 書揭'羹爛汝手'四字, 常目存省焉." 『慕堂集』 卷8, 附錄 「遺事[孫湍]」. "兵火之餘, 學校荒廢. 先生慨然以興學爲心, 倡起鄕人, 首建鄕校, 以『白鹿洞規』及『學校模範』書付壁上, 遂與一二同志, 講讀『心經』·『近思錄』等書, 乃憮然歎曰, '句讀不能分, 文義不能會, 信乎茅塞之矣.' 先生於『小學』書尤尊信, 終身誦之, 常以疾言遽色爲病, 每用力於寬平和易之地. 樂齋嘗貽書云, '吾輩當熟看『朱書節要』, 然後基址可定.' 先生於是, 潛心硏究, 夙夜不輟, 作學箴以自警. 其箴曰: '發憤忘食, 造次於是. 日乾夕惕, 不知老至.'"

61 『慕堂集』 卷7, 附錄 「行狀[是書亦於重刊時始成, 故附于年諸之下. 李義發]」. "每月朔望, 與諸生或會硏院·査齋, 或會墳庵·動鶴庵, 講論經義, 著學令二十條, 掛諸左右. 每朝, 必整衣冠, 出坐講堂, 諸生入拜, 行相揖禮, 講程子「四勿箴」·朱子「敬齋箴」, 乃退. 初昏亦然."

62 『慕堂集』 卷8, 附錄 「遺事[孫湍]」.

63 丁若鏞, 『與猶堂全書』 卷15, 詩文集, 「先仲氏墓誌銘」, 39a. "鹿菴自授規程, 令晨起掬冰泉盥漱, 誦「夙夜箴」, 日出誦「敬齋箴」, 正午誦「四勿箴」, 日入誦「西銘」, 莊嚴恪恭, 不失規度."

64 姜橒, 『松西集』 卷3, 「與金葛川[熙周 ○ 癸酉]」; 『松西集』 卷10, 「墓碣銘[柳必永]」, 「行狀[李晚燾]」 참조.

65 姜橒, 『松西集』 卷10, 「行狀[李晚燾]」. "戊子, 行紹修書院香禮, 仍設文會. 新揭「敬齋」·「夙夜」·「四勿」諸箴·「白鹿洞規」."

66 송희준, 앞의 논문, 118~119쪽 참조.

67 송희준, 위의 논문, 119~121쪽 참조.

68 송희준, 위의 논문, 122~123쪽 참조.

69 『慕堂集』 卷7, 附錄 「行狀[是書亦於重刊時始成, 故附于年諸之下. 李義發]」. "兵火之餘, 學校荒廢, 先生倡率鄕人, 首建鄕校, 以『白鹿洞規』及『學校模範』, 書付壁上, 與一二同志, 講『心經』·『近思錄』等書, 於『小學』一書尤尊信, 終身誦之. 嘗以疾言遽色爲病, 每用力於寬平和易之地, 書揭'羹爛汝手'四字, 常目存省焉."

70 『後漢書』卷55,「卓魯魏劉列傳」참조.

71 『慕堂集』卷8,「遺事[孫湍]」."是時, 遠近士子執贄請學者日以坌集, 邨巷爲之不容, 更築一室, 名曰望思庵, 以處諸生, 而募僧供飯, 隨材勸學. 其設敎也, 以灑掃應對·反躬飭行爲先. 及門之士成材立揚者甚衆. 與樂齋議定諸生月講之規, 一依朱文公白鹿洞故事."

72 『寒岡續集』卷4,「講法」."會之日, 通讀『小學』等書, 各歸溫習, 重講於後會."

73 같은 곳.

74 『慕堂集』卷8,「附錄 青湖書院陞號告文[參奉鄭萬陽]」."因才設敎, 隨證發藥."

75 자세한 내용은 『대구유현大邱儒賢 통강록 通講錄』을 참조하라. 구본욱,「『大邱儒賢 通講錄』의 正字化와 해제」,『퇴계학논집』11, 영남퇴계학연구원, 2012, 44~46쪽 참조.

76 『慕堂集』卷5, 雜著,「通讀回文」."凡我同志諸君子, 於『小學』·四子等書中, 各持所讀, 今望前一日, 畢會黃青洞書塾, 更設規約, 仍講所讀幸甚."

77 대표적인 양상은 성재 금난수의 『성재일기』에서 확인할 수 있다. 박종천,「『성재일기』해제」, 금난수,『성재일기』, 신상목·장재석·조천래 역, 한국국학진흥원, 2019, 29쪽; 박현순,「16세기 예안현 사족층의 수학과 관직진출」,『교육사학연구』17-1, 교육사학회, 2007 참조.

78 『慕堂集』卷7,「附錄 年譜下」.四十一年癸丑[先生六十一歲]."九月, 望思菴成. 時先生更築一室于墳菴之旁, 扁曰望思, 募實僧徒, 以供多士之來學者焉."『慕堂集』卷7,「行狀[李羲發]」."丙午, (…) 是時, 來學者日進, 村塾爲之不容, 更築一室, 名曰望思庵, 募實僧徒, 以供諸生. 其設敎也, 以灑掃應對·反躬飭行爲先. 及門之士成材立揚者甚衆."『慕堂集』卷8,「附錄 遺事[孫湍]」."是時, 遠近士子執贄請學者日以坌集, 邨巷爲之不容, 更築一室, 名曰望思庵, 以處諸生, 而募僧供飯, 隨材勸學."

79 『慕堂集』卷6,「附錄·年譜上」,二十九年辛丑[先生四十九歲]조."三月, 築兩來室于永慕堂之旁.[自是歲, 學徒稍進, 合謀增築, 東曰山澤齋, 取遷善改過之義, 西曰風雷軒, 取懲忿窒慾之義.]."

80 『慕堂集』卷6,「附錄·年譜上」,三十年壬寅[先生五十歲]조."二月, 重造動鶴菴.[菴卽古寺, 在永慕堂東南隅五里許, 山回澗轉, 頗有幽趣. ○時從學者日以坌集, 堂舍不能容. 先生修治是菴, 募僧供飯, 分處學者焉.]"

81 『慕堂集』卷6,「附錄·年譜上」,三十年壬寅[先生五十歲];『慕堂集』卷7,「附錄 年譜下」.四十一年癸丑[先生六十一歲];『慕堂集』卷7,「行狀[李羲發]」;『慕堂集』卷8,「附錄·遺事[孫湍]」등 참조.

82 『慕堂日記』, 1611년 6월 14일.

83 『慕堂日記』, 1614년 5월 1일.

84 『慕堂日記』, 1619년 3월 10일."十日. 謁先祠. 齋僧自湖南還, 呈生薑海衣. 見提督書, 海味若干見寄. 壓油."

85 『慕堂日記』, 1620년 2월 29일."二十九日. 晴. 楊泗來, 備泗水祭具奉去. 齋僧以松脂五升來納, 竝封送."

86 『慕堂日記』, 1611년 1월 24일."二十四日. 晴終風. 還堂. 謁先祠. 讀淵源錄. 得生添兒受學. 正甫再昨不告歸家. 午生請捉而歸. 書齋僧敬天率一僧而來."

87 『慕堂日記』, 1611년 1월 26일."畢修山澤. (…) 書齋僧敬天率一僧一童而來. 還與其來見."

88 『慕堂日記』, 1611년 12월 3일."敬天來謁, 得李而直張德優書, 傳通文紫川書院事."

89 『慕堂日記』, 1611년 9월 11일."書齋僧敬先來見, 仍言四喩拒逆不讀之事. 曰, '如我愚僧輩, 少年入山中, 暫學經語, 知無所成, 於今經會, 僧太半皆寓書齋, 或讀史傳或習四書. 此阿只多有妄

202

念, 欲逃儒入佛, 不可說也.' 仍三嘆恨焉. 時學僧有三. 此盛彼衰之兆也耶?"

90 『慕堂日記』, 1618년 1월 26일 "敬天師之月城庵. 僧志皆離散. 新宮役重."

91 『慕堂日記』, 1622년 4월 16일. "十六日. 小雨. 氣惣. 書齋僧徒皆痛病. 學徒散館村舍."

92 김형수, 「조선 중후기 안동지역 사원의 동향과 용수사의 운영」, 『국학연구』 34, 한국국학진흥원, 2017, 122~130쪽 참조.

93 琴蘭秀, 『惺齋日記』, 1585년 10월 3일, 1602년 4월 9일. 박근필, 「『성재일기』 해제」, 금난수, 『성재일기』, 신상목·장재석·조천래 역, 한국국학진흥원, 2019, 31쪽 참조.

94 權相一, 『淸臺日記』, 1751년 2월 17일. "十七日, 聞□□□□ 喪出云. 痛哭痛哭. 男妹相繼棄世, 尤慘怛慘怛. 因書齋僧幻宗爲覓海菜蔚山去, 作書松亭李元聃兄弟, 且修成正郎答狀, 過永川時使傳."

95 자세한 내용은 『대구유현 통강록』을 참조하라. 구본욱, 「『大邱儒賢 通講錄』의 正字化와 해제」, 『퇴계학논집』 11, 영남퇴계학연구원, 2012 참조.

96 『慕堂日記』, 1611년 1월 24일. "二十四日. 晴終風. 還堂. 謁先祠. 讀淵源錄. 得生添兒受學. 正甫再昨不告歸家. 午生請捉而歸."

97 『慕堂日記』, 1611년 12월 4일. "四知得四喩來. 反形已具. 卽送其家."

98 『寒岡續集』 卷4, 「講法」. "一, 五講不通者, 黜讀. 三講不參者, 黜讀."

99 『寒岡續集』 卷4, 「講法」. "一, 不通, 楚三十. 兩書竝不, 則用甲. 未准, 分輕重, 行楚, 多不過甲三十, 少不下楚十. 旣罰, 後令於後會追講, 先本朔講之."

100 『慕堂日記』, 1612년 3월 24일. "四喩逃【恐學不通而逃.】"

101 『慕堂日記』, 1612년 4월 12일. "十二日, (…) 鄭江老·楊四喩俱爲不通. 喩則年前臘月, 拒逆不讀, 屢却而不去, 專不念書. 老漸染惡, 可恨."

203

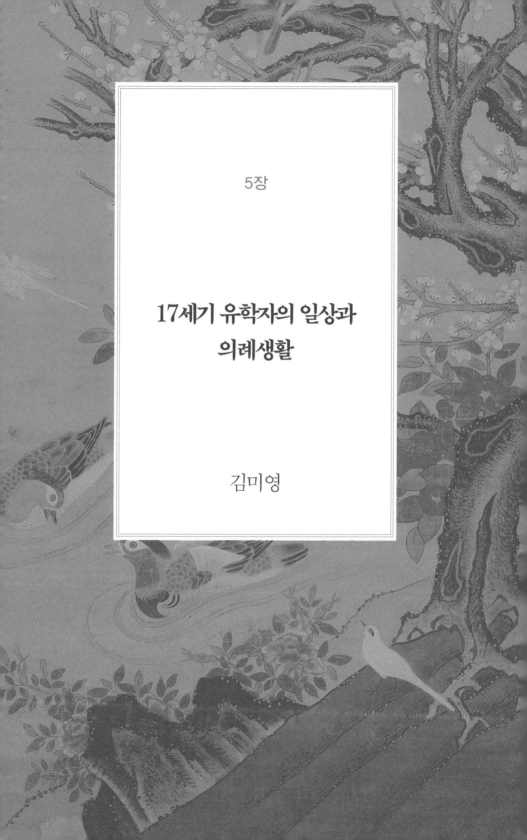

5장

17세기 유학자의 일상과 의례생활

김미영

주자가례와『모당일기』

고려 말에 도입된 주자가례는 임진왜란을 거치면서 본격적으로 보급되기 시작했다. 조선 초기에 유학을 신봉했던 사람들이 구축한 성리학적 사회체제는 전쟁을 겪으면서 붕괴 위기에 처했는데, 이때 사람들은 기존의 체제와 질서를 회복하기 위해 많은 노력을 기울였다. 그러는 가운데 사회질서 회복의 실천 기준으로 사례四禮(관혼상제)에 관심을 갖기 시작했는데, 그 중심에『주자가례』가 있었던 것이다. 이런 배경에서 임진왜란을 거치고 17세기에 이르면 그야말로 '예학시대'라고 할 만큼 수많은 예학자가 배출되었으며 예서의 간행 또한 활발히 이루어졌다. 또 일상에서도『주자가례』를 준거로 삼아 실천하려는 노력도 행해졌는데, 이에 대한 단서는 유학자들의 일기 자료를 통해 엿볼 수 있다.

『모당일기』는 손처눌孫處訥(1553~1634)이 48세인 1600년 1월 8일부터 78세가 되던 해인 1630년 1월까지 작성된 기록으로, 일상의 행적을 중심으로 구성되어 있다. 일기 자료의 대부분이 그러하듯이『모당일기』역시 새벽 – 아침 – 점심 – 저녁 – 밤 등과 같이 새벽에 일어나서 잠자리에 들 때까지의 일과를 시간별로 기술해두었는데, 주로 의례 활동·학문 활동·사회 활동·교유交遊 등의 내용이다.

『모당일기』가 작성된 17세기는 주자가례가 보급·확대됨에 따라 유교식 의례가 활발히 실행되던 시기다. 이와 마찬가지로『모당일기』에서도 사당 참배와 시사時祀 등과 같이 주자가례에 근거해 의례 활동을 수행하는 내용이 곳곳에 나타난다. 그러는 한편 손처눌은 직계의 4대 조상에서 벗어난 외가와 처가의 기제사를 지내는 등 유연한 친족 의식을 보이기도 한다. 이런 경향은 여타 일기 자료와 마찬가지로 17세기 무렵에는 의례적 측면에서는 '주자가례'를 준수하고자 하는 경향이 강하게 나타나는 반면, 친족 생활에서는 부계 친족 원리가 완전히 정착되지 않은 양상을 보이는 것과 일치한다.

일상의 정형성과 의례 중심적 생활

손처눌은 아버지 손수孫遂와 어머니 한산 이씨(충의위忠義衛 이탄李坦의 딸, 목은牧隱 이색李穡의 후손) 사이에서 장남으로 태어났다. 출생지는 대구 수성구다. 본관은 일직一直이고, 호는 모당慕堂이다. 비조鼻祖는 순씨荀氏 성을 가진 신라인 순응荀凝이다. 이처럼 손처눌의 가계는 원래 순씨 성을 사용했으나 고려에 이르러 손씨 성을 하사받았던 것으로 전한다.

이후 4세 좌리공신 정평공 손홍량孫洪亮(1287~1379)은 경북 안동 일직현에 거주한 고려 공민왕 때 인물로, 손처눌에게는 11대조가 된다. 조선시대에 들어와서 7세 손관孫寬은 원래의 거주지였던 경북 안동 일직현에서 경남 밀양으로 옮겨간다. 손관의 아들 8세 격재格齋 손조서孫肇瑞는 집현전 한림을 지냈으며, 훗날 단종에 대한 절의를 지켰다는 이유로 이조참판에 추증되었다. 그의 아들 9세 손윤하孫胤河는 음직으로 광흥승廣興丞에 올랐고, 손처눌의 고조부인 10세 손순무孫荀茂는 음직으로 주부主簿가 되었다. 증조부 11세 손세경孫世經은 효행으로 천거되어 참봉에 제수되었는데, 대구 출신의 달성 서씨(서진원徐震元의 딸)와 혼인하여 밀양에서 처가 터전인 대구 수성현으로 이거했다. 12세 조부 손치운孫致雲도 효행으로 천거되어 영동과 비안 현감을 역임했고, 아버지 13세 손수는 선무랑을 지냈다. 한편『모당일기』에 자주 등장하는 인물은 손처눌의 아우 오매정五梅亭 손처약孫處約(1556~1618)과 종숙 문탄聞灘 손린孫遴(1566~1628)으로, 이들은 임진왜란과 병자호란 때 손처눌과 함께 우국충정의 뜻을 모아 의병을 일으켜 활약하기도 했다.

손처눌은 1566년 14세 되던 해에 계동溪東 전경창全慶昌(1532~1585)의 문하에서 학업을 수학하고 이듬해 15세 때 향시에 합격했다. 1569년 3월, 17세에는 광주 이씨 석담石潭 이윤우李潤雨(1569~1634)의 종조부인 이원경李遠慶의 딸과 혼인했다. 1573년 21세 되던 해에는 과거에 낙방하는 아픔을 겪기도 했는데, 당시 스승 전경창은 손처눌의 아버지에게 "아드님은 우리 같은 사람과 다르니 과거로써 기약하지 말라"[1]고 당부했는데, 이를 계기로 그는 관직 진출을 포기하고 재야에 묻혀 위기지학의 공부에만 전념한 것으로 전한다.

1587년 2월, 35세 되던 해에 부인 광주 이씨가 세상을 뜨고 이듬해 5월에 창녕 조씨(조응의曹應義의 딸)를 맞이했으며, 1592년 임진왜란이 일어났을 때는 그의 나이 40세였는데 4월에 양친을 모시고 피난을 갔고 5월에는 아우 오매정 손처약과 창의의 뜻을 품고 전장에서 활약하다가 9월에 의병장으로 추대되었다. 1599년 봄, 47세 때 임진왜란이 끝나자 오야梧野(대구 수성구 법이산) 옛터에 집을 지어 강학 활동에 전념한다. 당시 손처눌은 "난리 중에 이책(『근사록』)을 오래 그만두었다가 이제 읽으니 입에 껄끄럽고 글 뜻을 깨닫지 못함이 많다"[2]고 하면서 아쉬움을 토로하고 있다. 그리고 이듬해 1600년 1월 8일부터 일기를 작성하기 시작해 1630년 1월까지 약 30년 동안 이어진다. 그런가 하면 1600년 2월에는 영모당永慕堂을 건립하기도 했다. 「연보」에 따르면 "전쟁(임진왜란) 중에 부모상을 당하고 예를 다하지 못한 것을 원통하게 생각하다가 묘소 아래 집을 짓고 평생 시묘살이를 한다는 뜻으로 편액을 영모당이라 했다"[3]라고 기술되어 있다. 1602년 7월에는 연경서원을 중수한 뒤 강론 장소로 삼아 활발한 교육 활동을 펼쳐나갔다. 이후 손처눌은 재야학자로서 삶을 보내다가 1634년 6월 15일에 영모당에서 숨을 거둔다.

　손처눌이 『모당일기』를 작성하기 시작했을 때는 임진왜란으로 인해 붕괴된 사회질서를 재건하는 시기였는데, 당시의 주류적 분위기는 성리학적 예禮 질서를 신속하게 회복하는 일이었다. 즉, 성리학적 명분론과 예 질서의 확립을 통해 신분제와 사회기강을 안정적으로 유지하고자 했던 것이다. 이런 이유로 손처눌은 주자가례에 기반한 존조尊祖의 예를 실천하기 위해 영모당을 세우고, 유학의 가르침을 심화·보급하기 위해 서원을 중수하는 등의 노력을 기울였다. 그리고 1599년에는 47세의 늦은 나이에 장남 손첨孫添이 태어났는데, 이것 역시 손처눌의 삶에서 주요 전환기가 되었다고 할 수 있다.

이처럼『모당일기』는 손처눌이 관직 진출을 포기하고 재야학자로 살다가 임진왜란으로 인해 붕괴된 성리학적 질서를 수립하려는 사회 분위기 속에서 작성되기 시작했다. 그래서인지『모당일기』에는 거의 모든 조항에 빠짐없이 기록된 것이 두 가지 있는데, 하나는 "선조의 사당에 배알했다"는 것이고, 다른 하나는 "어떤 책을 읽었다"는 것이다. 이는 곧 자기 성찰을 통해 내적 충실을 추구하면서 실천적 행동(주자가례적 예의 수행)을 통해 그것을 실현하는 것과 다름없었다.[4]

여기서는 17세기 유학자의 의례생활을 이해하기 위해 일정 기간 동안 이루어진 의례 활동을 중심으로 그 양상을 살펴보고자 한다. 이와 관련해 1600~1630년까지의 일자별 작성 경향을 살펴보면, 1600년에 일기를 작성하면서부터 중반까지는 누락된 일자가 거의 없이 충실히 기록되어 있는 편인데, 1612년(60세)에 접어들어서부터는 결락 부분이 나타나기 시작한다. 그러면서 "몸이 매우 불편했다[氣甚不調]"라는 내용이 자주 보이는데, 이는 1619년 7월 16일에 부인 창녕 조씨가 숨을 거두고, 이듬해 1620년에 스승인 한강寒岡 정구鄭逑(1543~1620)와 외숙모가 세상을 뜨고, 1622년에 영천의 고모(호수 정세아의 아내)가 작고하면서부터 더욱 빈번히 기술되고 있다. 이처럼 노화에 따른 육체적 쇠약이 진행되는 가운데 주변 사람의 사망으로 인해 심적 상실감이 가중되었을 것으로 보인다. 그래서인지 이 무렵에는 학질에 걸려 몸져눕거나 통풍으로 발가락 통증이 심해 제대로 걷지 못하는 등과 같이 중

증의 피로감을 호소하고 있는데, 이런 이유로 1619년(67세)부터는 일기에 누락된 일자가 현저히 증가하고 있다. 따라서 여기서는 비교적 충실한 내용이 기록되어 있는 1605~1607년을 중심으로 살펴보기로 하자.

〈표 1〉은 1년 주기의 의례 활동을 정리해둔 것이다. 이에 따르면 1605년에는 41건, 1606년에는 37건, 1607년에는 45건의 의례 관련 활동을 한 것으로 나타났다. 그런데 주목되는 점은 의례 활동의 대부분이 제례에 관련된 것이라는 사실이다. 구체적으로는 시사·기제사·생신제·절사·묘사·향사 등이다. 따라서 여기서는 1년 주기의 일상을 중심으로 의례생활의 전개 양상을 살펴보기로 한다.

1605년[5]

1월 1일에는 '평명平明 행제行祭', 즉 "해가 뜰 무렵에 제례를 행했다"고 적혀 있는데, 설 참례를 일컫는다. 이튿날에는 영모당에서 창산昌山으로 향했다. 이곳은 대구부大丘府 가창면嘉昌面에 있는 마을로, 손처눌이 예전에 살던 집이다. 당시에는 별장으로 이용했다. 그러고는 영모당으로 돌아와서 매일 새벽마다 행하는 사당 참배와 『소학』 읽기를 반복하는 일상을 보냈다. 19일 아버지 생신에 신위 앞에 술과 과일을 차렸고, 27일에는 밭에 마늘을 심었다. 이와 관련해 『모당일기』에는 과실을 수확하고 농작물을 경작하는 내용이 적지 않은데, 추자(호두)가 가장 빈번하게 나타나며, 다음으로 감·밤·잣 등이다. 농작물의 경우 보리·콩·팥 등의 밭작물을 비롯해 벼농사도 경작했다. 실제로 손처눌은 모를 심어 수확하고 타작하는 일 등을 직접 관리했는데, 일기 곳곳에 "못

〈표1〉 1605~1607년의 의례생활 양상

일자	1605년(을사) / 53세	1606년(병오) / 54세	1607년(정미) / 55세
1월 1일	行祭		行朔參如儀
1월 13일			謁訥隱同居로係景徽起場」內艱
1월 15일		行望參如儀	
1월 19일	薦酒果于先考生辰	薦酒果于先考生辰	薦酒果于先考生辰
1월 28일		朝後行冠禮	
1월 29일		薦酒果于先妣生辰	
2월 1일	行朔參	行朔參如儀	
2월 3일	罷齋		
2월 4일			行祭
2월 8일		行祭	
2월 14일	行妻父忌事	行妻家忌事	
2월 15일	行望參	行望參如儀	
2월 16일	行先妣忌事	行忌祀如儀	行忌祀
2월 19일	行先考忌事	行忌祀如儀	行祭
2월 22일			
2월 23일	行時事		
2월 27일	哭旅櫬于李謹思家		
2월 28일		行時享如儀	
3월 1일	行朔參	行朔如儀	行朔參如儀
3월 6일			夕姑母訃至 乘月渡江臨喪
3월 7일	行墓祭 上旬		
3월 9일		行上旬 暮祭兩叔來參	
3월 10일		李弘中圍繞, 向李汝彬家	
3월 15일	行望參		行望參如儀
3월 28일			墓祀如儀
3월 29일			祀妻父母墓

일자	1605년(을사) / 53세	1606년(병오) / 54세	1607년(정미) / 55세
4월 1일	行朔參如儀		
4월 15일	行望參如儀		行望參如儀
5월 1일	行朔參如儀	行朔參如儀	行朔參
5월 5일	行節祀如儀	行節祀	行時享如儀
5월 14일	行時事如儀		
5월 15일	行望參如儀		行望參
5월 20일		行時享如儀	行妻外家忌祀
6월 1일	行朔參如儀	行朔參如儀	
6월 15일	行望參如儀		行望參如儀
6월 17일			午後向嘉甫殯次
6월 18일	行妻母忌事		行妻母忌祀
7월 1일	行朔參如儀		行望參如儀
7월 5일		行忌祀如儀	行忌祀
7월 15일	行望參如儀	行望參如儀	行望參如儀
8월 1일		行釋菜 / 行朔參如儀	行望參
8월 7일			祭時細雨
8월 9일	去向孫景徵喪次		
8월 15일		行望參	行望參
8월 24일	行忌事	行忌事如儀	行忌祀
8월 25일	行時享如儀		
8월 27일			行時享如儀
9월 1일	行朔參	行朔參	行朔參如儀
9월 9일			行禰事如儀 / 朝行節祀
9월 10일		行王父生辰祭	
9월 15일	行望參如儀	行望參如儀	行望參
9월 16일	行禰祀		

일자	1605년(을사) / 53세	1606년(병오) / 54세	1607년(정미) / 55세
9월 21일	行忌事		行曾祖妣忌祀
9월 22일		行禰祀	
10월 1일	行朔參		行朔參如儀
10월 6일	行上旬墓祀		
10월 10일		行上旬墓祀	
10월 11일		行妻家墓祀	
10월 14일	朝掃于外祖墓 朝後遍掃高曾及兩舅之墓		
10월 15일			行望參 / 朝後行墓祀
10월 16일			行妻父母墓祀
10월 17일		朝後拜外曾祖考妣及四代祖墓	
10월 24일			哭奠几筵而還
11월 1일	行朔參如儀	行朔參如儀	行朔參如儀
11월 4일			行時享如儀
11월 12일	行節祀如儀(冬至)		
11월 14일			行祭如儀
11월 15일	行望參如儀	行望參如儀	行望參如儀
11월 17일	行時享如儀		
11월 18일		未明往葬所下棺後致奠還	
11월 23일		行時享	
11월 25일			未明 發行
12월 1일		行朔參如儀	
12월 4일	行忌事如儀	行忌祀	行忌祭如儀
12월 14일	行忌祀如儀	行忌祀	行忌祭如儀
12월 15일	病不能行祭 主婦代行		行望參如儀

에 물이 말랐으니 아직 모내기를 하지 못했다. 대개 벼 이삭이 세 마디쯤 자라도록 모내기 때가 늦었으니 어찌하겠는가?"[6]하면서 안타까워하는 모습도 보인다. 한편 1623년에는 보리를 10곡斛[7] 수확한 것으로 기술되어 있고,[8] 1624년에는 보리 25섬을 거둬들였다.[9]

2월 1일은 사당 참배와 초하루 참례를 행했고, 오후에는 향교에 들어가 재계齋戒를 했으며 3일에 향사를 지내고 영모당으로 돌아왔다. 그러고는 사당 참배와 『소학』 읽기를 계속했으며, 때때로 지인들이 방문하여 담소를 나누는 일상을 보냈다. 14일에는 장인 기제사를 지냈으며, 15일에는 보름 참례를 행했고 16일에는 어머니 기제사를 올렸고 19일에는 아버지 기제사를 거행했다. 23일에는 사당에서 시사時祀를 지냈으며, 27일에는 칠곡 상지上枝에 거주하는 이근사李謹思[10]의 집으로 가서 조문을 행했다. 이튿날 28일에는 발인제에 참석하고 30일이 되어 영모당으로 돌아왔다.

3월 1일은 사당 참배와 초하루 참례를 행했으며, 이튿날 창산으로 가서 4일에 화전花煎을 만들어 봄나들이 갔다가 5일에 영모당으로 돌아왔다. 화전놀이는 삼월 삼진날 부녀자들이 행하는 꽃놀이로 알려져 있으나, 남성들도 여러 음식을 마련하여 화전을 만들어 먹으면서 시를 짓는 등의 풍류를 즐기곤 했다. 7일에는 한식 묘사를 지냈고, 이튿날에는 스승인 한강 정구 선생이 성주의 이천伊川에 오신다고 해서 길을 나섰다. 그곳에서 문하생들과 함께 스승을 모시고 뱃놀이 등을 즐기면서 회포를 풀고 12일에 영모당으로 돌아왔다. 15일에는 보름 참례를 올렸으며 이튿날부터 지인과 어울려 한가로운 시간을 보내다가 28일에 연경서원으로 가서 경전 강독을 하고 30일에 영모당으로 돌아왔다.

4월 1일은 사당 참배와 초하루 참례를 하고 이튿날 창산으로 갔다가 3일에 영모당으로 돌아왔다. 5일에 낙재樂齋 서사원徐思遠(1550~1615)이 방문해 술자리를 가졌고 이튿날부터 사당 참배와 『심경』 읽기를 하고 지인과 담소를 나누는 등 일상을 보내다가 15일에 보름 참례를 올렸다. 21일에는 논에 파종을 했고, 24일에 팔공산으로 향했다. 그곳에 서사원이 침을 맞으면서 뜸을 뜨고 있다는 소식을 들었기 때문이다. 팔공산에서 서사원과 담소를 나누고는 이튿날 영모당으로 돌아왔다.

5월 1일은 사당 참배와 초하루 참례를 행한 뒤 서당 지붕을 잇는 작업을 둘러봤다. 그러고는 『훈몽절구』를 읽으면서 일상을 보내다가 5일에 단오 절사를 지내고 창산으로 향했다. 8일에 영모당으로 돌아왔고 14일에 종숙 손린, 아우 손처약과 함께 시사를 지냈으며 이튿날에는 보름 참례를 올렸다. 16일에 창산으로 갔다가 20일에 영모당으로 돌아왔다. 이날부터 몸이 불편하다고 호소하더니 23일에는 음식을 삼킬 수 없는 지경에 이르렀다. 그런 상태에서 25일에 향교로 가서 유생들에게 시험을 보이려고 했으나 상황이 여의치 않아 영모당으로 다시 돌아왔다. 29일에 창산으로 갔다가 30일 저녁 무렵에 영모당으로 돌아왔다.

6월 1일은 사당 참배와 초하루 참례를 하고 이튿날 아우 손처약과 성주 이천伊川으로 향했다. 4일이 낙재 서사원의 생일이었기 때문이다. 그래서 이천에서 지인과 어울리다가 3일에 영모당으로 돌아왔다. 11일부터 파잠巴쏙에 가서 물고기를 잡기 위해 그물 짜는 일을 시작했다. 이와 관련해 『모당일기』에는 물고기에 관한 내용이 자주 등장하는데, 주로 황어黃魚[11]·은어·벽어碧魚[12] 등이다. 특히 은어는 냇가에서 직접 잡기도 했다. 일기에 "파잠巴岑 냇가에서 고기잡이를 구경했다. 은어 30마리를 잡았다",[13] "초저녁에 그물을 쳐 은어 11마리를 잡았다"[14] 등의 내용이 보인다. 그 외의 물고기는 주로 지인으로부터 얻었다. 물고기는 "비로소 사당에 은어를 올렸다"[15]라는 기록처럼 제물로 사용하거나 "저물녘에 밥을 하고 은어회를 쳤다"[16]라는 기록처럼 회를 쳐서 반찬이나 술안주로 삼았다. 15일에는 보름 참례를 올리고 18일에 장모 기제사를 지냈다. 19일에는 성주 이천에 자리한 서사원의 정자인 낙재樂齋로 가서 이튿날부터 지인들과 함께 뱃놀이를 즐기다가 25일 오후 무렵 영모당으로 돌아왔는데, 이날은 손처눌의 생일이었다. 그래서 이튿날까지 지인들이 술을 갖고 와서 축하를 받았다.

7월 1일은 사당 참배와 초하루 참례를 올리고 저녁 무렵에 연경서원研經書院[17]으로 가서 원우院宇 건립에 관한 회의를 하고 이튿날 영모당으로 돌아왔다. 3일은 친구 이가화李可和가 찾아와서 과음을 한 탓에 몸이 편치 않았다. 5일에는 몸이 회복되지 않은 상태에서 성주의 한강정사寒岡精舍로 향했다. 이천에 도착해 밤새 앓을 정도로 몸이 불편했지만, 이튿날 일행들의 부축을 받으며 한강정사로 가서 정구 선생을 모시고 술자리를 가졌다. 9일이 되어 불편한 상태로 영모당으로 돌아와서 심하게 앓다가 12일에 자리에서 일어나 사당 참배를 하고 『심경』을 읽는 등 일상을 회복했다. 당시 대부분의 선비가 그랬듯이 손처눌 역시 술과 시를 벗 삼아 풍류 생활을 즐겼는데, 과음으로 인해 며칠씩 자리에 누워 있는 등 숙취에 시달리는 경우도 적지 않았다. 이와 관련해 『모당일기』에 등장하는 술은 추로주秋露酒[18]·백주白酒[19]·절주節酒[20]·삼해주三亥酒[21]·묘주卯酒[22]·어한주禦寒酒[23]·화주火酒[24]·박주

薄酒[25] 등이다. 15일에는 백중 절사를 지내고 이튿날 16일에 창산으로 가서 지내던 중 비가 내려 물이 크게 불어나자 19일에 영모당으로 돌아왔다. 그러고는 비 피해를 막기 위해 재사 등의 건물 주변으로 담장을 쌓는 일을 했다.

8월 1일은 사당 참배를 했고 이튿날에는 마구간 담장을 쌓았다. 봄에 말을 잃었기 때문인데, 당시의 상황을 "소 잃고 외양간 고친다는 격"이라고 묘사해두었다. 3일에는 성균관에서 통문이 도착했는데, 내암 정인홍(1535~1623)이 「남명선생문집후발」에서 퇴계 이황(1501~1570)과 귀암 이정(1512~1571)을 공격한 것에 대해 성균관에서 통문을 내어 그를 비판하는 내용이었다. 9일에 손경징孫景徵의 부친 빈소에 조문을 가서 문상객과 성균관 통문에 관해 의견을 교환하고는 영모당으로 돌아왔다. 11일에 창산으로 가서 호두를 땄고, 14일에 영모당으로 돌아왔다. 16일에 다시 창산으로 가서 밤과 호두를 땄고, 19일에 영모당으로 와서 24일에 조부 기제사를 올렸으며 25일에는 시사를 지냈다.

9월 1일은 사당 참배와 초하루 참례를 올리고 7일에 낙재 서사원과 채정응蔡靜應[26] 등의 지인과 함께 서호촌西湖村에서 술자리를 갖고 나서 저녁 무렵에 영모당으로 돌아왔다. 10일에는 향교 대성전의 대들보 허리 부분에 날카롭게 찍힌 자국이 있어 이를 수리하기 위해 고유告由를 올렸다. 15일에는 보름 참례를 행했으며 16일에 녜사禰祀[27]를 지냈고 17일에는 창산으로 가서 지인들과 만남을 가졌으며 20일에 영모당으로 돌아왔다. 21일에는 계증조모[28] 기제사를 지냈다.

10월 1일은 사당 참배와 초하루 참례를 행하고 4일에 향교로 가서 대들보 중수 문제를 의논했는데 "훌륭한 목공은 재목을 버리지 않는 다"는 옛말에 따라 교체하지 않고 찍힌 부분만 깎아내고 그대로 사용 하기로 했다. 6일에 상순上旬 묘사를 지냈으며 10일에는 인동 묘사를 지내기 위해 길을 나섰다. 14일에 외할아버지·외고조 할아버지·외증 조 할아버지·외숙부모의 묘소에 성묘를 하고 이튿날 영모당으로 돌 아왔다.

11월 1일은 사당 참배와 초하루 참례를 행했다. 6일에 창산으로 갔 는데 밤새 다리가 뻣뻣하고 붓는 증상에 시달렸다. 10일까지 통증이 심해 제대로 걸을 수 없는 상태로 있다가 11일에 부축을 받아 영모당 으로 돌아왔다. 한편 일기 가운데 "팔이 아프고, 오른쪽 머리에 때때로 찌르는 듯한 통증이 있는데 풍 때문이다",[29] "이날 밤 새벽까지 발가락 하나가 아팠다",[30] "발이 부었다. 발이 아팠다. 발이 아파서 밤새 괴로 웠다"[31] 등의 내용이 있는데, 이로 볼 때 손처눌은 통풍을 앓고 있었던 것 같다. 그외 종기·이질·눈병·두통 등에도 시달렸다는 기록이 곳곳 에 있다. 이어 12일에 동지 절사를 지냈고 15일에는 보름 참례를 올렸 으며 17일에 시사를 거행했다. 그리고 10월부터 시작한 『역학계몽』을 읽으면서 일상을 보냈다.

12월 1일은 사당 참배를 하고 4일에는 증조모(달성 서씨) 기제사를 모 셨으며 5일에 창산으로 갔으나 몸이 불편해서 7일에 부축을 받으면서 영모당으로 돌아왔다. 12일에 몸이 겨우 회복되어 사당 참배를 하면서 일상을 되찾았다. 14일에 조모 기제사를 모셨으며 15일에는 몸이 불 편하여 아내가 대신 보름 참례를 올렸다. 급기야 16일부터 병으로 몸 져누워 있다가 21일부터 사당 참배를 시작했으나 여전히 몸이 불편한 상태였다. 22일에는 오랫동안 향교에 출입하지 않았던 관계로 불편한 몸을 이끌고 향교에 갔다가 저녁 무렵 영모당으로 돌아왔다.

1606년[32]

1606년은 전년도와 마찬가지로 각종 의례 실행,『주서절요』등의 경전 읽기, 향교와 서원에서의 강독, 친인척이나 지인들과의 교유 등과 같은 일상이 반복되었는데, 그중에서도 향교 건물을 짓는 일에 많은 시간을 할애했다. 집안에서는 종숙 손린이 문과에 급제하는 경사가 생겨 12월 23일에 술과 과일을 차려 가묘에 고유를 했다. 당시 손처눌은 "선조의 사업을 복구했으니 감격스러운 눈물에 마음을 추스르기 힘들었다"라고 심정을 토로했다. '선조의 사업'이란 6대조 손조서孫肇瑞가 세종 때 문과급제를 한 뒤 종숙 손린이 문과에 급제함으로써 이른바 가업家業을 잇게 되었다는 뜻이다. 제례의 경우 매일 새벽마다 사당 참배와 초하루와 보름에 행하는 참례, 시사와 기제사를 실행하는 등 크게 달라진 것은 나타나지 않는다.

1607년[33]

1607년은 사당 참배와 삭망 참례, 시사와 기제사 등의 의례를 실행하고,『훈몽절구』와『퇴계집』등의 경전을 읽고 서원 등에서 강독을 하고 지인들과 풍류를 즐기면서 교유를 하는 일상을 보냈다. 그러는 가운데 3월 6일에 팔거八莒(현재의 칠곡)에 거주하는 고모가 숨을 거두었다. 손처눌은 저녁 무렵 부고를 받은 즉시 팔거로 길을 떠나 이튿날 소렴을 하고 8일에 입관, 9일에 빈소를 차리고 성복成服을 한 뒤 집으로 돌아왔다. 6월 5일에는 파잠에 사는 양가보楊嘉甫가 세상을 떴는데, 그는 호수 정세아의 사위이자 손처눌의 고종사촌 매형이다. 양가보는 『모당일기』에 자주 등장하는 인물 가운데 한 명으로, 술자리 등에 거의 빠짐없이 참석하고 있으며 심지어 손처눌 집안의 시사에 참여할 정도로 친분이 돈독했다. 이런 이유로 손처눌은 부고를 접하자마자 한걸음에 달려가서 애도를 표했다. 9월과 10월에는 눈병과 손 통증에 시달리기도 했다.

이처럼 『모당일기』 중에서 누락된 일자가 거의 없는 1605~1607년을 중심으로 전체 30년간의 내용을 대조하면서 살펴봤는데, 한 가지 특이한 점이 드러났다. 즉, 일상의 대부분이 정형화된 패턴에 의해 진행된다는 사실이다. 그런데 일상의 정형성은 오늘날의 삶에서도 나타나는 경향인데, 다만 지금의 정형성은 생업 영역을 중심으로 적용되는 반면에 조선시대 유학자들은 생업과 무관한 영역에서 드러난다는 점이 다르다. 『모당일기』에 나타난 일상의 정형성은 대략 세 가지로 분류된다. 첫째 매일 혹은 매월 정기적으로 반복되는 유형이고, 둘째 비록 부정기적이기는 하지만 일정한 주기성을 갖고 반복되는 경향을 보이는 유형이고, 셋째 사안이 발생할 때마다 부정기적으로 행해지는 유형이다. 오른쪽 그림은 정형성의 강도에 따른 일상의 내용을 나타낸 것이다.

그림에서 보듯이 『모당일기』에 나타난 일상의 종류는 크게 의례·독서·교유·교육·생업·경조사·문병 등으로 분류된다. 일상의 정형성이 강한 영역에는 새벽마다 이루어지는 사당 참배,[34] 매달 초하루와 보름에 행하는 참례參禮,[35] 절기節氣에 실행하는 의례, 기일의 기제사,

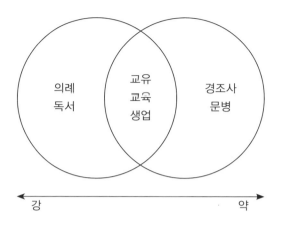

의례
독서

교유
교육
생업

경조사
문병

강   약

정형성의 강도에 따른 일상의 내용

향교의 향사 등의 의례 활동이 있다. 이들의 공통점은 수행 시기가 고정되어 있다는 점인데, 사당 참배는 매일 새벽이고 삭망 참례는 매월 1일과 15일, 시사는 2월·5월·8월·11월이고,[36] 절사는 한식·단오·중양절·동지 등의 명절이고, 기일은 고인이 작고한 날이고, 향사 역시 춘추의 정일丁日로 정해져 있다. 이와 더불어 『소학』이나 『심경』 등의 성리학 경전을 읽는[37] 독서 활동도 정형성이 강한 영역에 속한다. 다만 이는 고정된 날짜가 아니라 스스로 규칙을 정해 실천하는 일상이라는 점이 다르다. 다음은 정기적 속성은 갖고 있지 않으나 일상을 영위하는 과정에서 주기적으로 반복되는 영역으로, 향교나 서원 등에서 강독과 강론을 하는 교육 활동, 지인들과 만나서 술자리를 가지면서 풍류를 즐기는 등의 교유 활동, 논밭을 중심으로 한 농작물 경작과 호두·밤·감 등을 따고 물고기를 잡는 일 등의 생업 활동이 포함된다. 이들 활동은 수행 일자가 고정되어 있지는 않지만 30년간의 일기를 통해 볼

때 거의 빠짐없이 반복되는 양상을 보이고 있다. 이런 점에서 이들 일상은 정형성과 비정형성의 중간 지점에 자리하고 있는 셈이다. 마지막은 그야말로 특별한 사안이 생길 때마다 행해지는 것으로 관례의 빈객, 혼례의 상객, 상가 조문을 비롯해 친인척과 지인들에게 문병을 가는 것 등이 해당된다. 이들은 행위 유발 요소가 발생했을 경우에만 수행된다는 점에서 정형성은 거의 보이지 않는다고 할 수 있다.

이처럼『모당일기』에 기록된 30년간의 일상을 살펴볼 때 의례 활동은 정형성의 강도와 수행 빈도에서 가장 높은 비율을 보이고 있으며, 다음으로는 독서와 교육 등의 학문 활동이다. 이런 경향은 조선시대 유학자들의 보편적인 일상 유형이라 할 수 있다. 특히 의례 영역의 경우 정형성이 비교적 약한 관례·혼례·상례 등의 경조사까지를 포함하면, 일상에서 의례 활동이 차지하는 비중은 더욱 높아진다. 이와 마찬가지로 독서 영역에 강독과 강론 등의 교육을 추가하면 학문 활동 역시 높은 비율을 나타낸다. 이로 볼 때 17세기 유학자들의 일상은 의례와 학문을 중심으로 전개된 셈인데, 이는 곧 주자가례의 실천 및 유학의 이론적 심화를 위해 노력하고자 했던 의지의 표출이라고 할 수 있다.

의례의 실천 양상, 주자가례와 고유 습속의 혼재

『모당일기』에는 다양한 의례 활동이 기술되어 있다. 기본적으로는 매일 새벽마다 행해지는 사당 참배를 비롯해 관혼상제례와 관련된 내용인데, 이 가운데 가장 두드러진 것이 제례다. 구체적으로는 조상의 기일에 올리는 기제사, 네 계절에 지내는 시사, 묘소에서 행하는 묘사墓祀, 부모를 위한 녜사禰祀, 절기에 행하는 속절제[節祀] 등이다. 이 의례들은 집안에서 이루어지는 '가례'에 해당하는 셈이다. 그런가 하면 집 밖에서는 향교의 석전의례에 참사하는 내용도 자주 등장한다. 특히 손처눌은 향촌사회의 교화를 담당하고 있는 유학자로서의 책무를 성실히 수행하기 위해 3일 전부터 향교에 들어가 재계를 하고 향사에 참여하는 모습을 보이고 있다. 여기서는 『모당일기』에 기술된 집안 제례를 중심으로 17세기 전반의 의례 실행 양상을 살펴보고자 한다.

손처눌은 제례를 실행하고 나서 일기를 작성할 때 '행ㅇㅇ여의行ㅇㅇ如儀'라는 표현을 자주 사용했다. 예를 들어 삭망 참례에서는 '행삭(망)참례여의行朔(望)參禮如儀', 기제사에서는 '행기사여의行忌祀如儀', 시사 때는 '행시향여의行時享如儀', 절사節祀에서는 '행절사여의行節祀如儀', 묘사는 '묘사여의墓祀如儀' 등이다. 넓게 풀이하면 '의儀에 맞춰 의례를 수행했다'라는 뜻이다. 여기서 '의儀'는 '예법' 곧 '주자가례'를 말한다. 따라서 정확한 의미는 '주자가례에 부합하여 의례를 수행했다'가 된다. 이처럼 당시 유학자들은 주자가례를 예법의 최고치로 간주했던 까닭에 「행장行狀」등에도 '한결같이 주자가례대로 했다[一依朱子家禮, 一遵朱子家禮]'라는 구절을 반드시 적어 넣었다.[38] 그만큼 주자가례는 유학자들의 정체성을 확인하는 도구로 활용되었던 것이다.

『모당일기』에 나타난 의례 활동 중에서 가장 큰 비중을 차지하는 것은 기제사다. 〈표 2〉에 따르면 손처눌이 30년 동안 지낸 기제사의 종류는 총 16종(기제사 13종, 생신제 3종)이다. 기제사의 대상은 직계·외계外系 처계妻系로 나타났으며 생신제의 대상은 조부·아버지·어머니다.

〈표 2〉 일자별 기제사 및 생신제 실행 양상

일자	직계	외가	처가
1월 19일	부친 생신제		
1월 29일	모친 생신제		
2월 14일		·	장인 기제사
2월 16일	모친 기제사		
2월 19일	부친 기제사		
3월 11일		외조모 기제사	
5월 20일			처외가 기제사
6월 18일			장모 기제사
7월 5일	증조부 기제사		
7월 16일	아내 기제사		
8월 24일	조부 기제사		
9월 10일	조부 생신제		
9월 21일	계증조모 기제사		
11월 14일		외조부 기제사	
12월 4일	증조모 기제사		
12월 14일	조모 기제사		

손처눌은 기제사를 지내기 하루 전에 재계를 수행했는데, 대부분 '치재'로 기술되어 있다. 재계에는 산재散齋와 치재致齋가 있으며, 기제사의 경우 산재 2일과 치재 1일이다.[39] 손처눌의 경우 산재는 생략하고 치재만 행한 것으로 나타난다. 산재는 행위에 의해 수행되는 재계로, "기일 하루 전에 주인과 주부를 비롯한 참사자는 목욕을 하고 옷을 갈아입고 흉사에 관여하지 않고 부추와 마늘 등 냄새나는 음식을

먹지 않는다"⁴⁰ 등과 같이 일상에서 절제된 생활을 수행하는 것을 일
컫는다. 치재는 내적으로 실행하는 재계로, 『예기』에 따르면 "재계하
는 날 그 거처를 생각하고 그 웃음과 말씀을 생각하고, 그 뜻을 생각하
고, 즐거워하시던 일을 생각하고, 즐기시던 것을 생각할 것이니…"⁴¹
라고 설명하고 있다. 이와 관련해 손처눌은 어머니의 기제사를 지내고
는 "슬프고 사모하는 마음은 늙어갈수록 더욱 깊어진다. 통곡한들 어
찌하겠는가? 이전에 곤궁함이 심해 봉양을 제대로 할 수 없었으니 참
으로 불효자식인데 축문에 '효자'라고 적어 매우 부끄럽고 죄송하다.
오늘부터 '효'자를 없애겠다"면서 애통한 심정을 토로하고 있기도 하
다.⁴²

생신제는 할아버지, 아버지와 어머니에게만 수행한 것으로 되어 있
다. 세 분의 생신날에 사당에 모셔진 신위 앞에 술·과일·나물 등의 제
물을 차린 뒤 단헌單獻을 행했다. 생신제는 주자가례에는 명시되어 있
지 않으나 조선시대 일기 자료 등에 다수 나타나는 우리 고유 습속이
라 할 수 있다. 흥미로운 점은 『모당일기』에 기술된 집안 의례는 기제
사·시사·절사·생신제·묘사 총 5종인데, 생신제에만 '행○○여의行
○○如儀'라는 구절을 사용하지 않았다는 사실이다. 즉, 생신제를 지내
고 나서는 '천주과우선고생신薦酒果于先考生辰'(아버지 생신날에 술과 과일
을 올렸다), '천전선고생신薦奠先考生辰'(아버지 생신날에 음식을 올렸다) 등의
내용을 기술해둔 것이다. 또한 여타 의례와 달리 생신제에는 재계가
수반되지 않는 것도 주목되는데, 이로 볼 때 생신제는 제례가 아니라
조상의 생신을 축하드리는 일종의 의식儀式이라고 할 수 있다.

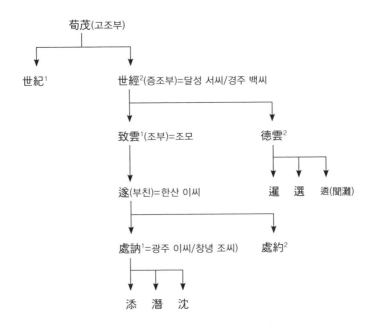

荀茂(고조부)

世紀¹   世經²(증조부)=달성 서씨/경주 백씨

致雲¹(조부)=조모   德雲²

逐(부친)=한산 이씨   暹 選 避(聞灘)

處訥¹=광주 이씨/창녕 조씨)   處約²

添 潛 沈

〈그림2〉 손처눌 집안의 가계도

위 가계부에서 보듯이 손처눌의 고조부인 손순무는 음직으로 주부
主簿를 한 인물로, 슬하에 손세기孫世紀와 손세경孫世經 형제를 두었는
데 손처눌의 증조부는 차남 손세경이다. 따라서 손처눌의 기제사 대상
은 증조부모·조부모·부모·후취 창녕 조씨⁴³다. 그리고 증조모의 경우
달성 서씨가 세상을 뜬 뒤 후취로 들어온 경주 백씨까지 포함하면 직계
조상의 기제사는 7회가 되는 셈이다. 외가는 외조부모의 기제사 2회,
처가는 장인과 장모(후취 창녕 조씨의 부모), 1619년에 사망한 창녕 조씨,
처외가 조상의 기제사⁴⁴ 등 4회다. 이처럼『모당일기』를 통해 17세기
에도 주자가례에 입각한 부계 중심의 친족체계가 완전히 정착하지 않고
외손 봉사 등과 같은 양계 친족 관행이 지속되었음을 알 수 있는데, 이는

동일한 시기에 작성된 여타 일기에서도 확인된[45] 일반적 경향이다.

그런가 하면 의례생활 등에서 양계적 속성이 공존하면서도 부계 우위적 관념이 나타나기도 한다. 즉 외가와 처가의 제사는 외조부모, 장인, 장모로 국한되어 있는 반면에 직계 조상의 제사는 집안 창시자(증

〈표 3〉 대상별 기제사·생신제 실행 연도

구분	대상	기일	연도
직계	증조부 기제사	7월 5일	1601/1602/1604/1606/1607/1608/1609/1610/1611/1612/1615/1616/1617/1618/1619/1620/1621/1626
	증조모 기제사	12월 4일	1601/1605/1606/1607/1608/1609/1610/1611/1612/1614/1615/1616/1617/1620/1621/1625/1628
	계증조모 기제사	9월 21일	1602/1605/1607/1608/1609/1610/1611/1616/1617/1618/1623/1624
	조부 기제사	8월 24일	1601/1602/1604/1605/1606/1607/1608/1610/1611/1612/1613/1615/1616/1620/1622/1627/1629
	조부 생신제	9월 10일	1601/1602/1608/1609/1610/1617/1618/1622/1623
	조모 기제사	12월 14일	1601/1605/1606/1607/1608/1609/1610/1611/1612/1614/1615/1617/1619/1620/1621/1624/1625/1628
	부친 기제사	2월 19일	1600/1601/1602/1604/1605/1606/1607/1608/1609/1610/1611/1612/1613/1614/1615/1616/1617/1618/1620/1622/1624/1625/1626/1627

구분	대상	기일	연도
직계	부친 생신제	1월 19일	1601/1602/1604/1605/1606/1607/1608/1611/1612/1614/1616/1617/1618/1619/1622/1627/1630
	모친 기제사	2월 16일	1600/1601/1602/1604/1605/1606/1607/1608/1609/1610/1611/1612/1613/1614/1615/1616/1617/1618/1620/1622/1624/1625/1626/1627
	모친 생신제	1월 29일	1602/1604/1606/1611/1614/1616/1617/1618/1622/1627
	아내 기제사*	7월 16일	1620/1621/1623
외가	외조부 기제사	11월 14일	1607/1612/1613/1614
	외조모 기제사	3월 11일	1615
처가	장인 기제사	2월 14일	1600/1602/1604/1605/1606/1608/1609/1610/1611/1612/1613/1615/1616/1617/1618/1622/1625/1626/1627
	장모 기제사	6월 18일	1605/1607/1612/1615/1616/1617
	처외가 기제사	5월 20일	1607

* 후취 창녕 조씨는 1619년에 사망하여 이듬해부터 기제사를 지내기 시작했다.

조부모)까지 대상으로 삼고 있는 것이다. 이는 아마도 외가와 처가의 제사는 봉사손奉祀孫(아들)이 없는 불가피한 상황에서 심정적으로 행해지는 '정례情禮'의 일종이고, 직계 조상의 제사는 가계 계승을 위해 실행되는 '정례正禮'로 간주했기 때문으로 보인다. 이와 관련해 〈표 3〉은 대상별로 기제사 실행 빈도를 정리한 것으로, 직계에 비해 외가와 처가의 실행 횟수가 현저히 낮게 나타나고 있다. 또 외조모에 비해 외조부의 제사 그리고 장모에 비해 장인의 제사를 더 충실히 수행하고 있는 점도 주목되는데, 이는 남계男系 중심적 친족 관념에 따른 결과로 보인다. 이처럼 외가와 처가의 제사는 인정상人情上 모시는 것이기에 엄격한 규칙이 아니라 탄력적으로 실행되었던 것으로 보인다.

〈표 4〉는『모당일기』에 나타나는 절사節祀의 종류다. 주자가례에 "중국 고대에는 속절이 없었기 때문에 제사도 지내지 않았으나 당시의 세속에서 잔치를 하고 즐기는 풍습이 있었기에 제향을 하고, 이는 올바른 예는 아니지만 인정상 행한다"고 설명하고 있다. 그리고 속절인 청명·한식·단오·백중·중양(9월 9일)에 그 계절의 과일과 나물, 차, 술을 올린다고 덧붙이고 있다. 이와 관련해 주자가례에서는 '정지삭망正至朔望'을 별도로 편성하여 정조正朝(설)·동지·초하루·보름에 감실마다 햇과일·차·술을 차려 예를 행한다고 명시해두었다.[46] 이처럼 주자가례에서는 정지삭망을 제외한 나머지 절사는 속절에 지내는 것으로, 민간에서 행해지는 이른바 비공식적 의례로 간주하고 있다.

조상의 기일과 생신일에 맞춰 실행하는 기제사·생신제와 달리 절사는 계절의 흐름에 따라 수행하는 의례다. 〈표 4〉에서 보듯이『모당일기』에는 시사·설(정조)·한식·단오·유두·백중·추석(중추)·중양·동

〈표 4〉 절사의 시기와 종류(시사 및 녜사 포함)

일자	실행 장소	
	사당	묘소
1월 1일	설(정조正朝)	
2월	시사	
3월		묘사(한식)
5월 5일	단오	
5월	시사	
6월 15일	유두	
7월 15일	백중	
8월 15일	추석(중추)	묘사(중추)
8월	시사	
9월 9일	중양	
9월	녜사禰祀	
10월		묘사
11월	시사	
11월	동지	

지·녜사·묘사 등과 같이 총 11종의 절사가 나타난다. 시사의 경우 주
자가례에는 2월·5월·8월·11월에 실행하도록 되어 있는데, 이는『모
당일기』에서도 그대로 준수되고 있다. 시사는 고대 중국에서는 정제正
祭라고 해서 왕실의 종묘에서 춘하추동 사계절마다 대향大饗을 올리듯
이 모든 제사의 으뜸으로 간주되었다.[47] 이와 마찬가지로 주자가례에
서도 사시제四時祭라는 명칭으로「제례」편의 가장 앞부분에 배치해두
었다. 그래서인지『모당일기』에서도 여타 절사는 누락된 경우도 적지

않으나 시사는 비교적 충실히 수행하고 있는 편이다.

다음은 설·한식·단오·유두·백중·추석·중양·동지 등의 절사인데, 주자가례에서는 설과 동지를 제외하고 모두 속절로 간주하고 있다. 다만 『모당일기』에는 주자가례에서 거론한 청명·한식·단오·백중·중양 가운데 청명은 나타나지 않고, 대신 유두와 추석이 추가되었다. 이와 관련해 『국조오례의』에서는 설·동지·한식·단오·추석을 5개 속절이라 했으며, 여기에 상원上元(정월 보름)·중원中元(7월 15일)·칠석·중양에도 의례를 올린다고 기술되어 있다.[48] 흥미로운 점은 주자가례와 『국조오례의』에는 유두에 관한 내용이 보이지 않는다는 사실이다. 그런데 『동국세시기』에 "내가 생각하건대 고려 명종 때의 학자 김극기金克己가 쓴 『김거사집金居士集』에 '경주의 옛 풍속에 6월 보름날 동쪽으로 흐르는 물에 머리를 감아 불길한 것을 씻어버리고 그곳에서 재앙을 물리치는 제祭를 올린 후 술을 마시는데 이것을 유두연流頭宴이라고 한다'고 했다. 지금 조선 풍속에서도 이것을 이어받아 속절로 삼고 있다. 경주에는 아직도 이런 풍속이 남아 있다"[49]고 설명한 내용이 있다. 이로 볼 때 유두는 우리의 고유 습속이었던 것 같다. 한편 속절은 시절 음식을 올리는 의례로, 여타 제례에 비해 간략하게 진행하는 편이다. 태촌泰村 고상안高尙顔(1553~1623)은 속절에 올리는 제물의 종류와 분량을 다음과 같이 제시한 바 있다.[50]

- 설(정조正朝) : 면麵은 만두를 쓰고 병餅은 떡국을 올리고 제물은 시사時祀보다 간단히 한다.
- 한식 : 묘제를 지내되 시사와 제물을 동일하게 한다.

- 단오 : 면을 올리고 떡은 각서角黍로 대신하고 어육은 적炙 1미味와 탕湯 2미를 쓴다.
- 추석 : 면과 떡을 올리고 나머지는 단오와 동일하다.
- 상원 : 약밥[藥飯]을 올리고 김치[沈菜]와 어육 각 1미를 올린다.
- 답청踏靑 : 화전병花煎餠을 올리고 꽃이 피지 않았으면 쑥떡[艾糕]으로 대신한다. 김치와 어육 각 1미를 올린다.
- 칠석 : 연병軟餠을 올리고 어육 각 1미를 올린다.
- 중원 : 햅쌀[新稻米]을 올리고 햅쌀을 구하지 못하면 상화떡[霜花餠]으로 대신한다. 어육 각 1미를 올린다.
- 중양重陽 : 대추떡[棗糕]을 올리고 대추가 없으면 밤과 감으로 대신한다. 어육 각 1미를 올린다.
- 동지 : 팥죽[豆粥]·면·떡 가운데 한 가지를 올리고 흰콩을 쓴다. 어육 각 1미를 올린다.
- 납일臘日 : 면과 떡 가운데 한 가지를 올리고 어육 각 1미를 올린다.

위의 내용에서 보듯이 속절 의례는 비교적 간소하게 수행되고 있음을 알 수 있다. 고상안이 거론한 속절은 총 11종으로, 『모당일기』에 비해 유두와 백중이 없고 대신에 상원·답청·칠석·중원·납일이 추가되었다. 그런데 중원인 7월 15일은 백중과 겹치기 때문에 이를 제외하면, 결국 『모당일기』에는 상원, 답청, 칠석, 납일이 누락되어 있는 셈이다. 한편 고상안은 "속절에는 당연히 시절 음식을 올려야 하나 요즘에는 설·한식·단오·추석은 중히 여기고 상원·답청·칠석·중원·중양·납일 등은 가볍게 넘어간다"[51]고 지적하고 있다. 그러면서도 그 역시 속절의 수행 방식에 경중輕重을 두고 있는데, 즉 설과 한식에는 삼헌三獻을 하고 나머지 속절에는 술 1잔만 올리고 한식에만 묘제를 지내도록 명시해둔 것이다. 이와 마찬가지로 도암陶菴 이재李縡(1680~1746)의 『사례편람』에서도 설·한식·단오·추석을 4절일로 규정하고 있다. 그런데 『모당일기』의 경우 한식·단오·중양·동지를 여타 속절에 비해 누락하지 않고 비교적 충실히 실행하는 등 비중 있게 실행하고 있는 편이다. 이처럼 『모당일기』의 속절 의례에서는 주자가례의 원칙과 고유 습속이 혼재하는 양상을 보이는데, 이는 17세기뿐만 아니라 조선시대를 거쳐 오늘날까지 지속되는 경향이기도 하다.

네사禰祀의 '네禰'는 '아버지를 모신 사당'을 의미한다. 이처럼 네사는 부모를 위한 제례로, 음력 9월에 지낸다. 주자가례에서는 네사를 수행하는 이유를 "계추季秋(9월)는 만물이 성숙하기 시작하는 때므로 그 유사함을 형상하여 제사지내는 것이다"[52]고 했다. 이는 "지금 가을이 되어 만물이 성숙하는 때를 맞아 추모하는 마음이 하늘과 같이 넓고 끝없이 지극합니다"라는 네사의 축문에서도 잘 드러난다. 이런 점에서 네사는 만물을 수확하는 기쁜 계절을 맞이하게 된 감사한 심정을 부모에게 고하는 의례라고 할 수 있다. 한편 네사는 주자가례에는 6종의 제례에 포함되어 있지만, 실제 관행에서는 거의 실행되지 않았던 탓에 율곡 이이의 『격몽요결』 등에도 생략되어 있다.

묘사의 경우 『모당일기』에는 3월 한식, 8월 15일 추석, 10월 상순[53]에 수행하는 것으로 나타났다. 주자가례에는 3월 상순에 묘제를 행하도록 되어 있으나 우리 고유 습속에서는 설·한식·단오·추석에 지내왔다. 이런 이유로 주자가례가 도입된 후 사당 중심의 의례가 강조되면서 속절 묘제를 폐지하도록 권장했지만, 여전히 지속된 것으로 보인다. 특히 회재晦齋 이언적李彦迪(1491~1553)은 『봉선잡의』에서 "우리나라에서는 설·한식·단오·추석에 묘소에 가서 배소拜掃를 하니 지금 와서 폐지할 수는 없다. 이날 아침 사당에 가서 시절 음식을 올리고 묘소에 가서 술을 올리고 절을 해도 무관하다"고 언급한 바 있다.[54] 이로 볼 때 손처눌 역시 고유 습속에 근거하여 묘사를 수행했음을 알 수 있다.

〈표 5〉는 시사와 녜사를 비롯한 속절 의례의 실행 연도를 정리한 것이다. 이에 따르면 1월 1일의 설(정조) 절사의 실행 빈도가 가장 높게 나타났으며 다음으로 한식, 단오, 10월 묘사, 추석, 절사의 순이다. 그리고 시사의 경우에는 네 계절 모두 큰 편차 없이 수행되고 있는 편이다. 그런데 속절 의례에서는 한식과 단오에 비해 유두·백중·중양·동지의 실행 빈도가 현저히 낮게 나타났다. 한편 주목되는 점은 추석의 경우 사당의 절사와 묘사를 겸행했다는 사실이다. 물론 절사 수행에 비해 묘사의 빈도는 현저히 낮게 나타나지만, 이것 역시 설·한식·단오·추석에 묘사를 지내온 우리 고유 습속에 근거한 것으로 해석된다.

이처럼 『모당일기』에서는 설과 추석, 한식과 단오를 비교적 중히 인식하고 있었음을 알 수 있다. 이런 경향은 앞서 언급했듯이 주자가례에서 정지삭망正至朔望, 곧 설과 동지, 초하루와 보름을 공식적 의례로 여기고, 나머지 청명·한식·단오·백중·중양은 민간의 속절로 간주한 것과 매우 유사하다. 그러는 한편 유두 절사, 추석 절사와 묘사, 10월 묘사 등과 같이 우리의 고유 습속도 꾸준히 실행하는 내용도 확인되는데, 이는 곧 주자가례에 대한 '규범적 실천'이자 고유 습속에 대한 '관행적 실천'의 결과라고 할 수 있다.

〈표 5〉 절사의 실행 연도(시사 및 네사 포함)

일자	종류	연도
1월 1일	절사(설)	1601/1602/1604/1605/1607/1608/1609/1610/1612/1613/1614/1615/1616/1617/1618/1622/1624/1625/1626/1627/1628/1630
2월	시사	1600/1604/1605/1606/1610/1611/1612/1613/1614/1615/1616/1617/1618/1622/1626
3월	묘사(한식)	1600/1601/1602/1604/1605/1606/1607/1610/1611/1612/1613/1614/1615/1616/1617/1623/1625/1627
5월 5일	절사(단오)	1605/1606/1608/1609/1610/1612/1615/1616/1617/1618/1619/1620/1622/1624/1625/1626/1627/1629
5월	시사	1601/1602/1604/1605/1606/1607/1612/1616/1617/1621/1622/1623/1626
6월 15일	절사(유두)	1601/1602/1604/1605/1607/1608
7월 15일	절사(백중)	1601/1605/1606/1607/1608/1614/1617
8월 15일	절사(추석)	1604/1606/1607/1608/1609/1612/1613/1614/1615/1616/1617/1618/1620/1622/1629
8월 15일	묘사(추석)	1601/1602/1626
8월	시사	1602/1604/1605/1607/1609/1610/1612/1616/1617/1618/1629
9월 9일	절사(중양)	1601/1604/1608/1609/1610/1616/1617/1618/1623
9월	네사	1604/1605/1606/1607/1608/1611/1613/1614/1615/1616/1618
10월	묘사	1604/1605/1606/1607/1608/1609/1611/1612/1614/1615/1616/1617/1618/1619/1621/1622/1623
11월	시사	1601/1602/1604/1605/1606/1607/1609/1610/1611/1612/1613/1614/1624
11월	절사(동지)	1605/1612/1615/1616/1617/1618

유학자의 일상과 의례생활

17세기는 임진왜란으로 인해 붕괴된 사회질서를 회복하기 위해 힘을 쏟던 시기로, 그 중추적 역할은 중앙과 지방의 유학자들이 담당했다. 대구 지역의 유학자였던 손처눌 역시 재야학자로서 성리학적 이념을 체화하고 주자학적 예禮를 실천하는 데에 노력을 기울였는데, 이런 그의 삶은 『모당일기』에 잘 나타나 있다. 『모당일기』는 손처눌이 48세였던 1600년부터 78세가 되던 1630년 1월까지 작성된 기록으로, 17세기 전반 유학자들의 일상과 의례생활에 대한 유의미한 자료를 제공해준다.

손처눌의 30년간의 일상은 크게 의례·독서·교유·교육·생업·경조사·문병 등으로 분류되는데, 흥미로운 점은 이들 대부분이 정형화된 패턴에 의해 전개된다는 사실이다. 첫째는 매일 혹은 매월 정기적으로 실행되는 사당 참배와 기제사 등의 의례 활동과 매일 반복되는 성리학 경전을 읽는 독서 활동이다. 둘째는 정기적 속성은 갖고 있지 않으나 일상을 영위하는 과정에서 주기적으로 반복된 향교나 서원에서의 강독과 강론을 하는 교육 활동, 지인과 만나서 술자리를 가지면서 풍류를 즐기는 등의 교유 활동, 농작물 경작과 과일 채취 등의 생업 활동이다. 셋째는 사안이 발생할 때 부정기적으로 행해지는 관례의 빈객, 혼례의 상객, 상가 조문을 비롯해 친인척과 지인에게 문병을 가는 일이다. 이처럼 『모당일기』에 기록된 일상을 볼 때 의례 활동은 정형화의 강도와 수행 빈도에서 가장 높은 비율을 보이고 있으며, 다음으로는 독서와 교육 등의 학문 활동이다. 이는 조선시대 유학자들의 보편적인 일상 유형이라 할 수 있다.

유학자들의 학문 활동이 성리학적 이념에 바탕하여 내면적 수양을 쌓는 것이라면, 의례 활동은 주자가례의 종법적 원칙에 근거하여 집－사회－국가로 확장되는 공동체의 질서 수립을 위한 주된 수단이라고 할 수 있다. 이런 배경에서『모당일기』에는 조상의 기일에 올리는 기제사, 네 계절에 지내는 시사, 묘소에서 행하는 묘사, 부모를 위한 녜사, 절기에 행하는 속절제 등의 다양한 집안 의례가 나타난다. 이 가운데 가장 큰 비중을 차지하는 것은 기제사로, 손처눌이 30년 동안 거행한 기제사의 종류는 총 16종(기제사 13종, 생신제 3종)이다. 그리고 기제사의 대상은 직계·외가·처가로 나타났으며, 생신제의 대상은 조부·아버지·어머니다. 이로 볼 때 17세기까지도 주자가례에 입각한 부계 중심의 친족체계가 완전히 정착하지 않고 외손 봉사 등과 같은 양계 친족 관행이 지속되고 있었음을 알 수 있다. 아울러『모당일기』에 나타난 기제사와 묘사를 중시하는 관념은 주자가례적 예의 수행을 중심에 두면서도 고유 습속에 대한 실천 의지 또한 강하게 지니고 있었음을 방증하는 사례로 인정된다.

이렇듯 17세기 유학자들은 성리학적 이념의 현실적 구현을 위해 주자가례의 충실한 수행을 추구해왔는데, 그 중심에는 의례생활과 학문생활이 자리했다. 즉 성리학적 이념에 부합하는 삶을 영위하면서 내면적 충실을 추구하고, 주자가례의 충실한 수행을 통해 사회질서를 수립하고자 했던 것이다. 아울러『모당일기』에 나타난 의례생활의 전개 양상을 살펴볼 때 17세기는 주자가례의 규범적 원칙이 완전히 정착하지 않은 채 양계적 속성과 고유 습속 등이 혼재되어 있음을 확인할 수 있었다.

참고문헌

『家禮』

『國朝五禮儀』

高尙顔,『泰村先生文集』

李彦迪,『奉先雜儀』

李縡,『四禮便覽』

孫處訥,『慕堂先生文集』

靑湖書院,『永慕堂通講諸子錄』

洪錫謨,『東國歲時記』

구본욱,「연경서원의 경영과 조선 중기 대구지역의 유학」,『퇴계학논집』11, 영남퇴계학
　　연구원, 2012.

김건래,『모당 손처눌 연구-생애와 교육활동을 중심으로-』, 계명대학교 교육대학원 석
　　사학위논문, 2002.

김명자,「『계암일록』을 통해 본 17세기 전반 제사의 실태와 그 특징」,『안동사학』9·10,
　　안동사학회, 2005.

김미영,「19~20세기 풍산 김씨 일기를 통해본 의례생활」,『국학연구』35, 한국국학진흥
　　원, 2018.

김윤정,「16~17세기 예천 권씨가의 친족관계와 의례생활」,『민속학연구』36, 국립민속
　　박물관, 2015.

김형수,「17세기 초 대구 사림의 형성과 분화-손처눌의『모당일기-』를 중심으로」,『역

　사교육논집』36, 2006.

박경신, 「『병자일기』에 나타난 17세기 중엽 사대부집안 제사의 양상과 의미, 『진단학보』

　　127, 진단학회, 2016.

이상필 외, 『모당 손처눌 선생의 생애와 학문』, 청호서원, 2003.

이영춘, 『차례와 제사』, 대원사, 1994.

정재훈, 「『모당일기』를 중심으로 본 손처눌의 교육활동」, 『퇴계학과 유교문화』57, 경북

　　대학교 퇴계연구소, 2015.

최은주, 「모당 손처눌의 시에 나타난 교유과 그 의미」, 『남명학연구』66, 경상대학교 경

　　남문화연구원, 2020.

추제협, 「모당 손처눌의 수신지학과 의병·강학활동」, 『퇴계학논집』25, 영남퇴계학연구

　　원, 2019.

1 『모당집』6,「연보」, 계유癸酉(21세).

2 『모당집』6,「연보」, 기해己亥(47세).

3 『모당집』6,「연보」, 경자庚子(48세).

4 황위주,「모당 손처눌의 문학활동과 작품세계」,『모당 손처눌 선생의 생애와 학문』, 2003, 청호서원, 57쪽.

5 『모당일기』, 을사년乙巳年(1605).

6 『모당일기』, 경술년庚戌年(1610) 5월 20일자.

7 1곡은 10말에 해당한다.

8 『모당일기』, 계해년癸亥年(1623) 5월 29일자.

9 『모당일기』, 갑자년甲子年(1624) 5월 10일자.

10 이근사는 광주 이씨 이심민李心愍(호는 술재述齋)의 자字다. 이원경李遠慶의 아들로, 선산善山 김씨金氏와 순천順天 박씨朴氏와 혼인해 3남 1녀를 두었다. 손처눌과 처남, 매부 사이고 석담 이윤우의 5촌 당숙이다.

11 황어는 잉어과에 속하며 바다에서 지내다가 산란기에 하천으로 올라오는 2차 담수어다. 우리나라에서는 오래전부터 즐겨 먹었으며『경상도지리지』에 양산군의 토산 공물에 은어와 함께 실려 있고『세종실록』지리지에는 양산군의 토공과 영천군·거제군의 토산에 들어 있다.

12 정약전의『자산어보兹山魚譜』에 "고등어는 '등이 푸른 물고기'라고 해서 '벽어'라고 부른다"는 기록이 있다.

13 『모당일기』, 신축년辛丑年(1601) 6월 7일자.

14 『모당일기』, 경술년庚戌年(1610) 7월 8일자.

15 『모당일기』, 임자년壬子年(1612) 5월 3일자.

16 『모당일기』, 정미년丁未年(1607) 4월 16일자.

17 1564년 퇴계 이황이 살아 있을 때 그의 학덕을 기리기 위해 생사당生祠堂이 창건되었는데, 1570년 퇴계가 세상을 뜨자 위패를 모셨다. 1660년 '연경硏經'이라는 사액을 받아 사액서원이 되었다. 이후 한강 정구와 우복 정경세를 추가 배향했으며, 1871년 서원철폐령에 의해 훼철된 후 복원되지 않았다.

18 추로주는 '가을 새벽에 맺힌 이슬을 모아 담근 술'이라는 의미에서 붙여진 명칭이다. '노주露酒'란 증류할 때 소줏고리에서 흘러내리는 모양이 이슬방울 같다고 해서 붙여진 이름이지만, 실제로 이슬을 받아 술을 빚었다고도 한다.

19 찹쌀로 빚은 탁주의 일종으로 술이 우유처럼 희다고 해서 '백주白酒'라고 부른다.

20 절주는 찹쌀로 빚는 이양주二釀酒로, '한 번 빚어두면 1년이 지나도 맛이 변하지 않는 뛰어난 술이다'라고 해서 붙여진 이름이다.

21 삼해주는 정월 세 해일亥日에 걸쳐 빚은 술을 말한다. 정월 상해일上亥日에 찹쌀가루로 죽을 쑤어 식힌 뒤 누룩가루와 밀가루를 섞어서 독에 넣고, 중해일中亥日에 찹쌀가루와 멥쌀가루를 쪄서 식힌 후 독에 넣고, 하해일下亥日에 흰쌀을 쪄서 식힌 뒤 독에 넣어 발효시킨다.

22 묘주는 '묘시卯時에 마시는 술'이라는 뜻으로, 묘시는 오전 5~7시다. 따라서 술 마신 다음
    날 아침에 마시는 해장술을 일컫는다.

23 어한주는 언 몸을 녹이거나 추위를 예방하기 위해 마시는 술이다.

24 화주는 소주의 별칭이다. 소주는 멥쌀이나 찹쌀을 쪄서 누룩과 물을 섞은 뒤 발효시킨 전술
    을 솥에 넣고 그 위에 소줏고리를 얹어 가열해서 만든 증류주로, 불을 지펴 만들었다는 뜻에
    서 화주라고 불렀다. 혹은 불을 붙이면 활활 타오를 정도로 독한 술을 일컫기도 한다.

25 박주는 맛이 좋지 않은 술을 말한다.

26 채몽연蔡夢硯(1561~1638)의 자다. 호는 투암投巖, 본관은 인천仁川이며 경북 칠곡의 입향
    조 거경巨敬 채영우蔡瀛佑의 후손이다. 한강 정구의 문하에서 수학했다.

27 가을 수확철에 지내는 부모를 위한 제사다.

28 손처눌의 증조부 손세경孫世經의 초취는 달성達城 서씨徐氏고 후취는 경주慶州 백씨白氏다.

29 『모당일기』, 정사년丁巳年(1617) 3월 21일자.

30 『모당일기』, 병오년丙午年(1606) 1월 4일자.

31 『모당일기』, 계축년癸丑年(1613) 2월 7~9일자.

32 『모당일기』, 병오년丙午年(1606).

33 『모당일기』, 정미년丁未年(1607).

34 사당 참배는 '알선사謁先祠'로 기술되어 있다. 또한 사당 참배는 영모당에 거처할 때 주로 행
    했기에 다른 곳으로 출타했을 경우에는 결락되기도 했다.

35 삭망 참례의 경우 초하루에는 '행삭참行朔參', 보름에는 '행망참行望參'으로 기술되어 있다.

36 『가례』에 따르면 시제는 사계절의 가운데 달인 중월仲月에 행한다(『家禮』, 「祭禮」).

37 독서에 관한 기록은 '독소학讀小學'·'독심경讀心經' 등으로 기술되어 있다.

38 이혜순, 「16세기 주자가례 담론의 전개와 특징」, 『조선 중기 예학 사상과 일상 문화』, 이화여
    자대학교 출판부, 2008, 23~24쪽.

39 『禮記』, 「祭儀」.

40 『家禮』, 「祭禮」.

41 『禮記』, 「祭儀」.

42 『모당일기』, 을사년乙巳年(1605) 2월 16일자.

43 초취 광주 이씨는 1587년에 사망했으나 기제사 수행에 대한 내용은 보이지 않는다.

44 처외가 조상의 기제사는 1607년에 1회 실행했는데, '행처외가기사行妻外家忌祀' 외에는 정
    보가 없는 탓에 상세한 내역은 알 수 없다.

45 김명자, 「『계암일록』을 통해 본 17세기 전반 제사의 실태와 그 특징」, 『안동사학』 9·10, 안동
    사학회, 2005.

46 『家禮』, 「通禮」.

47 이영춘, 『차례와 제사』, 대원사, 1994, 106쪽.

48 『國朝五禮儀』, 「親享儀」, '小註'.

49 『東國歲時記』.

50 高尙顔, 『泰村先生文集』 3, 「雜著」, '遺訓'.

51 高尙顔, 『泰村先生文集』 3, 「雜著」, '遺訓'.

52 『家禮』, 「祭禮」.

53 이언적의 『봉선잡의』에는 10월 1일에 묘제를 지낸다고 했다.

54 李彦迪, 『奉先雜儀』, 「墓祭」.

모당일기

1판 1쇄 발행 2021년 11월 30일

지은이 · 김형수 김정운 이미진 박종천 김미영
펴낸이 · 주연선

(주)은행나무
04035 서울특별시 마포구 양화로11길 54
전화 · 02)3143-0651~3 | 팩스 · 02)3143-0654
신고번호 · 제1997-000168호(1997. 12. 12)
www.ehbook.co.kr
ehbook@ehbook.co.kr

ISBN 979-11-6737-107-2 (93910)

ⓒ 한국국학진흥원 연구사업팀, 문화체육관광부